中东欧转型研究丛书

中东欧国家
福利制度转型研究

STUDY ON THE TRANSFORMATION OF
WELFARE SYSTEMS
IN CENTRAL AND EASTERN EUROPEAN COUNTRIES

— 郭翠萍 著 —

社会科学文献出版社
SOCIAL SCIENCES ACADEMIC PRESS (CHINA)

　　本书系国家社会科学基金青年项目"东欧前社会主义国家福利建设的现状与前景研究"（12CGJ010）的最终成果；山西大学国际关系学院研究项目"V4国家入盟以来与欧盟关系现状、趋势及其对中欧关系的影响"资助成果。

目　录

绪　论

关于中东欧国家①福利制度转型研究现状的评析

时至今日，中东欧国家的政治经济转型已走过 30 多年，随着政治经济的转型，各国的福利制度也走过了相似的改革历程。在中东欧国家转型之前，在以中东欧国家为对象的研究中，福利制度并不是国内外学者研究的重点，更有一种研究现象，即西方学者对发达资本主义国家的福利国家理论和实践给予了太多关注，却把中东欧原社会主义国家的福利制度研究排斥在外，国内学者则较多关注中东欧国家政治经济制度的发展演变。在近年的研究中，国内外学者逐步加大了研究中东欧国家福利制度转型的力度，"中东欧福利国家"或者"中东欧新福利国家"的概念逐渐进入学界视野。福利制度的改革和重建是中东欧国家体制转型后制度重建的重要内容之一，对此问题的研究可以丰富转型国家理论研究的内涵，同时也可加强对中东欧转型国家政治、经济和社会发展趋势的认识。梳理和总结前人对福利制度转型的研究状况是本课题研究的前提和出发点，笔者希冀在此基础上进一步深入探讨此领域问题，并为我国的福利制度和社会政策的改革带来经验和借鉴。

一　国内学术界对中东欧国家福利改革的研究

（一）关于福利制度改革内容的研究

国内学术界大致从 20 世纪 90 年代后半期开始研究中东欧国家福利制度的改

---

① 本书语境中的"中东欧国家"系指原来属于苏联社会主义阵营的欧洲国家，它们大多位于中东欧地区，这里还包括了南斯拉夫解体后独立的国家和原属苏联的波罗的海三国。

革和重建，整个 90 年代，相关研究论文有 10 余篇。总的来说，这些研究的主题主要包括：（1）重建福利制度的原因、动力及面临的难题，主要从经济转轨的角度分析社会主义国家传统经济制度的缺陷，从经济衰退、财政危机、资金来源角度分析重建福利制度面临的难题，如葛霖生、高明非、王岐山的论文[①]；（2）重新建立的福利制度内容，主要指模仿西欧国家构建的面向自由市场经济的福利体系，如制定社会保障法，建立失业保险制度，建立各种社会性服务组织等，可参见忆湘、张昱琨等人的论文[②]；（3）部分学者细化地研究了福利建设的具体方面，如养老金保险基金管理体制，如林义，卞慕东的文章[③]。从 2000 年至今，学者们更多关注中东欧国家政党政治、入盟等问题，研究福利建设的文章也有 10 余篇，包括以下两方面内容：（1）更多倾向于研究某一方面的社会福利状况，如养老制度转型、建立积极的就业制度，可参见纪军和叶欣的文章[④]；（2）因国情不同，福利建设的进程及具体制度设计有所不同，所以以某个国家作为个案的研究出现，主要是研究波兰、匈牙利、捷克，对东南欧国家的研究较少。于广军、马强在《处于转型中的波兰医疗卫生制度》[⑤] 中介绍了波兰医疗保障制度的改革内容、成效和存在的问题。郑秉文和陆渝梅在《波兰：转型国家社会保障改革的一个成功案例》[⑥] 和纪军在《匈牙利的社会保障制度及其改革》[⑦] 中分别详细介绍了波兰和匈牙利社会保障制度的状况。

与论文相比，与福利制度相关的研究专著更少一些。1991 年，朱传一和沈佩容主编的《苏联东欧社会保障制度》[⑧] 一书出版，此书介绍了苏联和东欧国家的社会保障制度，内容包括各国社会保障制度的历史形成、政策原则、资金来

---

① 高明非：《原苏东国家社会保障制度改革及其借鉴作用》，《世界经济与政治》1996 年第 10 期；葛霖生：《论原苏联东欧社会保障制度的改革》，《世界经济与政治》1995 年第 5 期；王岐山：《经济转轨中的东欧社会保障体制》，《当代世界》1996 年第 12 期。

② 忆湘：《东欧社会保障体制的改革》，《今日东欧中亚》1998 年第 1 期；张昱琨：《东欧国家对社会保障制度的改革》，《西伯利亚研究》1997 年第 24 卷第 6 期。

③ 林义：《东欧国家养老保险基金管理的启示》，《经济学家》1999 年第 3 期；卞暮东：《论九十年代东欧养老保险模式及其借鉴意义》，《今日东欧中亚》1999 年第 6 期。

④ 纪军：《中东欧社会保障制度的重建》，《新视野》2006 年第 6 期；叶欣：《东欧的社会保障制度转型》，《世界博览》2009 年第 5 期。

⑤ 于广军、马强：《处于转型中的波兰医疗卫生制度》，《中国卫生资源》2007 年第 10 卷第 3 期。

⑥ 郑秉文、陆渝梅：《波兰：转型国家社会保障改革的一个成功案例》，《中国改革》2006 年第 7 期。

⑦ 纪军：《匈牙利的社会保障制度及其改革》，《天津市工会管理干部学院学报》2000 年第 8 卷第 2 期。

⑧ 朱传一、沈佩容主编《苏联东欧社会保障制度》，华夏出版社，1991。

源、项目规定、组织管理，还介绍了各国社会保障制度的特征以及存在的问题。在此基础上，此著作的内容也反映了由于各国的历史传统、经济发展程度、社会与人口结构、管理体制与其他方面的不同，各国社会保障制度也各具特色。此书是研究苏联东欧国家转型之前福利制度状况的重要参考书，不足之处是此书没有对阿尔巴尼亚进行研究，此外，对南斯拉夫的描述过于笼统，对其加盟共和国自主发展福利制度和改革的状况没有任何描述，事实上，南斯拉夫在 20 世纪 70 年代之后，各加盟共和国获得了自主发展福利制度建设和福利改革的权限，导致其各加盟共和国福利建设产生了差别。2015 年，人民卫生出版社出版了《中东欧国家卫生体制研究》① 一书，此书是由国家卫生计生委国际合作司和复旦大学组织编纂的，可以说填补了中东欧国家医疗卫生改革状况研究方面的空白，但由于是编著，本书主要取自世界卫生组织的相关材料，自然没有涉及医疗卫生福利改革理论和医疗卫生福利改革路径等方面的情况。但对于后来的研究者来说，此书仍然具有重要的研究启示作用。2016 年，张水辉的《中东欧国家养老保险制度改革的回顾和展望》② 出版，此书详尽地描述了中东欧 16 个国家的养老制度改革历程和改革内容，提高了学术界对中东欧国家养老保险制度转型的总体认识，但对于福利国家的理论没有触及，也没有从国际政治和国际经济学的角度来看待福利转型问题，不过，其对改革过程的精确梳理是下了一番功夫的，为后人的研究提供了重要的参考。

（二）　对福利制度改革的模式和效果的评价

国内学术界对中东欧国家改革后的福利模式和福利制度普遍持首肯的态度，郑秉文和陆渝梅在《名义账户制：波兰社会保障改革的有益尝试》一文中，认为波兰的养老制度改革是成功的，"为转型国家进行社会保障制度改革提供了一个绝好的案例……成为中国改革的一个参照系"③。文章写于 2008 年之前，因此，对 2008 年金融经济危机对波兰、匈牙利社会养老模式的冲击和之后对此模

---

① 任明辉、王颖主编《中东欧国家卫生体制研究》，人民卫生出版社，2015。
② 张水辉：《中东欧国家养老保险制度改革的回顾与展望》，上海人民出版社、格致出版社，2016。
③ 郑秉文、陆渝梅：《名义账户制：波兰社会保障改革的有益尝试》，《俄罗斯中亚东欧研究》2005 年第 3 期。

式的反思并不在考虑之列。郭鹏在《捷克福利制度变迁的历史考察与趋势分析》一文中提出了："捷克第一支柱改革的首要目标应该是提高待遇与缴费的关联度，降低国家对第一支柱的责任和负担。……通过增加第二支柱弥补第一支柱缺陷的方法并不可行。"[①] 如今，中东欧国家的养老金制度的改革实践仍在变化之中，学术界对于名义账户和多支柱养老能解决问题的限度仍在讨论之中。

二 国外学术界研究的关注点及研究状况

福利制度转型研究是一个庞大和宽泛的研究范畴。由于受不同国内因素和国际因素影响，中东欧国家福利制度的转型既具有趋同性，也具有多元性。趋同是由于转型背景相同、国际体系的影响因素相似，多元是政党政治的差异、国民经济基础不同等因素所致。综合看来，国外研究者的研究视角和关注点主要集中在以下几个方面。

（一）中东欧国家福利转型后的福利模式或类型研究

首先，许多学者的研究出发点基于"福利国家"这一基本理论范畴，探讨社会主义时期的中东欧国家是否属于福利国家，以及福利制度转型之后它们所属的福利类型，这方面研究可以称为福利国家类型学。在以往的大量研究中，中东欧国家被排斥在"福利国家"之外，对福利国家概念、理论和实践的解析通常是以发达国家的社会状况和福利制度现状为背景而研究的。如埃斯平-安德森把西方福利国家分为"自由主义""保守主义""社会民主主义"三种类型。[②] 长期以来，西方学者在归纳和分析福利国家时，并没有过多涉及苏联和东欧社会主义国家，社会主义国家被排斥在福利国家的研究领域之外，与其自身的意识形态相关。在社会主义时期，社会主义国家曾一度回避"社会政策"一词，主要是认为，社会主义是比资本主义更高意识形态的社会类型，社会主义国家已经消灭了剥削阶级，因此是不存在"社会问题"的。实际上，任何国家都存在社会治理模式问题，社会主义国家也始终存在各种社会政策。客观地讲，虽然民主制度

---

① 郭鹏：《捷克福利制度变迁的历史考察与趋势分析》，《俄罗斯中亚东欧研究》2010年第4期。

② 〔丹麦〕埃斯平-安德森：《福利资本主义的三个世界》，苗正民、腾玉英译，商务印书馆，2010。

和较高生活水平被视为实现福利国家的基本条件，然而从福利国家概念的某些本质特征讲，福利国家是指政府参与社会的初次分配和再分配，国家在实现社会公平中起到决定性的作用，从这一角度讲，并不能把中东欧国家排斥在外，中东欧国家在共产党政府的主导下，实施了广泛的社会政策，这种社会政策在很大程度上保证了社会的公平和平等，官僚主义导致的特权阶层的福利并不能否定绝大多数人群获得的公平和平等。当然，这种公平和平等实现的条件可能是普遍的生活水平不高。实际上，在冷战结束之前，从福利支出规模上讲，苏联和中东欧国家的福利在一些领域和程度上甚至超过了与其毗邻的西欧国家。从这一角度讲，中东欧国家本来就属于"福利国家"范畴。苏东国家带有社会主义意识形态的福利制度被一些西方学者称作"国家式官僚集体制度"。这种"国家式官僚集体制度"被认为是一种全民性的、基于工作的福利支付与服务享受制度，是共产主义意识形态的平等主义和工资挂钩体系相结合的产物，福利与工资挂钩被看作为有特权的工作者提供了特权性养老金和其他津贴。[1] 早在 20 世纪 70 年代，理查德·蒂特马斯作为福利国家思想的重要开创者，已把社会主义国家纳入研究视野，他把苏联的社会福利状况与英国、德国进行比较，认为"苏联实行的社会福利模型，在很大程度上，以工作表现、成绩和筛选精英分子等原则为基础。……20 世纪 50 年代末期，俄国的福利支出比联合王国的更富有再分配的意义。"[2]

在以往的研究中，西方学界没有对中东欧社会主义时期的福利国家成果给予重视，近些年，一些学者也试图对历史研究做出一些补充和修正，但成果较少。在当下的学者研究中，尤兰塔·埃杜凯特认为："民主机制是否建立并非是构建福利国家的先决条件……'国家责任'是福利国家的核心要义，从此角度看，苏联东欧国家不论存在多少政治体制的弊端，却通过建立庞大的社会再分配体系和社会保障政策有效地缩小了社会贫富差距，实现了社会平等和公平。"[3] 由此出发，他认为苏联东欧国家理所应当地被视为福利国家。

---

[1] 〔英〕鲍勃·迪肯、米歇尔·何尔斯、保罗·斯塔布斯：《全球社会政策——国际组织与未来福利》，苗正民译，商务出版社，2013。

[2] 〔英〕理查德·蒂特马斯：《蒂特马斯社会政策十讲》，江绍康译，吉林出版集团有限公司，2011，第3~4页。

[3] 尤兰塔·埃杜凯特：《福利国家理论与东欧新福利国家比较研究》，门小军译，《国外社会科学文摘》2009年第11期。

中东欧社会主义国家于 1989 年开始转型后，政治学者特别是社会政策学者和分析家尤为感兴趣的问题是，何种社会福利制度将代替原有的社会主义福利制度。一些学者在"中东欧国家"这一地理范畴内把转型后的中东欧各国分为不同的福利类型国家。扬（Jan Drahokoupil）和马丁（Martin Myant）认为，在中东欧地区出现了两种福利模式国家，分别为欧洲社会模式福利国家和最小福利国家。欧洲社会模式福利国家指的是斯洛文尼亚、捷克、匈牙利、波兰；最小福利国家，如波罗的海国家、斯洛伐克和东南欧国家，这些国家实行低水平的福利供应制度。[①] 后者的福利模式是由中东欧国家的左翼政治力量主导的，但是，"在福利供应和削减税收的压力之下，这种模式受到了威胁"。扬和马丁还从政治因素上解释了中东欧国家的福利缘何低于西欧国家："在整个 90 年代和 21 世纪最初 10 年，选举被认为是一个解释福利调整的重要因素。在斯洛文尼亚，自治的传统使得劳工组织具有较高的组织水平和力量，这在政治上支持了较高的福利支出。与之相比，波罗的海国家则由自由主义精英领导了民族主义并具有强烈的反苏情绪，精英很少在福利支出上做出努力。意识形态和政治因素应该对中东欧国家劳工和左翼的虚弱负责，意识形态和政治因素能够解释中东欧国家的福利水平为什么比西欧国家要低。"[②]

诺埃米（Noémi Lendvai）把"后共产主义欧洲"的福利国家分为三组："新自由主义福利国家"指的是波罗的海国家和斯洛伐克，因为最近 15 年，波罗的海三国和斯洛伐克进行了激进的经济改革，成为"最低程度的福利国家"，以低社会福利支出，低税收，解除对劳动力市场的管制和广泛的自由化为特征；匈牙利和波兰被称作"双重体制"福利国家，它们在财政支出上是"大政府"，在税收上实行新自由主义，通过逐步削减公司税收和个人税收，增加经济竞争力；斯洛文尼亚和捷克是"社会合作"福利国家。他也指出，这些分组不是静态的和

① Jan Drahokoupil and Martin Myant, The Politics of Welfare Restructuring in Transition Countries and the Crisis of 2008, in Ipek Eren Vural ed., *Converging Europe*: *Transformation of Social Policy in the Enlarged European Union and in Turkey*, Ashgate Publishing Company, 2011. p. 149.
② Jan Drahokoupil and Martin Myant, The Politics of Welfare Restructuring in Transition Countries and the Crisis of 2008, in Ipek Eren Vural ed., *Converging Europe*: *Transformation of Social Policy in the Enlarged European Union and in Turkey*, Ashgate Publishing Company, 2011. pp. 155、165.

锁定的,而是一个动态的集合,这些国家可以从改变体制走向另外一组。① 诺埃米认为,捷克和斯洛文尼亚都从社会主义时期继承了较好的经济形势,它们都是"大政府",在这个地区有最高的社会支出,对弱势人群有高效的社会再分配。斯洛文尼亚在社会保障上花费了其 GDP 的 23%,这代表了这一地区最高的福利义务。捷克更温和一些,社会保护支出占 GDP 的 19%,但是由于其相对较高的人均 GDP,这一比例相当于匈牙利占 GDP22.3% 的社会支出。捷克和斯洛文尼亚都是建立在社会合作原则之上,捷克社会支出的 80%、斯洛文尼亚社会支出的 70% 都来自社会出资,这在 2006 年要高于欧盟平均 59% 的水平。这两个国家较高的社会出资率源自高就业率。重要的是,这两个国家不仅在欧盟新成员国中贫困率是低的,而且在整个欧盟内也属于贫困率低的国家。捷克和斯洛文尼亚福利国家建立在强有力的政治和大众共识上,这导致了一致的公共政策。这两个国家平衡的社会和经济发展能够保持一个非常好的社会形势。由于慷慨的社会供应和有效的再分配机制,这两个国家的贫困率和社会不平等均低于欧盟 27 国平均水平。

这些研究结果表明,中东欧各国的福利国家模式是不一样的,也并非只有一种类型。由于不同的政治发展和经济状况、历史传统等因素,它们实施的福利政策和改革方向并不完全相同。这对于研究者从福利国家视角审视中东欧国家不同的社会转型路径大有裨益,并对深刻认识这些国家政治发展的不同轨迹有重要的启示意义。

(二) 社会福利领域的私有化研究

如果把福利制度等同为社会政策广泛实施的领域,福利转型的内容囊括了广泛的领域,但养老和医疗领域无疑是福利制度转型最为重要的内容,也是最为重要的研究对象。在财政资源紧张的条件下,再加上人口老龄化,中东欧国家转型后开始实行养老基金部分私有化政策,医疗服务和医疗保险基金也走上私有化道路。此外,教育、住房、家庭补贴政策等也是研究者关注的领域。

---

① Noémi Lendvai, EU Integration and Post-communist Welfare: Catch-up Convergence before and after the Economic Crisis, in Ipek Eren Vural ed., *Converging Europe: Transformation of Social Policy in the Enlarged European Union and in Turkey*, Ashgate Publishing Company, 2011. p. 183.

在对福利制度转型内容的研究中，最引人关注和有争议的就是如何看待社会保险私有化，即社会保障私营化运作的问题。养老保险基金私有化和医疗私营化运作是最被关注的问题。在 20 世纪 70 年代，蒂特马斯在谈及社会服务"私营化"的时候，显然持不首肯的态度。"我行我素地生活、支用自己的货币及放弃责任的政府，其后果甚难估量。英美两国的中等及高等收入人士，在签订或使用私营医疗服务或私营退休金计划合同的时候，极有可能受人剥削，因为私营市场的行政、广告和营销成本均较高昂。……私营服务企业的原则是，排除'不良保险对象'和变迁的社会事故。"①

汉娜（Hana Peroutkova）在其专著中指出，欧盟所有国家都面临老龄化社会而必须进行养老金改革的问题，改革推进的条件则需要达成高度的政治共识和社会共识。该书提供的改革方案也是在现收现付制度的基础上，引入积累制的养老金制度（funded pension schemes），以及私有运营的养老基金计划，但各国是否推进养老金的结构性改革是与其政治意愿和路径依赖紧密结合在一起的。② 托马斯（Tomasz Inglot）在专著中介绍了 1919 年至 2004 年中东欧部分国家的福利制度演变，主要描述了捷克、斯洛伐克、匈牙利和波兰的福利制度历史沿革和当代改革。该书强调历史传统对捷克、斯洛伐克、匈牙利和波兰当代改革的影响，在采取苏联模式以前，这几个国家就有悠久的实行社会保障政策的历史，最早可以追溯到 19 世纪 80 年代。这是历史的原因，转型后中东欧国家中率先改革的正是这些中欧国家。③ 以波兰、捷克、斯洛伐克、匈牙利为例，作者更为强调历史文化、传统和政治制度变迁对国家福利改革的影响。从历史的角度看，波兰、捷克、斯洛伐克和匈牙利既受到 20 世纪初福利制度传统的影响，也深受苏联模式的影响。④ 琳达（Linda J. Cook）在《后共产主义福利国家——东欧和俄罗斯的改革政治》一书中介绍了俄罗斯、波兰、匈牙利、哈萨克斯坦和白俄罗斯的改

① 〔英〕理查德·蒂特马斯：《蒂特马斯社会政策十讲》，江绍康译，吉林出版集团有限公司，2011。
② Hana Peroutkova, *Pension Reforms in the European Union—What Can We Learn*? Lap Lambert Academic Publishing, U. K., 2010, p. 103.
③ Tomasz Inglot, *Welfare States in Central Europe*, 1919~2004, Cambridge University Press, 2008, p. 7.
④ Tomasz Inglot, *Welfare States in Central Europe*, 1919~2004, Cambridge University Press, 2008, pp. 302-303.

革历程，波兰和匈牙利的福利改革被作者归纳为"社会-自由"福利国家，"政治性"在福利改革中起到了重要作用，"社会-自由"福利国家的改革与国家较强的税收、行政及政策制定能力结合在一起，正是较强的国家治理能力促进了福利改革，俄罗斯和哈萨克斯坦则被称作较弱的国家，产生了"非正式"福利国家，不论是哪种类型，都走向福利领域私有化，不是所有的福利都由国家统筹或提供。强调"政治性"和政治治理能力是作者的主要观点。① 伊戈尔（Igor Guardiancich）在 2013 年出版的《中东欧及东南欧国家养老金改革——从后共产主义国家转型到全球金融危机》一书中强调后共产主义国家在养老金改革中的"政治和政策中的双重权衡"（double trade off in politics and policy），随着政治转型，政党、行政管理部门与选民和选票之间的关系变化影响着福利改革在政治上的可行性和政策上的可持续性，这些关系的不同决定着后共产主义国家在养老金改革方面推进的速度和私有化程度。② 安德烈亚斯·霍夫在《中东欧国家的老龄化》一书中介绍了 20 世纪 90 年代以来中东欧国家的老龄化状况，在今后的数十年这些国家的老龄化将持续下去。作者强调，与西欧相比，中东欧的老龄化社会是与经济转型和困顿、财政危机一起到来的，西欧国家则是在社会富裕之后逐步转向老龄化的，老龄化是中东欧国家长期面临的挑战，但就养老制度的改革来说作者仍推崇多支柱养老，赞成在基础养老之外建立强制性的基金积累制养老制度。③ 弗朗索瓦·巴富瓦尔在《从"休克"到重建——东欧的社会转型与全球化-欧洲化》一书中着重强调东欧国家建立新的社会保障制度的模式和国情的多样化，认为："归根到底并未建立'东欧'典型模式。……创新之处在于俾斯麦和贝弗里奇两个模式因素的结合，各国的选择既包括了普遍补助，又包括了受保人分担份额和个人保险账户。更普遍地说，是从一种以企业为基础的制度过渡到一个非集权化的制度，拥有了个性化的支付、份额分担和十分外化的各种服务方式。"④

---

① Linda J. Cook, *Postcommunist Welfare States: Reform Politics in Russia and Easern Europe*, Cornell University Press, Ithaca and London, 2007, p. 249.

② Igor Guardiancich, *Pension Reforms in Central, Eastern and Southeastern Europe: From Post-socialist Transition to the Global Financial Crisis*, Routledge, in USA and Canada, 2013. pp. 12-17.

③ Andreas Hoff, eds., *Population Ageing in Central and Eastern Europe*, MPG Books Group, UK, 2010, pp. 249-250.

④ 〔法〕弗朗索瓦·巴富瓦尔：《从"休克"到重建——东欧的社会转型与全球化-欧洲化》，陆象恺、王淑英译，社会科学文献出版社，2010，第 147 页。

就医疗保险的私有化来说,《转轨中的福利、选择和一致性:东欧国家卫生部门改革》①,揭示了单纯从商业利益出发组建医疗保障的风险,描述了政府对这一行业进行干预和监管的具体方法,以及用来控制风险的平衡机制和再分配机制。这本书试图客观地评价各种激励方案的优点和弊端。总之,转型国家显然受到西方国家私有化经验的影响,如罗伯特所说,在这些国家,"改革的准备和讨论与两个问题密切相关,一个是市场化,一个是宏观经济的稳定"②。但社会福利的私有化应该达到什么样的程度,是转型国家仍在探讨和实践的问题。

关于中东欧国家应该采取什么样的福利模式是一个有争论的话题,且到目前为止还没有明确的答案。基本上有两种主流的观点和制度模仿方向。一种观点认为,不论福利国家具有怎样的局限性,西欧的社会保险模式始终是中东欧国家福利转型的最好选择,与就业相关的社会保障制度可以应对各种突发事件,而普遍津贴则可以应对除就业之外的任何风险,社会救助制度可以防止或补偿贫困。另外一种观点认为,走西欧福利国家的道路注定要失败,因为它适用于走下坡路的工业就业模式,由于人口老龄化等,来自保险型定期缴款(insurance style contributions)的财力减少,为要获取更多资源,可能只有通过一般税收才能实现。持这一观点的人倾向于选择目标对准型,他们越来越赞成实行更为严格的享受条件和富于指导性的、积极的社会政策,并与社会政策部分私有化联系起来,这种观点看起来更具有学习英国 20 世纪 80 年代以来的福利制度改革的倾向。

(三) 福利转型的路径及影响因素研究

路径研究也是一个极为重要的领域,研究福利制度转型从何处来、到何处去无疑具有重要的意义。学者普遍关注的视角是,社会主义时期的社会政策及人民的福利习惯广泛地影响了福利转型的路径。此外,中东欧不同国家实行不同的社会福利政策,与其国内政治经济状况和所处的国际环境有着密切的关系,因此,有部分学者从意识形态、政党因素和民主是否完善等角度来看福利制度转型,从

---

① 〔匈〕雅诺什·科尔奈、翁笙和:《转轨中的福利、选择和一致性——东欧国家卫生部门改革》,罗淑锦译,中信出版社,2003。

② Robert Holzmann, "Starting over in Pensions: The Challenges Facing Central and Eastern Europe", *Journal of Public Policy*, Vol. 17, No. 2 (May-Aug, 1997): 205.

国际组织的影响和加入欧盟等方面解析各国的福利政策，但总的来说，这方面的研究还比较薄弱。米切尔·奥兰斯汀在《贫困、不平等和民主：后共产主义福利国家》一文中强调，中东欧各国民主制度对福利制度重建的影响："每个国家的历史、国际组织的影响、政治经济、出生率和种族成分都对福利制度的结构和类型起到作用，但在后共产主义国家，民主水平的发展将对福利制度产生最持续的影响。"① 中东欧国家建立不同福利制度的模式出于多种因素，弗朗索瓦·巴富瓦尔在《从"休克"到重建——东欧的社会转型与全球化-欧洲化》一书中着重强调："各国的民族特色路径对于适应一些国际组织或者欧盟所施加的制约具有决定性的意义，譬如说前者在养老和医疗卫生政策方面，后者在就业政策方面。"② 另外，从推动转型的动力看，相关的研究结果证明，中东欧转型国家的福利部门和财政部门是福利制度改革的重要推动力量。由于市民社会和工会的力量较为薄弱，社会组织在福利制度改革进程中的作用极小。

　　西方学者也较为关注国际因素对转型路径的影响。从国际组织影响的角度看，对国际货币基金组织和世界银行的影响论述较多，但也较为模糊，难以说清楚影响的力度。波兰和匈牙利接受世界银行的贷款，这对其的福利制度带来了一些影响。另外，要求加入北大西洋组织，使得中东欧国家领导人对国际组织的意见较为重视。普遍认为欧盟对中东欧国家社会政策影响不大。有学者认为，由于西方的介入，该地区的社会政策和福利改革出现了不同的轨迹，如匈牙利、波兰部分采取了国际货币基金组织和世界银行鼓励的自由主义，即带有安全网的自由主义，保加利亚则采取了国际劳工组织和联合国儿童基金会鼓励的欧洲福利保守主义。③ 国际组织干预中东欧国家社会政策的手段主要有：带有社会条件的贷款、带有经济条件的贷款、额外款项激励、法律性管理、技术援助培训、政治协议、协作性会议与相关出版物营造的舆论环境、提供工作场所或资金支持。世界银行与国际货币基金组织的运作不同，世界银行在各国寻求一个合作伙伴，把钱贷给某个部门，同时促进所在国政策转变。所谓转变，就是各国不再试图维持原

① Mitchell A. Orenstein, "Poverty, Inequality, and Democracy: Postcommunist Welfare States", *Journal of Democracy*, Volume 19, Number 4, October 2008. p. 93.

② 〔法〕弗朗索瓦·巴富瓦尔：《从"休克"到重建——东欧的社会转型与全球化-欧洲化》，陆象梣、王淑英译，社会科学文献出版，2010，第148页。

③ 〔英〕鲍勃·迪肯、米歇尔·赫尔斯、保罗·斯塔布斯：《全球社会政策——国际组织与未来福利》，苗正民译，商务出版社，2013，第148页。

有的养老金和其他社会保险津贴，转而实施有针对性的政策，即推出一个社会保险体系，只保留统一费率的养老金，限制对其他津贴的享受权利，同时创建一个个人账户式、完全出资的、私人管理的第二级养老金。当然，不同的国家在不同程度上吸收了世界银行的意见，事实上，世界银行内部也存在分歧。

在不同的国家，有具体的不同的国际组织发挥作用。在匈牙利，国际货币基金组织和世界银行一直是主要的国际运作者，其目的是影响匈牙利政府的收入维持和其他社会政策。总的来说，国际货币基金组织和世界银行在中东欧国家所起的作用范围较广，在很多国家都能看到它们的身影和影响。国际货币基金组织总是提醒各国政府：向资本主义的转变要求减少公共部门的借贷行为，而如果难以增加收入，通常就意味着需要减少社会保护部门的支出。国际货币基金组织一直迫使该地区向一种社会安全网式的政策转变。同世界银行一样，它的作用取决于有关国家的政府是否愿意合作，也取决于该国的政治与社会现状。总的来说，世界银行是要削弱社会主义时期社会保障的影响，并且取得了一定的成果。国际劳工组织更加支持传统的欧洲保守做法，同时支持带有全民性质的国家保障和由三方管理形式支撑的安全网式、基于生计调查的社会救助。联合国开发计划署更倾向于支持国际劳工组织的政策倾向，在多个国家力主抵制国际货币基金组织和世界银行的政策。

所以，在中东欧国家存在纵横交错的全球性对话，存在各种西方福利思潮之间的斗争——自由主义、保守主义和社会民主主义。世界银行和国际货币基金组织倾向于新自由主义思潮，但两者之间也有分歧。国际劳工组织可以说是保守主义，倾向于欧洲保守性法团主义观点。各组织内部和组织之间的冲突反映了全球资本主义派别之间的竞争，如美国和欧盟。

（四）福利转型的结果和成效评价

研究者通过研究福利制度改革历程和内容，总结中东欧国家福利制度改革和转型的成果和经验及福利转型的成效。不同的研究者对这一问题进行了不同视角的回答。有的研究者从纵向比较的角度进行回答，20 世纪 90 年代初，中东欧国家大多在转型初期经历了国民经济困难、财政资源紧张、民众生活水平低下、社会失业率较高的状况，通过改革和完善福利制度，当下大多中东欧国家民众的社会保障水平有所提高，从这一角度看，福利制度的转型是卓有成效的。如托马斯

（Tomasz Inglot）的专著《中东欧福利国家：1919~2004》，即从纵向的角度研究福利转型的结果和成效。有的研究者则从横向对比的角度来看待福利转型的成效，主要与欧盟老成员国的福利制度和状况进行比较，通过比较，学者发现需要对中东欧国家进行分类甄别，因为中东欧国家的福利模式并不是同一的，福利水平也是有较大差异的。如约兰塔的文章《中东欧10个新成员国的福利改革和社会经济发展趋势》①分析了东西欧的福利差距以及转型后中东欧国家之间的社会福利差距。需要指出的是，以上几方面的内容并不总是学者研究的独立对象，一些学者只关注了某一方面的主题和内容，一些学者则在研究中同时关注了几个方面。就目前看，福利转型的普遍结果就是把社会主义时期与就业相连的福利转向与市场相关的社会保险，养老、医疗保障，特别是医疗部分走向私有化。以社会津贴、价格补助等为特征的社会保护更具有针对性，这意味着公民享受已有补贴和新的补贴的权利受到新条件的制约。

总的来说，与国内学者相比，国外学者的研究视角较为广泛，对于社会支出、贫困线下人口指标、经济增长指标等方面的数据有更为详尽的统计和具体分析，但许多研究者也忽视了中东欧国家福利建设的国际环境和国内政治因素，如政党意识形态演变、政党政治发展等。

本研究课题从回顾国内外前人研究状况出发，试图解决研究中存在困惑的一些问题，如已有的福利国家理论对中东欧国家是否有解释力？后共产主义国家福利制度的特征是什么？能否完善和发展现有的福利国家理论？福利国家是指政府通过初次分配和再分配保障公民的最低生活水平，公民享有一定水平的养老、医疗、受教育、住房等福利待遇，这是公民的基本权利，福利国家与经济发展水平有一定联系。福利国家意味着较高的生活水准，但由于国情不同，横向对比的生活水平差异并不能否定一些国家是福利国家。可以说，转型之后的中东欧国家属于一种新型福利国家，这种福利国家具有一些共有的特征，如社会保障覆盖率高，社会保障水平整体较低（少数例外），福利制度的转型由政党和精英推动，与西欧相比，社会组织发挥的作用较小，等等。总的来说，在回顾前人研究的基础上，对深入研究这一领域问题有如下两点心得：一是通过研究中东欧国家福利

---

① Jolanta Aidukaite, "Welfare Reforms and Socio-economic Trends in the 10 New EU Member States of Central and Eastern Europe", *Communist and Post-Communist Studies*, 2011 (44).

转型的实践，能够完善现有"福利国家"理论，同时不断完善的理论要能不断解释中东欧国家发展着的实践，无论是研究当前西欧福利国家面临的困境，还是研究中东欧转型国家福利制度模式的变化，都需要发展理论和理论创新；二是重点研究转型路径和影响因素，转型所受到的政党观念和政党竞争影响以及国际组织等因素的影响是当下研究中的薄弱之处，只有将社会领域的研究与政治经济转型、全球化对民族国家治理能力影响的研究紧密结合才能具有巨大的说服力。而要在这些变量之间建立紧密和可行的逻辑联系，需要广泛的资料和缜密的研究路径及方法，目前从事这一视角研究的人较少，这也正是今后研究的方向和突破口。由于本课题研究人员能力有限，对中东欧国家福利转型状况的研究还很粗浅，研究中也难免存在纰缪和疏漏之处，只希望本书能对后来的研究者起到抛砖引玉的作用，引起学界更多关注，吸引更多的学者研究本领域相关问题，同时敬请专家学者不吝指正该书中存在的问题。

第一章
波兰福利制度转型

波兰共和国位于欧洲中部，国土面积 3.13 万平方公里，有人口 3840 万。波兰东部与白俄罗斯和乌克兰接壤，南部与捷克、斯洛伐克相邻，西部与德国相邻，东北与立陶宛及俄罗斯的飞地加里宁格勒州接壤，北面濒临波罗的海。自1989 年波兰启动政治经济转型以来，经济发展总体上平稳。2004 年，波兰加入欧盟，成为欧盟新成员国家中经济规模最大和最具经济增长潜力的国家。2018年，波兰人均 GDP 为 15424 美元。

一 波兰福利转型的背景

1989 年，波兰政治经济开始转型，中央计划经济走向市场经济的过程伴随着经济的急剧下滑，1989~1990 年，GDP 下滑了 70%。1990 年，波兰实行经济稳定计划，经济逐渐回升，但这一时期失业现象十分严重。1995 年、2000 年和2005 年，波兰失业率分别达到 13%、16% 和 18%，此后几年失业率有所下降，但到 2009 年，仍有 8% 的失业率。随着经济转型，波兰原有的福利分配体系难以为继，原来社会主义国家的福利分配与充分就业和国有企业承担大量的福利义务密切相关。20 世纪 90 年代早期，随着国有企业走向私有化，波兰出现了大量长期失业的人口和家庭。同时经济转型带来的通货膨胀使得物价上涨（见表 1-1），与 1989 年相比，到 1993 年，波兰租金和水费上涨了 74.2%，燃油和电费上涨了349.7%，医疗费上涨了 71%，这使得波兰大量人口陷入贫困。

表 1-1　波兰 1989~1993 年相对价格的变化

单位：%

年份	1989	1990	1991	1992	1993
租金和水费	100	120.2	158.1	176.5	174.2
燃油和电费	100	182.4	304.8	413.9	449.7
医疗费	100	136.1	155	169	171
教育费用	100	97.4	129.4	136.3	132.9

资料来源：Mitchell Orenstein, Transitional Social Policy in the Czech Republic and Poland, *Czech Sociological Review*, 1995 Vol. 3（No. 2：179-196），p. 183。

　　转型初期，团结工会领导的政府对所有主要行业的人群进行了慷慨的社会救助，政府通过各种名目进行的社会福利支出急剧上升，特别是允许工作到一定年龄但因私有化或企业的重组而失业的工人提前退休，其结果就是过于宽容的退休资格审查带来了养老支出的过度膨胀。由于给付养老金支出的急剧增长，1991年波兰出现了财政危机。波兰的社会支出从 1990 年占 GDP 的 25% 增长到 1991年占 GDP 的 32%。[1] 1988 年，波兰国家预算的 4% 用于社会保障补贴（对于名义上独立的社会保障资金的补贴），1992 年，国家预算对社会保障基金的补贴达到了总预算的 20%。[2] 1994 年，养老金支出达到 GDP 的 13.6%，是福利支出中增长最快的部分。1989~1996 年，领取养老金的人数在波兰上涨了 46%，与之对比的是，在匈牙利上涨了 20%，在捷克只增长了 5%。[3] 扩大福利也是为了解决政治抗议问题，因此，针对社会主义时期各项福利政策的改革逐渐被提上议程。

二　社会主义时期福利政策概述

（一）社会主义时期福利制度的建立

　　1944 年波兰建立人民政权后，逐步建立起覆盖面广、主要由国家负担的社

[1]　Ipek Eren Vural ed., *Converging Europe：Transformation of Social Policy in the Enlarged European Union and in Turkey*, Ashgate Publishing Company, 2011. p. 166.

[2]　Mitchell Orenstein, Transitional Social Policy in the Czech Republic and Poland, *Czech Sociological Review*, 1995 Vol. 3 No. 2, p. 191.

[3]　Ipek Eren Vural ed., *Converging Europe：Transformation of Social Policy in the Enlarged European Union and in Turkey*, Ashgate Publishing Company, 2011. p. 166.

会保障体系。1946 年，实行国民经济国有化之后，波兰即实行普遍就业政策，消灭失业，并对职工及其家属实行公费医疗、社会保险等主要由国家负担的社会保障制度。波兰的社会保障制度包括职工社会保险、保健、社会救济、助学金制度和工厂办的社会福利五大类。

波兰设有社会保障基金（FUS），即由国家财政预算、公有经济单位和社会组织团体给予居民的货币或实物形式的福利。货币形式的社会保障供给是居民个人收入的组成部分。包括退休金，残疾抚恤金，社会保险范围的补助（家庭补助，以及不计入个人基本工资中的病假保险补助、看护费、产假补贴、丧葬费等），助学金和其他资助。

实物形式的社会保障供给是国家根据所实行的社会政策，规定优先照顾的领域，居民不管货币收入高低均可享有。如国家对教育、文艺、保健、社会照顾、体育运动、旅游和素质提升等方面提供投资进行基础设施建设，然后用这些设施无偿或低价地向居民提供精神或物质方面的服务，以及国家对药物的补贴、对住房建设和住房管理的投资和补贴等。

1954 年，波兰开始推行现收现付原则的养老保险模式，养老保险由社会保险服务局统一管理，养老保险的收入来自员工的缴费。到 1970 年，波兰养老制度的覆盖率为 76.6%。1978 年，波兰针对农民制定了专门的养老保险制度，一直延续至今。波兰的养老保险制度是与社会主义时期全民就业密切相关的，同时也是通过全民就业来确保养老保险金的供给，由于社会主义时期实行平均化的原则，缴费与养老金收入之间的关联度极低。波兰各单位按照职工工资的 24% 缴纳养老保险，职工个人并不负担。波兰规定的退休年龄为男性 59 岁，女性 55 岁，但提前退休的现象非常普遍。

在医疗服务方面，从 1972 年起波兰基本上实现了全民享受免费医疗的福利，因为从这一年起个体农民也开始享受社会保健服务。住院医疗时药物是免费的，在门诊就诊者支付所费药费的 30%，对退休者、领取抚恤金者、肺结核患者则完全免费。社会主义时期，波兰平均万人拥有的医生数：1960 年为 9.6 人，1970 年为 14.2 人，1983 年为 18.3 人；万人拥有的护士数：1960 年为 20.7 人，1983 年为 44.1 人。

波兰实行广泛的社会补贴，社会补贴逐年增长。以 1986 年为例，整个社会保障体系中的各项补贴共计 2570 亿兹罗提，比 1985 年增长 9.9%，其中家庭补贴、护理补贴为 1760 亿兹罗提，增长 8.4%，产假补贴为 211 亿兹罗提，增长

16.2%，照顾补贴为 161 亿兹罗提，增长 20.9%。①

波兰设有社会保险局作为负责社会福利保障的行政机构。社会保障的基金主要来自企业缴纳的保险费，国有工厂的职工个人不直接缴纳保险费，由工厂按工资的一定比率缴纳给社会保险局。手工业者、自由创作者、个体独立经营者、个体农民则是自己直接向社会保险局缴纳保险费。

（二）社会保障货币供给中支出较大的项目

波兰社会保障货币供给中最大的项目是退休金和抚恤金，1980 年占 78%，1982 年占 66%，1984 年占 70%，1985 年占 72%。某些年代这一比重出现下降，那是涨价后生活补贴提高之故，如 1982 年退休金和抚恤金支出总额中涨价补贴占 32%。波兰人口增长率在欧洲一直偏高，同时实行普遍就业政策，消灭了失业，因此领取退休金、抚恤金的人数高速增长，1950 年领取退休金和抚恤金的有 98.7 万人，1984 年这一数字已经达到 605.7 万人。②

社会保障货币供给中的第二大项是社会补助，如对多子女家庭的补助，对老人、失去劳动能力者提供退休金、抚恤金，对患病者的补助，以及产假、育儿假补贴，照顾病儿期补贴，残疾儿童补贴等。

（三）社会主义时期社会保障制度存在的问题

1. 社会支出过于庞大，财政赤字扩张

自 20 世纪 70 年代以来，波兰国内经济不振，通货膨胀严重，物价上涨，一方面，领取社会保障金者的基本生活水平得不到保证；另一方面，社会保障支出也越来越大，国家财政不堪负担。通过国家预算、国有经济组织和社会组织供给居民的社会保障金（包括货币和实物供给）1980 年为 4030 亿兹罗提，1981 年为 5190 亿兹罗提，1982 年为 11000 亿兹罗提，1983 年为 15000 亿兹罗提；按人均计算，1980 年为 11300 兹罗提，1981 年为 14500 兹罗提，1982 年为 30000 兹罗提，1983 年为 40000 兹罗提；社会保障金占国民收入的比重，1980 年为 20%，1981 年为 23.5%，1982 年为 22.5%，1983 年为 23%，1984 年为 23%，1985 年为 24%。③ 1982 年以

---

① 朱传一、沈佩容主编《苏联东欧社会保障制度》，华夏出版社，1991，第 89 页。
② 朱传一、沈佩容主编《苏联东欧社会保障制度》，华夏出版社，1991，第 80 页。
③ 朱传一、沈佩容主编《苏联东欧社会保障制度》，华夏出版社，1991，第 79 页。

来，职工社会保险支出达到空前规模，社会保险基金的收支第一次出现 1000 亿兹罗提的赤字，这同时也扩大了国家预算赤字。其间，提价补贴激增，1982 年提价补贴总额为 2502 亿兹罗提，其中支付退休金、抚恤金的补贴为 1390 亿兹罗提。虽然几次提高缴纳的保险费率，但也没能避免赤字。

2. 社会主义时期的福利保障制度带有浓厚的平均主义色彩，普遍照顾原则与鼓励竞争、提高效率间存在矛盾

波兰学者已经发现，波兰社会主义时期的福利保障制度过于庞大，保障范围过宽，社会保障资金主要依靠国家财政。如以实物形式提供的社会保障项目，以及国家对居民普遍提供的住房补贴、公费医疗等，都带有平均主义分配的色彩。国家把应对病残等客观原因无力生存的人提供的社会保障变成了人人都能享受的按需分配体系。当时波兰社会中一种不合理的现象就是：一个技术熟练工人的收入与有 3 个子女的一般工人加上家庭补贴后的收入相差无几。因此，按劳分配的原则被社会补助的平等原则削弱了。

三　波兰福利制度的转型过程

（一）波兰养老制度改革

从福利制度改革的背景看，波兰、匈牙利等国的养老金私有化改革具有相似的宏观经济背景，如财政收支不平衡、较高的外部债务、经济危机爆发等。世界银行发布的《防止老龄化危机——保护老年人及促进增长的政策》报告认为，多支柱的养老金保障模式能达到双重目标："既保护了老年人的利益，又促进了经济增长。……同时又有利于提高原有的养老制度的财政可持续性，从长期来看，可为老年人提供更好的保护。"[1] 因此，波兰 1999 年启动养老金改革，希望通过养老金制度部分私有化改革，提高长期储蓄，深化资本市场，实现经济增长。另外，中东欧国家政治经济转型后普遍拥有回归欧洲的愿望。中东欧大多数国家把加入欧盟作为一种保证国家安全和为国家带来繁荣稳定的重要途径。1998 年，在启动入盟谈判的情况下，为达到欧盟的标准，波兰决心削减

---

[1]　The United Nations Research Institute for Social Development：Pension Privatizations in Poland and Hungarian，http：//www.unrisd.org.

国家财政赤字，改革过于庞大的福利支出，这是与欧盟经济社会领域标准接轨的重要步骤之一。

20 世纪 90 年代初期，波兰国有企业的重组对于国家财政收入和公共养老金支出都有直接的影响。国有企业或私有化，或缩减规模，或倒闭，国企部分工人或提前退休，或领取伤残养老金，或加入失业队伍，失业率急剧上升。同时，养老金领取者人数也持续上升，但缴费人数下降，加剧了公共养老金财政的不稳定。其实，自 20 世纪 70~80 年代以来，中东欧国家的养老支出在 GDP 中的比例就在以缓和的步伐不断增长。随着 1989~1991 年政治和经济转型，养老金支出费用出现加速增长现象，在一些经济转型较快的国家，养老金支出在 1995 年占到了 GDP 的 10%，这达到了欧盟中较为富裕国家的支出水平。[①] 在波兰，1989年，领取养老金者为 6827000 人，1992 年上涨到 8495000 人，三年间人数增长了24.4%。[②] 领取养老金的人数迅速增长，虽然当时法律规定的正式退休年龄是65 岁，但实际上的平均退休年龄已下降到了 57 岁。到 1998 年，波兰退休金和残疾人的福利开支已经占到其 GDP 的 15.4%，国家财政预算对养老保险金的补贴也远远高于其他中东欧国家，政府甚至不得不从世界银行贷款来应对社会支出。

1994 年，世界银行发布了《防止老龄化危机——保护老年人及促进增长的政策》报告，向世界各国提出养老金制度三支柱建议。此报告认为，推进强制参加的预积累的私有养老基金制度将有助于一个国家提高长期储蓄，深化资本市场，并能促进经济增长。1994 年 6 月，波兰财政部提出了引入强制性的第二支柱养老保险计划。但由于财政部与劳工和社会事务部在改革意见上不一致，导致这一改革迟迟不能启动。1997 年 4 月，波兰最终通过了建立多支柱养老保险模式的方案，其中包括现收现付的名义缴费支柱、强制性的私有积累制支柱和自愿性的私有积累制支柱。9 月，国会通过改革方案。1998 年，波兰先后出台了《公共养老金法》和《社会保险体系法》，以法律的形式明确了养老保险制度结构性改革的具体方案。

① Robert Holzmann, "Staring over in Pensions: The Challenges Facing Central and Eastern Europe", *Journal of Public Policy*, Vol. 17, No. 2 (May-Aug, 1997), p. 198.

② Mitchell Orenstein, "Transitional Social Policy in the Czech Republic and Poland", *Czech Sociological Review*, 1995, Vol. 3, No. 2, p. 191.

1999 年 1 月 1 日，波兰启动改革并开始实行新的养老保险制度。这次改革的主要内容如下。第一，建立三支柱养老保险模式。其中，第一支柱为建立在现收现付原则上的强制性、名义账户制养老保险基金，就是由在职雇员缴费来支付当前退休人员的养老金，第一支柱实行"名义账户制"（NDC），为每个参保者建立虚拟账户。第一支柱的缴费率是雇员工资收入的 12.22%，由雇主和雇员均摊。在 1990 年以前，波兰的缴费制度规定，雇主为职工缴纳工资的 24% 作为养老保险，企业负担极重。改革后的规定在很大程度上减轻了企业的负担，有利于企业在市场经济中竞争力的提升。改革还规定，名义账户中的名义资本与在职职工的工资总额增长率和通货膨胀率挂钩，以保证养老金的实际购买力。社会保险服务局（简称 ZUS）统一征缴和管理名义资本。2002 年，波兰建立了人口储备基金，基金主要包括第一支柱的余额、私有化国有资产的收入和将从 2002~2008 年养老保险总缴费额中提取的 1%。第二支柱实行强制性的"实账积累制"（FDC），在职雇员收入的 7.3% 进入 FDC，也由雇主和雇员均摊。第二支柱养老基金由养老基金监管局（简称 UNFE）专门管理。第二支柱的个人账户基金，交由私有的养老保险基金管理公司（简称 PTE）运作。参保人可自行选择基金公司，如果参保满 2 年以上，可自行更换基金公司。第三支柱为自愿的私有储蓄账户，由雇主自愿缴费，通过保险公司或投资基金公司发起的雇员养老计划（简称 PPE，始于 1999 年）或个人养老金账户（简称 IKE，始于 2004 年）进行管理和运作，加入第三支柱为进一步提高退休后的养老金替代率提供了途径。第二，在保险制度的覆盖面上规定，1948 年 12 月 31 日以前出生的人，不参加新制度，其缴费、退休、养老金计发与领取等仍按旧制度执行。1949 年 1 月 1 日至 1968 年 12 月 31 日之间出生的人必须加入新制度，但允许其在当年 12 月 31 日以前做出决定是将缴费分别记入第一支柱和第二支柱的账户，还是只记入第一支柱账户。1969 年 1 月 1 日以后出生的人，强制加入新制度，且必须同时参加两个支柱。第三，改革决定降低养老金缴费率。改革前，养老保险制度的缴费率为 24%，全部由雇主缴费。改革后，缴费率降为 19.52%，雇主和雇员各缴 50%，这大大降低了雇主或企业的缴费负担。第四，限制提前退休，降低养老金替代率。改革后，退休年龄规定为男 65 岁、女 60 岁。这次改革还大幅降低了养老金替代率，据经合组织国家测算，养老金替代率大约下降了 37%，改革后约为 50%，其中一半来自第一支柱账户，另一半来自第二支柱账户。

对于波兰 1999 年养老保险制度改革，国际社会普遍认为比较成功，我国国内的学者也持同样的观点。这次改革将现收现付模式改为三支柱式养老保险模式，将国家社会保障支出区分为养老保险与非养老保险部分，改变了波兰转型初期养老支出过大，从而排挤其他社会支出的现象。波兰改革还改变了以前雇主单独缴费的规定，改为雇主和雇员共担缴费，并把养老保险缴费分为两个账户，虚账和实账一起运转，既减少了转制成本，又维护了已经参保人员的既得权益。虚拟账户积累主要投资于财政债券，其投资收益可享受 25% 的税收减免，实际账户积累主要投资于金融市场，两个账户同时实行年金化，在养老保险中扮演同样重要的角色。

这次改革也存在一些不足，首先是改革成本的问题。由于第一支柱的部分缴费转移到第二支柱，波兰政府需要通过财政补助来解决第一支柱养老金赤字的问题。其次，在养老金问题上存在特权阶层，如波兰的矿工、农民、法官、检察官以及武装部队成员都没有加入公共养老保险制度，但他们的待遇还明显高于普通雇员，这既加大了政府的财政支出，又造成了社会的不公平。

自 1999 年养老金改革以来，波兰养老金支出逐渐走向收支平衡，从养老金支出占 GDP 的比重逐年下降可以看出，波兰养老金模式的运行节省了大量转制成本。据经合组织统计，2004 年，波兰的养老金支出占 GDP 的比例是 13.9%，2009 年，波兰养老金支出占 GDP 的比例为 11.8%。[①]

但形势逐渐发生了变化，2008 年全球性的经济危机重创了波兰金融市场，波兰养老保险基金收益急剧下降，养老金赤字逐年上升。经济危机还影响了波兰整个国民经济的发展，因此公共财政越来越难以筹措养老保险制度的财政补贴。根据财政部 2012 年 2 月的报告，2011 年底，波兰公共债务占 GDP 的比重为 56.6%，其中政府用于养老保险基金的公共债务占到 GDP 的 17.2%。波兰财政部还指出，1999～2011 年，养老保险制度每年给国家带来的额外公共债务占 GDP 的比重均超过了 17%。[②]

从 2010 年开始，关于养老金制度的争议席卷波兰，由于第二支柱投资回报率不稳的问题，人们开始对第二支柱存有疑虑，波兰开始了新一轮的养老保险制

---

① http://www.oecd-ilibrary.org/economics/oecd-factbook-2013/.
② 张永辉：《中东欧国家养老保险制度改革的回顾与展望》，上海人民出版社、格致出版社，2016，第 113 页。

度改革。这次改革最重要的举措是削减第二支柱规模，提高退休年龄。具体内容主要包括以下几点。一是削减第二支柱缴费率。波兰政府决定从 2011 年起调整第一支柱和第二支柱之间的缴费比例。从 2011 年 5 月起，第二支柱的缴费率从原先的 7.3% 下调到 2.3%，但之后又略有上调，2014 年上调到 3.1%。与此同时，第一支柱缴费额被分为两个账户，NDC1 账户养老金指数化原则不变，还是继续与工资增长率持平，新设立的 NDC2 根据近五年 GDP 的平均名义增长率进行指数化调整。二是提高法定退休年龄。2012 年 5 月，波兰国会通过法案，决定将男女法定退休年龄逐步统一提高到 67 岁。退休年龄提高，意味着缴费期限延长，领取时间缩短。三是加强养老保险基金的管理与投资。严格监管各基金公司，要求基金公司必须降低养老基金的运营成本，减少相关手续费，放宽养老基金的投资限制。

　　这次改革实施的时间很短，改革的效果还需要时间检验。从具体的改革措施来看，第二支柱被削弱了，第一支柱的重要性提升了，这与 2008 年以后匈牙利、斯洛伐克采取的养老制度改革措施相一致。从长期来，波兰政府有恢复第二支柱缴费比例的计划，但暂时还没有采取果断的措施。波兰的第三支柱发展缓慢，到 2013 年，波兰第三支柱的覆盖率不到人口的 10%。

（二）波兰的医疗改革

　　20 世纪 90 年代初，经济转型使波兰医疗卫生领域受到了严重影响。1991 年，由于财政面临严重的困难，波兰在医疗卫生方面的费用支出削减了 9%，同时药品和医疗设备的支出剧烈增长。1990～1992 年，医疗方面的投资减少了 16%；按照平均工资水平，医疗部门人员的收入降低了 9%，医疗部门就业人员减少了 5%。[①] 社会开始讨论应该以一种新的医疗保险模式为基础建立医疗卫生融资制度。

　　波兰的医疗卫生制度改革始终建立在法律基础之上，最基本的改革原则是由宪法规定的。1997 年通过的波兰宪法第 68 条规定，所有公民，不论他的财政状况如何，都有权利得到平等的由公共财政支持的医疗服务。宪法还特别规定了儿

---

① Mitchell Orenstein, "Transitional Social Policy in the Czech Republic and Poland", *Czech Sociological Review*, 1995, Vol. 3 No. 2, p. 190.

童、孕妇、残疾人、老年人的医疗卫生服务应由公共机构保障。另外，国家还对流行疾病的治疗负责，国家防止环境恶化带来的负面健康影响，鼓励民众特别是儿童和青年人积极参加锻炼活动。其实，自 1991 年到 1998 年，医疗卫生领域已经在逐步引入改革，这段时间的改革措施主要有：促进医疗卫生部门的分权化，发展私人医疗服务机构，提升公共医疗卫生服务的基础设施水平等。1991 年初，医疗卫生服务的管理权限从卫生部下放到省和农村卫生管理部门，公共卫生设施的所有权及管理由省财政和农村财政负责。县级政府还被赋予建立县级医院的权力。1997 年，波兰通过了《统一医疗保险法》，自 1999 年 1 月 1 日起生效。这一法律替代了苏联什马申科式的建立在统一税收财政和缴费基础上的社会健康保险制度，建立了大病保险（即 SHI）。大病保险包括 16 种疾病保险。大病保险制度实行了三年，由于没有统一的医疗支付体系等，公民在获得同等质量的医疗服务上仍是不平等的。结果，三年之后，单一的中央医疗保险基金（NFZ）取代了大病保险。2003 年，波兰通过法律《关于建立国家医疗保险基金基础上的统一医疗保险制度》，在此法律基础上建立中央保险基金 NFZ 的总部和 16 个地方分支机构，即一个省有一个分支机构。但 2003 年的这一法律后来被波兰宪法法院宣布为违宪。这一部有争议的法律被 2004 年通过的《公共财政提供资金的医疗卫生服务法》所代替。2004 年的法律详细规定了不由公共财政支出负责的医疗服务清单。2009 年，又对这一法律进行了修正，公布了一系列由中央医疗保险基金负责的医疗服务以及医疗服务的价格。到 2009 年 9 月底，国家发布了 13 个关于保障医疗健康服务的行政规定。2011 年 7 月 1 日，《治疗活动法规》生效，这一法律是把公立医院（和其他的公共医疗提供者）转为商业公司。这部法律表明，政府继续致力于把公立医院商业化，目的是提高医院管理上的财政效率，减少医院的债务。

截至 2009 年 12 月 31 日，大约有 97.6%的波兰人加入了中央医疗保险基金，在波兰的 3720 万人中，有 2870 万人，即 77%的人加入了强制性的医疗保险；只有 26771 人是自愿加入保险基金的。[1] 法律规定，强制加入保险的人群包括职业军人、警察、公务员、律师、教授等，领取退休金或养老金者也是被强制加入医

---

[1] Dimitra Panteli and Anna Sagan ed., Health Systems in Transition——Poland Health System Review, 2011, http: //www. euro. who. int/en/countries. p. 69.

疗保险的人群；在企业或其他单位工作的人员，由企业和个人平均分担医疗保险费用；领取养老金的人，则根据他们的收入情况进行灵活规定，有的由社会保险公司全包，有的则由本人和社会保险公司均分；失业者的医疗保险金由国家劳动局支付，在实行失业保险制度后由相应的失业基金拨付；享受社会救济的人的医疗保险金由社会福利部门支付，也就是说，还是由国家来支付。农民、个体经营者和私人企业主的医疗保险金由本人支付；对于部分没有覆盖的特殊人群，他们的保险基金直接由国家通过税收投入。

医疗保险缴费主要由社会保险协会和农业社会保险基金两大社会保险机构负责，并转移到中央医疗保险基金。中央医疗保险基金总部将收缴的费用集中起来，然后给各省的基金分支机构分配相应的额度。自医疗保险改革以来，波兰的医疗卫生筹资体系现出公共筹资和私人筹资相结合的特征，虽然医疗筹资的总额和方式发生了巨大变化，但是卫生总费用占 GDP 的比重一直保持相对稳定。公共筹资首先来源于社会健康保险基金，用于国家、省、县、乡各级政府部门的预算支出，由国家中央医疗保险基金进行管理。筹资的第二大重要来源则是国家财政预算，第三是区域自治政府财政预算。私人卫生筹资主要来自现金支付。

卫生机构按分级服务的原则提供服务，服务体系主要以由家庭医生为主的初级卫生保健、专家门诊，以及以医院为主的医疗服务和急诊服务组成。初级保健医生一般是卫生服务的入口，指导患者是否需要接受更复杂的服务。在每个服务水平上，患者都有权利选择协议服务的提供者。波兰大部分门诊服务由私立医院提供，大部分住院病床是公立医院提供的。从 21 世纪起，非公立医院不断增加，从 2000 年的 38 家增加到 2009 年的 228 家，这主要缘于公立医院转变为商业公司。近些年，政府鼓励公立医院走私营化道路。支付机制则根据服务水平和服务类型有所不同。初级服务采取按人头付费的机制，二级门诊服务、牙科服务和特定公共卫生项目则采取按服务项目付费的方式。公共卫生项目基本从国家财政预算中支付。自 2008 年起住院服务采取了类似按病种付费的方式。大部分急诊服务按日付费，由国家财政预算支出。

从卫生总费用情况来看（见表 1-2），2014 年卫生总支出占 GDP 比例为6.35%，在中东欧国家中属于占 GDP 比例较低的国家之列。2009 年，卫生总支出占 GDP 的比例最高，也只达到了 7.12%，总体看，波兰卫生总支出占 GDP 的比例较为稳定，自 20 世纪 90 年代以来，最高年份和最低年份间的比例相差不超过 2 个百分点。从政府卫生支出来看，1995~2006 年，政府卫生支出占财政总支出的比例一直在 10% 以下，之后有所增长，但增长幅度不大，2014 年，这一比例为 10.70%。波兰加入欧盟以后，经济发展较快，较好地控制了卫生费用的增长。从个人支出来看，2011~2014 年，波兰的卫生总费用中个人支出比例在 30% 左右。自 1999 年至 2014 年，社会保险在政府卫生总支出中的比例保持在 83%~87%，由此可见，社会保险起到了稳定筹资的作用。

表 1-2 波兰卫生总费用相关数据

单位：%

年份	卫生总支出占 GDP 的比例	政府卫生支出占财政总支出的比例	卫生总费用中政府支出的比例	社会保险在政府卫生总支出中的比例	个人自费支出在总卫生费用的比例
2014	6.35	10.70	70.98	86.14	23.46
2013	6.40	10.70	70.80	86.14	23.55
2012	6.62	10.75	69.17	86.22	22.74
2011	6.70	10.80	70.28	85.42	22.28
2010	6.88	10.75	71.22	86.20	22.11
2009	7.12	11.27	71.58	86.07	22.70
2008	6.88	11.11	71.77	85.38	22.80
2007	6.28	10.27	70.39	84.39	24.61
2006	6.17	9.65	69.90	83.86	25.59
2005	6.20	9.67	69.30	83.58	26.12
2004	6.19	9.70	68.58	82.52	28.11
2003	6.22	9.52	69.91	86.00	26.43
2002	6.32	9.93	71.16	86.20	25.44
2001	5.86	9.37	71.90	83.85	28.10
2000	5.50	9.18	70.03	82.64	29.97
1999	5.67	9.31	71.13	83.51	28.87

续表

年份	卫生总支出占GDP的比例	政府卫生支出占财政总支出的比例	卫生总费用中政府支出的比例	社会保险在政府卫生总支出中的比例	个人自费支出在总卫生费用的比例
1998	5.86	8.51	65.38	——	34.62
1997	5.54	8.49	71.96	——	28.04
1996	5.76	8.28	73.39	——	26.61
1995	5.36	8.18	72.89	——	27.11

资料来源：http：//apps. who. int/gho/data/view. main. HEALTHEXPRATIOHUN？lang＝en。

总之，波兰卫生总费用占GDP的比例相对较低，且政府卫生支出占财政总支出的比例也不高。政府对卫生投入的不足，必然会导致居民个人缴付卫生费用的经济压力增加。在中东欧国家中，波兰的卫生总费用中个人缴纳的比例属于中高层次。波兰政府在卫生筹资上的低水平投入，无疑对医疗服务可及性有负面影响。2010年，波兰人均医疗支出占家庭预算支出的4.8%。在2009年的一项家庭调查中，有8%~12%的受访者表示，由于经济压力，他们没有在需要卫生保健时寻求就医。波兰每千人口中拥有2.2名医师，5.2名护士、0.6名药师。波兰人均医师数低于大部分西欧国家，而且还在呈下降趋势，究其原因，主要是加入欧盟以后，国外更高的报酬、更好的工作环境导致波兰卫生部门医护人才的移民。这是波兰完善医疗卫生服务体系需要解决的迫切问题。

（三）其他社会福利改革

从1989年到1994年，波兰总体上没有实施系统的社会救助、家庭补贴、失业救济等社会政策，处于这一转型期的波兰政府主要忙于应对国家财政危机。在1989年选举中出其不意获胜的团结工会得到了西方政府和国际组织的许多支持，这些财政援助主要被用于在经济上实施"休克疗法"，各种社会政策的实施只能是应急措施。这一时期政府实施的社会政策主要集中在失业福利和养老金领域，对领取失业福利和退休人员实行宽松的资格审查政策。因此，领取失业救济金和养老金的人群迅速扩大，政府财政支出增长，排挤了在医疗和教育领域的投资。由于政府未能及时建立完善的社会安全网，损害了国家提供社会服务的能力，使得转型期波兰的贫困人口大幅上升。

1994 年，波兰社会主义时期执政党的继承党——波兰社会民主党——与农民党联合执政，在福利政策改革方面，不再倾向于传统的优势行业，而是提高了所有公民的最低养老金。同时，1995 年，波兰启动了关于社会救助和家庭补贴方面的改革。在社会救助方面，中央政府通过指定用途的方式把部分福利资金拨给地方财政，资金的使用由地方政府掌管。地方政府建立了自己的社会救助中心，除中央拨款外，地方政府自身也通过地方税的方式筹资用于社会救助。尽管社会救助主要由地方政府负责管理，社会救济支出稳步上升，但此方面的预算仍显不足。1995 年，按照波兰政府规定，所有月收入不足 855.8 兹罗提的家庭，就应得到社会救助。但实际上，在波兰有 42 万个家庭，即相当于贫困家庭的 1/3，并不能拿到足额的社会救助补贴。① 另外，波兰从 20 世纪 90 年代后期逐渐改革和完善失业救济制度。1995 年，波兰规定发放失业救济金的时间为 18 个月，因企业倒闭而失业的人可以领取 24 个月的救济金。2004 年 4 月，波兰议会通过《促进就业和劳动市场制度》，其中提高了对失业者领取社会福利资格条件的标准，并且把平均失业率特别高的地区的失业保险期限延长了 6 个月。另外，政府还加大了对就业的投入，对那些想要自己创业的人实行就业补贴。在波兰，创业者的创业资金除自己积累所得，还可以申请波兰劳动部门的创业基金和欧盟资金，这大大增加了创业者的积极能动性，也鼓励了失业者的自主创业。

四 波兰福利制度转型的效果和前景

从社会保障支出占 GDP 的比例来看，2014 年，波兰社会保障支出占 GDP 的比例为 20.6%②，经合组织国家的社会支出占 GDP 的平均值为 21.6%，波兰与捷克都接近这一水平。从这一角度来说，波兰的福利制度改革可以说基本上是成功的。但欧盟老成员国 15 国社会支出占 GDP 的平均值比例则是 27%，从这一角度来说，波兰仍有差距和追赶的空间。

---

① Mitchell Orenstein, "Transitional Social Policy in the Czech Republic and Poland", *Czech Sociological Review*, 1995, Vol. 3（No. 2: 179-196）, p. 193.

② Social Expenditure—Aggregated data, http: //stats. oecd. org/Index. aspx? datasetcode = SOCX _ AGG.

就养老金改革前景来说，波兰今后福利制度改革的主要目标仍然是继续和深化探索完善养老制度和医疗保障制度改革的措施。在中东欧国家的福利转型中，改革的难题和引发的社会矛盾主要集中在养老和医疗领域，尤其是养老制度的改革上。2012 年，波兰政府将领取养老金的年龄提高到 67 岁。放宽现行劳动法，允许雇主增加每周工作时间。2013 年 9 月 11 日，波兰工人、农民、护士等工会成员聚集到首都华沙，强烈要求提高工资待遇，获得更多生活保障，反对提高退休年龄。人们在波兰议会中心大楼前搭建临时帐篷，进行为期 4 天的总罢工和游行示威活动。14 日，游行示威活动达到高潮，人数达到了 12 万，人们举着各个工会的旗帜聚集在广场，要求总理唐纳德·图斯克辞职。这场示威活动是近年来波兰爆发的最大规模的抗议活动。自 2007 年图斯克执政以来，波兰执政党中右翼联盟的支持率急剧下降，2013 年波兰经济增长率由 4.5% 迅速放缓至 1.9%，多个行业大规模裁员，导致失业率激增，很多企业无法提供保险以及完备的长期合同，这也成为人们抗议的重点。除此之外，来自矿山、船厂等老旧部门的产业工人还呼吁提高目前偏低的最低工资标准，同时提高生活保障水平和养老保险水平。据悉，波兰 2013 年的最低工资为月收入 393 欧元（约合人民币 3200 元），仅仅是西方发达国家的 1/3。面对飞涨的物价，很多人表示生活难以为继。波兰尽管是欧债危机中欧盟国家里表现不俗的国家，但近些年其经济状况有所下滑。

近年，在波兰养老制度改革和完善的道路上，最为显著的事件是，政府接管私人养老基金所持有的债券。2014 年初，政府从 13 个私人养老基金机构征收 1530 亿兹罗提（约合 504 亿美元）的波兰国债，这些债券约占养老基金投资组合的一半。当然，这一行为虽然能短期提振公共财政，但会削弱养老金改革的主要目标——提高国民储蓄并减少国家预算对退休金支出的长期负担。同时，政府引入规定，要求波兰缴纳养老保险金的 1600 万入保人选择或者留在私人养老基金，或者在 2014 年 7 月底前转移到政府公共管理的基本养老金体系内，即养老金的第一支柱内，这严重削弱了第二支柱发挥养老保障的作用。另外，从资本市场的角度看，存放在私人养老基金中的资金是股票和债券市场的基本支撑力量，养老基金主要投资于股票和债券、资助私营公司和公共基础设施项目。经济合作与发展组织警告称，政府的措施很可能会损害社会对养老保险制度的信任，并更广泛地损害到未来结构改革的公信力。缩减私人养老金体系会导致未来的养老越来越依赖于第一支柱和政府的财政支持。随着退休金付款的增长，政府财政负担会日益加重，重新引入私人养老金计划的压力也会增加。同时，政府这一举措也会阻碍带动投资和经济增长的资本市场的发展，最终影响经济的发展。

对于医疗卫生制度的改革，公众的满意度较低。从目前看，波兰有限的财政资源投入是提高医疗服务质量和提升病人满意度的最大障碍。公立医院负债累累，并且缺乏有效的财政管理。有建议提出，解决公立医院的问题在于把公立医院私有化，这种建议遭到了强烈的反对，反对者认为此举会导致穷人得不到有效的医疗服务，为医疗服务付出更多的费用。但是，医疗机构的私有化一直都在发生和进行，波兰现在大多数的门诊服务都是由私人医疗机构提供的。2011年，波兰通过的《治疗活动法规》倾向于引导地方政府将公立医院私有化和商业化运作。对于中东欧国家医疗卫生改革中普遍采取的公立医院私有化、公立医院商业化运作的实践，尤其是在提高医院财政管理效率和减少负债率的同时能否保障病人的权利还有待观察，这种改革实践仍处于检验中。另外，近些年波兰医疗机构的工作人员持续减少，对病人得到充足的医疗服务造成了威胁，要扭转这种状况，需要国家采取更多的措施加以干涉，特别是防止医疗卫生领域的医护人才移民出国，这也是中东欧国家转型后医疗卫生服务领域面临的共同问题。

第二章

匈牙利福利制度转型

匈牙利是地处中欧的内陆国家，周围分别与罗马尼亚、塞尔维亚、克罗地亚、斯洛文尼亚、奥地利、斯洛伐克及乌克兰接壤，国土面积9.3万平方公里，全国总人口为979.8万。1991年，匈牙利同波兰、捷克、斯洛伐克组成了维谢格拉德集团。1999年3月，匈牙利加入北约。2004年5月，匈牙利加入欧盟。2018年，匈牙利人均GDP为15939美元。

一 匈牙利福利制度转型的背景

早在20世纪80年代后半期，由于国民经济计划完成得不好，通货膨胀加剧，匈牙利经济面临严重困难，匈牙利的人均外债居东欧各国之首。20世纪80年代末匈牙利发生剧变，匈牙利原执政党在大选中失败，其继承党匈牙利社会党虽然获得议会部分席位，但不足以执政，而其他任何一个政党都不愿与其联合组阁。此时，民主论坛联合独立小农党、基督教民主人民党组成右派联合政府。安托尔政府上台后，在经济上没有采取波兰等东欧国家通行的"休克疗法"，而是实施"保守疗法"，即从1990年至1994年，政府实行货币和财政扩张政策。五年间，匈牙利的财政赤字从1990年占GDP的0.4%发展到1994年占GDP的8.4%，财政支出总额从1990年占GDP的53.5%发展到1994年占GDP的60.9%。[①] 匈牙利的财政赤字

---

① 金雁、秦晖：《十年沧桑——东欧诸国的经济社会转轨与思想变迁》，东方出版社，2012，第163页。

增加与政府支出失控密切相关。由于实行财政扩张政策，在经济转轨后的最初两年，匈牙利的经济滑坡速度比波兰缓慢，但长期来看，到这一届政府执政末期，匈牙利的经济增长非常乏力，远远不如捷克和波兰的经济增长速度。如到 1995 年，匈牙利的通货膨胀率为 28.3%，经济比上一年度下降了 2.0%；而同一年，波兰的经济比上一年度增长了 7%，捷克增长了 5%。1994 年，匈牙利社会党联合自由民主联盟组成联合政府上台执政，此时匈牙利正面临日益严峻的宏观经济形势，社会党总理霍恩上台伊始，发现国库已极度空虚。

1995 年 3 月，社会党人、新任的财政部部长拉约什·博克罗什开始推行政府经济调整和稳定计划（简称"博克罗什一揽子计划"），实行空前严厉的财政紧缩政策，削减社会福利，实行高校收学费，放开物价，减少福利促进口，并让企业破产，造成失业人口剧增。有人把"博克罗什一揽子计划"称作"休克疗法"补课。实行削减福利和紧缩政策并停止给农业和国企补贴引起了社会强烈不满，1995 年，匈牙利国企职工多次游行、示威、罢工。但社会党政府坚持认为，不负责任的财政扩张只能使国民经济出现虚假景气的现象，最终导致经济混乱。在社会党的坚持之下，1996 年，匈牙利财政赤字从 1994 年占 GDP 的 8.4% 下降到占 GDP 的 3.5%。1997 年后，紧缩政策的正面效应显现，经济开始好转，国家外债总额从 1995 年的 317 亿美元下降到 1997 年的 263 亿美元。1998 年，由于要进行大选，实施紧缩计划的博克罗什辞职，政府又加大了社会福利开支。但此时，民意已滑向了右翼政党，社会党在大选中失败。

1998 年 7 月，青年民主联盟联合小农党和民主论坛上台联合执政，欧尔班出任总理。匈牙利经济学家科尔奈的话也许可以解释民众在宏观经济好转之下对左派政府的不满和重新选择右派政府的潜在原因："博克罗什计划使匈牙利付出了巨大代价，但彻底的经济调整在几年后取得了卓越的成就：经济均衡指标有所改善，经济增长加速。但不幸的是，它无法一劳永逸地解决 20 世纪 90 年代中期出现的所有困难。几年后，几乎所有的经济问题又卷土重来。刻意讨好民众并不加节制地提高工资，根据'土豆烧牛肉式共产主义'精神对国家财富进行分配，并没有随着卡达尔政权的解体而消失殆尽。它们还在我们的生活中时隐时现，阴魂不散。无论是左翼政府还是右翼政府，无论掌权的是保守的民族主义者还是社会主义政治势力，他们都在追求民粹主义的经济政策。"① 客观地说，左派政府

① 〔匈〕雅诺什·科尔奈：《思想的力量》，安佳、张涵译，上海人民出版社，2013，第 380 页。

虽然实行削减社会福利、削减工资和放松经济管制方面的政策，但这确实对匈牙利宏观经济的改善起到了促进作用。1997 年起，国民经济持续增长，1997 年增长了 4.3%，1998 年增长了 5.4%，1999 年增长了 4.5%。欧尔班右派政府上台意味着匈牙利的经济社会发展战略再次面临转折和调整。在社会政策方面，欧尔班开始积极解决失业问题，把提供就业作为主要任务，并逐步减少工资税，降低企业的社会保险缴费，增加社会福利开支，减轻居民的支出负担，恢复被前政府取消的按人口给予的家庭补贴，取消大学学费，增加医务人员补贴等。

2002~2008 年，匈牙利社会党联合自由民主联盟执政。自 2006 年，政府实施严格的财政紧缩措施，削减政府投资和政府公共服务方面的支出。2007~2009 年，全球金融危机导致了匈牙利经济自 1989 年以来最大的衰退，2001~2006 年，匈牙利经济连续年均增长 4% 多，到 2008 年，经济只增长了 0.8%，2009 年经济下滑了 6.7%。同时，2009 年匈牙利的失业率高达 10%，公共债务达到了 GDP 的 78.4%。匈牙利是中东欧地区遭受全球金融危机打击最为严重的国家之一，2008 年末 2009 年初，福林对主要货币贬值了 30%，政府债券市场完全冻结。到 2010 年，匈牙利银行里 23% 的抵押账户处于违约状态。2008~2010 年，匈牙利社会党组成的少数派政府继续实行财政紧缩政策，2008 年之后，政府把增值税从 20% 增长到 50%，同时减少在养老金和社会福利上的支出，并提高退休年龄、降低医疗保险支付率、减少公共交通补贴、取消家庭能源补贴等。

纵观匈牙利转型后的政治经济发展状况，匈牙利福利转型和福利制度的持续改革既与匈牙利的宏观经济形势相关，也与匈牙利的政党政治密切相关。从福利制度的改革过程看，匈牙利的右翼政府更倾向于国家主义政策，扩大社会福利和社会支出；左翼政府上台则更倾向于财政紧缩政策，削减福利，改善宏观经济状况，降低财政赤字。但在宏观经济不景气和政府财政捉襟见肘的情况下，左翼和右翼政府在福利改革和措施上的区别并不是根本的，如 2010 年，欧尔班政府再次上台以来，在养老制度改革上削减第二支柱的作用，加强国家对养老基金的控制，同时积极解决就业问题，这些措施既带有保守的国家主义的特点，也带有左派政府新自由主义经济措施的倾向。

二 社会主义时期福利政策概述

社会主义时期，匈牙利福利制度的突出特点是国家重视、法律保障，而且从上至下有一套较完整的组织管理体系。匈牙利历来十分重视用法律规范社会保障工作，把对人民的社会保障列入宪法，并制定了专门的《社会保障法》《退休法》等。当时匈牙利的宪法规定："保护劳动者的健康，并在其丧失劳动能力时给予津贴……此种保护与帮助，以广泛发展社会保险及组织医疗服务的方法来实现。"《社会保障法》规定，社会保障是国家的任务，国家应有计划地关心社会保障事业的发展，并与国民经济的发展同步增长。根据职工的工作和社会保障要求提供相应的物质保障。……对妇女、青年和有子女，特别是多子女家庭应给予较多的物质保障。投保人有权获得疾病和孕产假的补助、家庭补助、退休保险和工伤事故保险等。[1]

匈牙利《社会保障法》规定，各行业职工和专业合作社社员、技工和学徒均享受社会保障，社会保障的主要内容有退休金、残疾金、病假津贴、生育待遇及家庭津贴等。

《社会保障法》规定，男子满60岁、女子满55岁，具有十年工龄者可以退休。老年退休金的多少取决于两个因素，既考虑到保障那些低工资和短工龄退休者的基本生活条件，也要根据按劳分配的原则，与工龄及退休前的工资收入相挂钩。匈牙利规定有最低退休金。此外，匈牙利还规定家属也可以享受退休金，即抚恤金。抚恤金有三种。一是遗孀抚恤金，职工去世后，其家属可领取1000~2000福林的丧葬费；丈夫去世后，遗孀有权领取丈夫退休金的一半，时间为一年。二是孤儿抚恤金。父母退休后，有任何一方去世，其16岁以下的子女都可享受父亲或母亲退休金的一半。如果子女在校学习，至多可领到25岁。三是双亲抚恤金。享受退休金者去世时，如果其双亲仍健在并且是残疾者，或在其去世前，其双亲起码一年内主要生活来源靠其退休金，那么，在其去世后，其双亲可领取其退休金的一半。另外，国家在整个退休金开支中有一项很大的支出是残疾金。匈牙利很重视残疾人的福利，规定如果职工丧失了劳动力的67%，又在一

---

[1] 朱传一、沈佩容主编《苏联东欧社会保障制度》，华夏出版社，1991，第122页。

年内得不到恢复，可以领取残疾金。残疾金的多少取决于工龄的长短、伤残程度、残疾时的年龄和月平均工资收入。

在医疗社会保障方面，匈牙利在 1975 年后规定了对全体公民的卫生供给，即每个公民均可享受免费医疗的待遇。诊疗费、住院费（包括药费）都由国家负担。职工在医疗门诊，凭医生的处方到药房买药，个人只需要付药价的 15%～20%，其余部分由国家补贴。一般情况下，较大的企业都有自己的医院和医务所，医生由卫生部派出，他们的工资由卫生部支付，医院或医务所的设备由企业购置。匈牙利规定，经医院或居住地医生或工厂企业的医生检查，证明职工因病不能工作者，可领取病假津贴。职工病休一年以内，而工龄在两年以下者，发给本人工资收入的 65% 作为津贴，工龄两年以上的可得工资收入的 75% 津贴。病假时间超过一年，根据医生委员会检查，判断丧失劳动能力的程度，按残疾处理，由领病假津贴改为领残疾金。

匈牙利也把生育照顾和家庭津贴作为社会保障的重要项目。20 世纪 70 年代以来，匈牙利在生育照顾和家庭津贴上采取的主要措施有：匈牙利妇女享有 24 周带薪产假，且发给生育补助费 4000 福林。新生儿母亲住院期间，可领取妊娠和分娩正常补助费的 90%。补助的目的是减少家庭生育孩子的开支。产妇休完 24 周带薪产假后，可在家照看孩子到一岁半，领取相当本人工资收入 75% 的抚育孩子津贴。匈牙利实行子女补贴政策，国家每月给每个孩子补贴 410 福林，直到孩子 6 岁为止；2 个孩子每人每月补贴 710 福林；3 个及 3 个以上孩子，每人每月补贴 840 福林，直到孩子 16 岁。如孩子生病，可领取 1040 福林的补贴。匈牙利《社会保障法》规定，母亲可请假照顾病儿，母亲有一个不满 14 岁的孩子，每年可有两天的额外假期；有两个孩子，为五天；3 个孩子的则为九天。母亲照看病儿期间按病假工资计算。此外，企业还实行福林补贴政策，如，工业企业每周工作 40 个小时，对两班或三班倒的职工有较高的补贴，夜班要多 40% 工资收入，下午上的两个班要多给 20%。

匈牙利社会保障费占国民收入的 15%，其中退休金占国民收入的 10.5%。1984 年退休金占社会保障费的 67.2%。社会保障经费是采取企业单位和职工个人缴纳及国家补贴的办法。企业单位早先按工资总额的 30% 缴纳保险金，1984 年改为按工资总额的 40% 缴纳，农业合作社按 33%、机关事业单位按 10% 向国家社会保障总部缴纳社会保险金。匈牙利职工 1961 年时按工资收入的 1% 向国家缴纳保险金，1984 年这一比例增长到工资的 19.6%。匈牙利社会保障金的收入和支出均纳入国家预算。政府确定支付社会保障金和退休金的范围和金额。不管企业及个人上交的保险金是否够用，国家一律予以保证，不足部分均由国家预算补足。有的年份，国家补足部分高达社会保障金支出的 20%。20 世纪 80 年代后，随着个人和企业缴纳社会保障金比例的提高，国家已不需要过多补贴。

1984 年以前，匈牙利社会保障管理工作一直由工会中央理事会主管，工会设有社会保障管理局。从 1984 年起，社会保障工作交给政府管理。政府设立社会保障总部，隶属部长会议领导。州、市和百人以上的单位都设立了社会保障管理机构。总部有 220 名工作人员，全国包括州一级的社会保障管理人员总共 5000 人左右。各企业也设有行政机构负责这一事项。

总之，社会主义时期，匈牙利非常重视社会保障，通过立法，以严格的管理制度和详尽的管理细则来推进社会福利保障工作。20 世纪 60~80 年代，社会保障工作注重实效，不断改进。但到 80 年代末，社会保障中仍然存在不少问题亟待解决。首先，匈牙利退休人员日渐增多，退休人员生活水平不断下降。国家规定退休金每年增加 2%，但规定物价上涨的幅度为 5%，实际上物价上涨还往往超过国家规定的幅度。如，1987 年物价上涨 9%~12%，致使领取退休金者实际生活水平下降。其次，国家在社会保障方面负担加重。匈牙利社会保障涉及面广，因此开支很大。以退休金为例，1985 年退休金占到 GDP 的 15%，占社会保障支出的 69.6%，数额之大使国家负担沉重。

三 匈牙利福利制度的转型过程

（一）匈牙利养老制度改革

1991 年以前，匈牙利的养老保险制度是依照苏联模式实行的强制性现收现付制的体制。1991 年，在世界银行等国际组织的推动下，匈牙利国会通过决议，启动了养老保险制度改革。主要内容有：严格养老金领取资格条件；为了降低养老保险开支，将养老保险的最低缴费期限从以前的 10 年提高到 20 年；在缴费方面，根据规定，养老保险制度的缴费率为工资的 30.5%，其中雇主负担 24.5%，雇员仅须负担 6%。为了提高养老保险制度的缴费收入，匈牙利还加大了对参保人员的核查，要求自由职业者、自我雇佣者及有其他收入来源的人都必须根据本人收入情况进行严格缴费。法案还规定提高退休年龄，从 1995 年开始将女性的退休年龄从 55 岁逐渐提高到 60 岁。1996 年，国会又通过了新法案，决定从 1997 年开始将男性和女性退休年龄逐渐统一提高到 62 岁。调整养老金指数化规定，从 1992 年起养老金根据前一年度净工资的增长情况进行调整，而不再依据物价变动情况调整。在通货膨胀率高位运行时期，这一做法明显有利于控制养老保险金的开支增长。在管理方面，1992 年，匈牙利成立了独立的养老保险基金，并将其从政府预算中剥离。养老保险基金的管理、预算以及自治管理机构的选举直接向议会负责。在此过程中，建立了新的养老金管理机构，1991 年以前，养老保险的管理机构是全国社会保障管理局（OTF），国家转型后，养老保险的管理从社会保障管理局中独立了出来，管理机构改为全国退休公积金管理委员会。该管理机构是由代表劳动者利益的代表选举产生，并定期向政府和议会提出有效的意见和建议，以保障退休者的利益，促进养老保险制度更有效地实施。

1993 年，匈牙利推出了自愿的互助养老保险基金，即通常所说的第三支柱养老保险。根据规定，第三支柱养老保险缴费数额的 50% 可以享受税收优惠，但人均每年的税收优惠额度不得超过 20 万福林。

从以上的改革内容看，1991~1996 年的改革主要针对现收现付制的第一支柱进行。从结果来看，这次改革没有缓解养老保险制度的财务危机，养老保险支出占 GDP 的比重居高不下。1994 年，养老保险开支占 GDP 的比重为 10.4%，甚至高于改革前的数据。

早在 1994 年，世界银行明确提出了三支柱养老保险模式，并采取多种措施来激励或者督促中东欧国家推进养老保险制度改革，匈牙利是世界银行的首选目标国之一。在世界银行的推动下，匈牙利政府接受了通过养老保险制度的部分私有化以及设立养老储备基金来解决养老金持续性短缺问题。1995 年，匈牙利财政改革委员会下属的社会福利小组委员会提议要对现收现付制的公共养老保险计划进行彻底性的结构性改革，引入强制性的积累制养老保险计划。1997 年，匈牙利在私有养老金资格条件与缴费、建立私有养老保险基金等方面通过了一系列新法案。1998 年 1 月 1 日，这些新法案正式施行，从而启动了国家转型以来养老保险制度的第二轮改革。改革的主要内容如下。

　　针对第一支柱，法案规定所有雇员必须强制性参加养老保险。根据规定，2001 年，雇员可以自愿选择从现收现付第一支柱转入多支柱养老保险。养老金的领取资格条件为参保人必须达到退休年龄且最低缴费期限满 15 年，全额养老金的最低缴费期限为 38 年，部分养老金的最低缴费期限为 33 年。2009 年以后，如果参保人达到退休年龄后再申请养老金，还要另外提供具有法律效力的劳动终止合同。同时，法案规定，到 1999 年，将男性的退休年龄从改革前的 60 岁提高到 62 岁，到 2009 年，将女性的退休年龄从改革前的 55 岁提高到 62 岁。允许参保人提前领取养老金，但最多只能提前 3 年且缴费必须满 38 年。缴费方面，由雇主和雇员共同缴费。1998 年，第一支柱的缴费率为总工资的 25%，其中雇主的缴费率为 24%，雇员为 1%。此外，雇员还必须向第二支柱缴费，缴费率为 6%。1999 年，雇主的缴费率微降至 23%，雇员上调到 8%，2000 年雇主下调到 22%，雇员上调到 9%（均包括第一、二支柱）。自 1999 年开始，匈牙利政府指示社会保障管理局为参保人进行个人缴费登记，雇主的缴费基数没有设定上限。此外，第一支柱内还有关于残疾养老金、遗属养老金的相关规定。

　　针对建立第二支柱的改革，1998 年 1 月，匈牙利提出对国家养老保险制度进行部分私有化并推行强制性的第二支柱养老保险计划。根据规定，1998 年 6 月 30 日以后参加工作的人员必须加入第二支柱，其他在职人员则必须在 1999 年 8 月 31 日以前决定是否加入第二支柱。2003 年 12 月 31 日以前，参保人还可以选择回到第一支柱。2004 年 1 月 1 日以后，就不再允许退出第二支柱。第二支柱的缴费率 1998 年为 6%，由雇员负担，雇主无须缴费。1999 年，缴费率提到 7%，仍由雇员全部负担。养老金的领取形式为参保人达到退休年龄后可以领取第二支柱提供的缴费中确定型生命年金或向相关保险公司购买的年金，但本人第一支柱养老金待遇则被相应削减。如果参保人同时参加第一支柱和第二支柱，第一支柱的养老金待遇将降低 25%。如果参保人向第二支柱缴费不足 180 个月，则可以选择一次性领取第二支柱的积累额。在养老保险基金的设立与运营上，与其他国家不同，匈牙利第二支柱养老保险基金的产权采取的是互助储蓄协会形式，即第二支柱参保人同时也是养老保险基金的共同所有人。养老保险基金机构的设立没有资本要求，一般由雇主、行业协会、工会和养老基金单独或联合设立。按照规定，加入第二支柱的参保人必须购买任一私有养老保险基金，养老保险基金机构则为参保人设立单独的个人账户，并为每个参保人提供其本人账户的年度信息。匈牙利的养老保险基金机构为非营利的自治法人实体，匈牙利中央银行和国家金融监管局负责核发和取缔养老保险基金机构的营业许可证。

匈牙利引入第三支柱是在 1994 年，在这一轮的改革中，针对第三支柱引入的改革规定有：最高缴费率为本人缴费基数的 10%，雇主和雇员可以选择是否进行缴费；第三支柱缴费额可以享受 50% 的税收减免；参保人缴费满 10 年后，可以申领第三支柱养老金。除此之外，匈牙利又推出了所谓的"第四支柱"，即自愿的个人养老金银行账户。"第四支柱"养老金可以享受 30% 的个人所得税减免，资产投资收益无须缴税。但从根本上讲，匈牙利仍然是三支柱的养老保险模式。

2008 年，全球性的经济危机波及欧洲，匈牙利经济由于对外依赖性强而遭受严重冲击。这一年，匈牙利第二支柱养老保险基金的资产萎缩了 10%。由于养老金财政赤字问题长期得不到解决，匈牙利开始了关于取消或者削弱第二支柱的讨论，因为第一支柱与第二支柱存在缴费拨付的关系，取消第二支柱意味着第一支柱养老金的充实和养老金财政赤字的缓解。匈牙利国会于 2010 年通过了相关改革法案，开始了新一轮的养老保险制度改革。

首先，改革针对第一支柱降低了缴费率，2010 年，第一支柱的缴费为 25.5%，其中雇主负担 24%，雇员负担 1.5%。如果同时参加第二支柱，雇员还须向第二支柱进行缴费，缴费率为 8%。同时，法规规定提高退休年龄，将男性和女性退休年龄统一提高到 62 岁，并预计在 2022 年进一步提高至 65 岁。法规也规定了严格限制提前退休和残疾养老金的领取条件。其次，主要针对第二支柱进行"国有化"改革，对第二支柱进行"国有化"，并取消第二支柱的强制性，允许参保人自主决定是否退出第二支柱。根据规定，已经参加了第二支柱养老保险计划的参保人必须向养老保险管理机构明确表明本人是愿意继续留在第二支柱养老保险计划还是愿意返回第一支柱养老保险计划，如不表态则被默认为返回第一支柱，并将其本人在第二支柱养老保险计划的积累权益拨至第一支柱。依据法案，愿意继续留在第二支柱养老保险计划的雇员只需要向第二支柱进行缴费 10%，并且不必向第一支柱继续缴费，但其雇主还要继续依法为其向第一支柱养老保险计划进行缴费（缴费率为 24%）。匈牙利还规定，在 2010~2011 年的过渡期内，暂停向第二支柱养老保险计划缴费。

（二）匈牙利医疗制度改革

社会主义时期，匈牙利实行的是国民公费医疗保险制度，在 20 世纪 80 年代末，匈牙利国内经济陷入困难，政府财政已无力支付高额的公民医疗保险费用。政治经济转型之后，匈牙利宪法规定，国家有责任为所有符合条件的居民提供可及的卫生服务，社会福利和卫生保健供应的总体责任应主要由中央政府承担。1993 年，匈牙利开始卫生保健体制改革，通过强制性缴纳社会保险来筹集卫生费用。匈牙利建立了国家卫生保险基金。目前实行的卫生保险制度基本覆盖了全体国民。匈牙利国家卫生保险基金的资金来源于三方：一是强制性缴纳的社会医疗保险，雇主和雇员分别支付工资总额的 1% 和 5%，这部分来源占到国家卫生保险基金的 60%；二是医疗保险税，即雇主每月还要为每个职工支付 15 欧元，这部分占到国家卫生保险基金的 20%；三是政府预算，国家卫生保险基金每年都有来自政府预算支出的进账，这部分占到国家卫生保险基金总收入的 20%。失业人员及其家属和子女，仍可以享受国家公费医疗，只要到地方政府领取医疗凭证即可。

匈牙利国家卫生保险基金支付的范围包括家庭医生、家庭保健、住院服务、大病治疗、慢性病治疗等。另外，匈牙利增加了许多新的医疗方式，例如建立家庭医生制度、调整专科门诊和住院医疗规则。家庭医生在匈牙利医疗保险制度中发挥着举足轻重的作用，只有家庭医生才可以决定患者是否应当去门诊或是住院治疗。对家庭医生、专科门诊和住院医疗有 3 种不同的支付手段：家庭医生的劳动报酬是根据其接待病人的数量来衡量的，门诊是按照接诊量和按病种付费，而住院则是按病种付费，疾病的种类不同，其相对应的难度系数也会大不相同。

在匈牙利，未成年人、高校学生、退休人员以及发生在医疗保险项目范围之内的参保患者的医疗保险费用都是由国家财政拨款。不论是匈牙利，还是波兰、捷克，在医疗保险制度改革中，都迅速减少了由国家预算出资的医疗服务比例。但是，如科尔奈所说："国家并没有从融资来源中退出，各国的国家作用不同，但都不容忽视。中央政府预算继续向公共医疗服务部门出资。并继续支持或大量补贴大型专业化的全国性机构、医疗研究和医疗培训机构。"[①]

---

① 〔匈〕雅诺什·科尔奈、翁笙和：《转轨中的福利、选择和一致性——东欧国家卫生部门改革》，罗淑锦译，中信出版社，2003，第 114 页。

按照宪法规定，匈牙利有两大医疗卫生管理机构：一是国家卫生、社会和家庭事务部，后改组为国家资源部；二是国家卫生保险基金管理局。国家卫生、社会和家庭事务部统一管理与卫生有关的各项事务，制定卫生行业管理的各种政策、规划和行业规范，为国民议会提供卫生立法草案，管理卫生部所属的医疗机构和公共卫生机构，指导国家卫生保险基金管理局。国家卫生保险基金管理局属于独立的法人组织，接受国家卫生、社会和家庭事务部的政策指导，依法管理全国的医疗保险费用，基金会在数十个州设有办事机构。提供医疗服务的机构以公立医疗机构为主，占总数的90%以上，其余约10%为转型后出现的一些私立医院，这些私立医院是一些提供妇科、外科服务的专科医院，主要为高收入人群提供高端的医疗服务，满足多层次的医疗需求。2004年以来，匈牙利采取了多项改革措施，也取得了一些成绩。如，将国家卫生保险基金管理局替换为多种私有制的卫生承保方，在卫生保险系统中引入管理竞争，创立医疗保险监管机构。成本控制也一直是匈牙利主要的卫生改革目标。

根据世界卫生组织的数据，自匈牙利实行医疗卫生保险制度改革以来，其卫生总支出占GDP的比例有一些波动，如表2-1所示。1995～2002年，卫生总支出占GDP的比例一直在7.50%以下。2003～2006年，总体呈增长的趋势，均超出8%。随后几年，略有下降。从现有数据看，匈牙利的卫生支出占政府总支出的比例在近几年明显下降。2003～2006年，卫生支出占政府总支出的比例都高达11%以上，其中2003年高达12.27%。从2007年以后呈下降趋势，近几年较平稳，2014年为10.14%。同时也可以看出，在卫生总费用中，主要的资金来源仍然是政府支出。1995年，政府支出占卫生总费用支出的83.96%，2014年政府占65.98%，可以看出，自20世纪90年代初医疗卫生保险制度改革以来，政府相对来说减轻了医疗财政的负担。与此相对应的是，个人支出增加，1995年，个人支出比例为16.04%，2014年个人支出比例上升到34.02%。总之，随着政府医疗财政负担的减轻，个人负担必然加重。因此，在成本控制和政府卫生投入缩减的情况下，如何保证将个人医疗费用负担保持在可承受范围内，是匈牙利医疗卫生改革要解决的难题。

表 2-1　匈牙利卫生总费用相关指标

单位：%

年份	卫生总支出占 GDP 的比例	卫生支出占政府总支出的比例	卫生总费用中政府支出的比例	卫生总费用中个人支出比例
2014	7.40	10.14	65.98	34.02
2013	7.53	10.14	65.17	34.83
2012	7.74	10.28	63.43	36.57
2011	7.84	10.23	64.16	35.84
2010	7.85	10.45	65.19	34.81
2009	7.55	9.88	65.68	34.32
2008	7.33	10.16	67.05	32.95
2007	7.51	10.18	67.26	32.74
2006	8.10	11.04	69.77	32.23
2005	8.28	11.80	70.03	29.97
2004	8.08	11.66	69.60	30.40
2003	8.42	12.27	71.09	28.91
2002	7.47	10.35	70.21	29.79
2001	7.11	10.44	68.98	31.02
2000	7.06	10.63	70.74	29.26
1999	7.21	10.77	72.37	27.63
1998	7.08	10.48	74.78	25.22
1997	6.74	11.12	81.28	18.72
1996	6.99	11.25	81.60	18.40
1995	7.22	11.02	83.96	16.04

资料来源：http：//apps. who. int/gho/data/view. main. HEALTHEXPRATIOHUN？lang＝en。

　　与其他中东欧国家相类似，匈牙利的医疗保险制度改革对社会主义时期医疗保障制度模式有很强的路径依赖。匈牙利学者科尔奈在《转轨中的福利、选择和一致性——东欧国家卫生部门改革》中提出了世界范围内有代表性的六种医疗服务模式，分别为国家保健服务模式（英国模式）、国家保健保险模式（加拿大模式）、社会保险模式（德国模式）、自愿保险模式（美国模式）、医疗储蓄账户模式（新加坡模式）、医疗服务的公共提供模式（苏联模式）。国家保健模式体制起源于英国，仅就其形式而言，它结合了供应边的国有保健设施和需求边的国家一般性税收收入融资。重点在于全民享有平等的基本保障服务。公共医院和门诊设施通常由预算和薪金提供资金。政府扮演两种角色，既代表病人作为服务的购买方，同时又作为提供服务的组织者和经营者。国家保健保险模式即加拿大模式的特征是由公共融资、（地区性）单一付款人机构和私人服务共同组成一个标准的国家保健—保险受益组合。与国家保健服务模式不同，尽管这种模式的主办人和保险公司的功能集中到地区性单一购买者（在省政府的管理下），但购买方和提供方的功能是分开的。在国家指导下，加拿大各省要求其居民购买强制保险计划，在收费服务的基础上付款给独立的保险商。这种系统注重普遍平等地享有基本保健服务，并可以结合自愿的补充保险来覆盖未包括的服务。社会保险模式即德国模式起源于19世纪俾斯麦统治下的德国，它结合了需求边的强制保险融资和供给边的多样化服务。这种保险功能比国家保健保险模式更为分散，各行业或地区都组建了各种医疗基金，它们在某些情况下进行竞争。为了确保一致性，各医疗基金所提供的服务都是标准化的。通过比较公共和私人保险公司以及各种医疗基金，病人可以自主选择保险公司。自愿保险模式即美国模式是指在保证全民平等和一致性的前提下，保健体制可以建立在自愿购买保险的基础上，创造个人自由、选择和责任的更大空间。尽管自愿保险的比例很大，并且这是美国体制的显著特征，但几乎有一半的保险资金来自公共资源。医疗储蓄账户模式即新加坡模式结合了公共融资、强制性个人医疗储蓄账户存款以及多样化服务。病人用其医疗储蓄账户从竞争性的私有和公共提供者那里购买保健服务。这种体制也很注重个人的责任和选择。因为突发性费用对大的灾难性支出例如住院是最基本的，新加坡人也被强制购买灾难保险，支付医疗储蓄账户外的额外费用。医疗服务的公共提供模式即苏联模式的特征是卫生部门是计划经济的组成部分，公众普遍可以获得免费医疗保健服务，所有的医疗机构都是国有的，所有与医疗保健有关的建筑和设备也是国有的，病人在接受医疗服务的种类、数量和质量上没有选择的自由。[①] 如果要将匈牙利采用的模式与这六种模式进行比较的话，转型后

---

① 雅诺什·科尔奈、翁笙和：《转轨中的福利、选择和一致性——东欧国家卫生部门改革》，罗淑锦译，中信出版社，2003，第85~87页。

匈牙利的医疗保险体制改革与德国模式比较相近一些，但转型国家的制度是建立在社会主义国家历史基础之上的，对旧体制只能逐步改革，而不会完全割裂。匈牙利虽然实现了强制性的保险融资，但与德国医疗保险制度相比，在能够提供多样化的医疗服务机构和标准化的医疗服务上，还有很大的差距。

（三）其他福利制度改革

匈牙利对失业救济金进行了保险制改革，雇主按雇员工资的 5%，雇员按工资的 1.5%缴纳失业保险，缴纳满 360 天后才可领取，最高可领取平均工资的 70%，最低为 50%。匈牙利在劳动力市场方面于 2001 年开始实行与欧盟规范相协调的劳动法，匈牙利重视培训和就业补贴，重视对创业的补贴以改善就业环境。为了避免高失业率给社会造成更多负面影响，匈牙利政府出台了很多优惠政策，以鼓励企业积极吸纳劳动力，创造更多的就业机会。例如，2008 年，匈牙利根据企业类型的不同，对其实行了培训费用补贴；2009 年，加大了对中小企业的紧急财政补助，使得当年中小企业的产值几乎占到了国内生产总值的 50%，中小企业为匈牙利劳动者提供了 70%的就业岗位。

在家庭补贴方面，匈牙利给儿童、家庭、产妇等提供广泛的补助。由于人口出现负增长，2001 年 5 月 7 日，匈牙利政府决定对家庭实行高出原来 1 倍的辅助性补贴，对有子女的家庭推出很多纳税优惠政策，例如，每增加 1 个孩子，就增加 100万福林的收入免税。而且延长了妇女产假的时间，从 2 年延长至 3 年。同时增加了对住房的补贴，从 2005 年 1 月起，对困难家庭的住房补贴提高了 1 倍。[①]

四　匈牙利福利制度转型的效果和前景

在中东欧国家当中，匈牙利的养老保险制度改革较早，是第一个引入第二支柱养老保险计划的国家。在建立三支柱的养老保险改革中，匈牙利仍然保持了第一支柱在国民养老计划中的主体地位；针对第二支柱缴费等的相关规定，与斯洛伐克针对第二支柱的规定相比，匈牙利仍然属于谨慎之列。改革初期，匈牙利对于第二支柱活跃金融市场、增强养老金持续性有较高的期望，但事实证明，匈牙

---

① 纪军：《中东欧社会保障制度的重建》，《新视野》2006 年第 6 期。

利的养老金财政没有得到明显好转。第二支柱的养老保险基金收益率还赶不上匈牙利的通货膨胀率。匈牙利养老金保险计划第三支柱的发展相对滞后。在金融危机发生之前的 2006 年，匈牙利发现自己又再次处于财政危机之下，财政赤字占GDP 的 10%，经常账户也有赤字问题。[①]在 2008 年金融危机背景之下，匈牙利从国际货币基金组织获取了贷款。政府引入了一系列紧缩措施，包括增加税收和削减公共部门的就业岗位和工资。在 2010 年以后的匈牙利养老保险计划改革中，第二支柱私有养老基金的"国有化"引人注目，其原因与养老基金的投资回报率低、养老基金的管理费用相对较高有很大的关系，参保人认为第二支柱的积累基金投资回报率低，政府则认为第一支柱向第二支柱的划拨缴费削弱了国家对养老金财政的控制，因此各方都不满意。由于参保人的不满意，导致大约 97% 的人离开了第二支柱。这次改革在短期内加大了第一支柱的养老金收入，缓解了养老金财政。从此，匈牙利的三支柱养老保险计划似乎逐渐转变为两支柱式养老保险模式，并且第三支柱发展缓慢。虽然养老金财政赤字得以缓解，但一些相关领域专家也提出，没有了第二支柱和只有羸弱的第三支柱，从长期看，养老金财政的压力会更大，政府承担的责任会更多，财政的长期稳定性必然会出现问题。从第一支柱的缴费看，匈牙利规定雇主缴费的比例过高（现在雇主负担 18%，雇员负担0.5%），在波兰、捷克等国，雇主缴费虽然高于雇员，但也保持了相近的比例，斯洛伐克更是规定雇主和雇员均摊。匈牙利的规定影响了企业的缴费积极性，加重了企业的负担，减弱了企业的竞争力，有的企业甚至瞒报雇员收入来逃脱社会保险税。目前，匈牙利第二支柱的"国有化"是永久性实行还是仅仅为权宜之计成为国际社会关注的焦点。中东欧国家中，多支柱养老保险首先在匈牙利得到推行，匈牙利的任何改革都受到关注，并往往会产生波及性效应。

转型后的匈牙利医疗卫生制度改革尝试探索医疗服务的多样化，现有医疗服务机构中有 10% 是私人医疗机构。在中东欧国家的后社会主义转轨中，允许私有部门进入医疗服务的提供和出资也是大多数国家通常采用的改革内容。在医疗制度改革上，科尔奈还是主张引入市场竞争："我们不能放任这一部门垄断国家补贴和公共财政，也不能允许家长式政客和官僚机构在养老金、医疗和其他福利

---

① Jan Drahokoupil and Martin Myant, The Politics of Welfare Resturcturing in Transition Countries and the Crisis of 2008, in Ipek Eren Vural ed., *Converging Europe: Transformation of Social Policy in the Enlarged European Union and in Turkey*, Ashgate Publishing Company, 2011. p. 167.

服务问题上，独断专行地做出决策。"① 但这种改革在东欧国家也出现了一种趋势，即私有部门的发展受到狭窄的经营范围的约束，可能产生的结果是私有医疗公司将没有足够的利润空间。同时，公立医院的唯一资金来源就是公共资金，其结果是公共部门和私有部门都无法获得充分的发展。因此，在解决此问题上，科尔奈提出："分配公共资金的制度不得根据提供融资部门的决策，而是应该以效率为标准，不应该对不同的所有制实施歧视性政策，公平竞争的规则对公共部门和私有部门同样适用。"② 在中东欧国家的医疗卫生改革中，如何使私立的医院和机构与公立医院获得平等竞争和融资的机会，如何在发展私人投资医疗服务的同时保障个人参保者接受医疗服务的质量及个人的经济承受力，还是一个有待持续探讨的难题。在医疗制度改革 20 多年之后，匈牙利医院仍然缺乏效率，医疗服务人员仍大量短缺，这与医生等专业医疗服务人员大量移民有关。

---

① 雅诺什·科尔奈、翁笙和：《转轨中的福利、选择和一致性——东欧国家卫生部门改革》，罗淑锦译，中信出版社，2003，第 85~87 页。
② 雅诺什·科尔奈、翁笙和：《转轨中的福利、选择和一致性——东欧国家卫生部门改革》，罗淑锦译，中信出版社，2003，第 231 页。

第三章
捷克福利制度转型

　　捷克共和国①是中东欧地区的内陆国家，国土面积 7.89 万平方公里，拥有人口 1065 万，与德国、奥地利、波兰、斯洛伐克四国接壤。1999 年 2 月，捷克加入北约，2004 年 5 月，捷克加入欧盟。捷克主要民族为捷克族，占 90%；其他民族有摩拉维亚族、斯洛伐克族、德意志族和波兰族等。官方语言为捷克语，主要宗教是罗马天主教。2018 年，捷克人均 GDP 为 22973 美元。

一　捷克福利制度转型的背景

　　20 世纪 80 年代末 90 年代初，随着中东欧国家的政治转型和经济转型，多数国家的经济走入谷底，不同程度出现财政危机状况，许多国家大部分人口的生活水平跌到了最低生活水平的贫困线下。捷克从 1990 年至 1993 年连续三年国内生产总值负增长，1990 年的 GDP 比 1989 年下滑了 0.4%，1991 年比 1990 年下滑 14.2%，1992 年比 1991 年下滑 3.3%。② 尽管捷克的经济在中东欧国家中属于复苏较快之列，经济私有化初期带来的通货膨胀和财政紧缩仍然给民众带来了很大的影响。1992 年，捷克的通货膨胀率为 12.7%，民众的养老金价值也随之缩水。1993 年之后，捷克经济逐渐转入复苏时期，1997 年经历了财政危机，1999 年经济再次复苏

---

① 1993 年 1 月 1 日，捷克和斯洛伐克联邦共和国解体后，捷克共和国成为独立的主权国家。

② 金雁、秦晖：《十年沧桑——东欧诸国的经济社会转轨与思想变迁》，东方出版社，2012，第 118 页。

增长。2008 年以前，由于持续的市场经济改革，以及不断增长的外国投资和对外出口增长，捷克经济持续增长。2008 年席卷全球的金融危机也影响了捷克经济增长的趋势。2009 年，捷克 GDP 比上一年度缩减了 4.5%。之后经济再次缓慢复苏，2010 年和 2011 年，捷克 GDP 分别增长 2.3% 和 2.0%。由于出口下降等，2012 年，捷克 GDP 下降了 0.8%，2013 年下降了 0.7%。2014 年，捷克 GDP 增长了 2.4%。

自 20 世纪 90 年代开始，中东欧各国相继开始了福利制度的转型，其内容和路径虽有相似之处，但由于各国福利传统、经济发展状况、政党政治等各异，并未出现统一的福利模式。捷克的福利制度改革始于 20 世纪 90 年代中期，通过研究可以发现，捷克的福利制度与其他中东欧国家有其共性，但也有其明显的自身特征。

二 社会主义时期福利政策概述

在社会主义时期，苏联和东欧社会主义国家实行国家社会保险的原则，各国的社会保障具有普遍性，具有范围广泛、形式多样与强制执行的特点。其保障内容包括养老、医疗、失业、伤残、优抚、居住、服务、家庭补助等多种项目。

捷克斯洛伐克的社会保障制度有着比较悠久的历史传统。早在 20 世纪 20 年代资产阶级共和国时期就开始实行"根特失业救济制度"。社会主义时期，捷克斯洛伐克的社会保障制度在当时的社会主义国家中处于较高水平。从 1970 年到 1986 年，国家支付的社会保障金额由 407 亿克朗增加到 863 亿克朗，增长 1.1 倍多，[①] 捷克斯洛伐克社会保障主要包括退休保障、医疗保障和社会福利保障三个方面。退休保障是社会保障的重要组成部分，所有劳动者都能享受退休保障，包括全体职工、合作社社员、自由职业者和私人经营者。退休金的多少受工种、工龄和平均工资的限制。退休年龄，男性为 55 岁、58 岁或 60 岁，因职业不同而异，女性为 53~57 岁。就医疗保障制度来说，从 20 世纪 60 年代起，捷克就对全体公民实行免费保健服务，服务项目包括门诊挂号、看病取药、住院医疗以及温泉疗养，一切费用都由国家财政拨款，由卫生部门管理。除此之外，还有广泛的社会福利，社会福利体现社会对其成员的关怀和帮助，社会福利设施主要是针对

---

① 朱传一、沈佩容主编《苏联东欧社会保障制度》，华夏出版社，1991，第 97 页。

年老体弱、身患重病、工作能力改变和需要特殊照顾的公民。包括家庭服务、社会服务和社会福利机构服务等。

在福利实践中，平均主义也是社会主义时期苏东国家社会福利共同的特征。社会主义时期捷克斯洛伐克社会福利有按平均主义原则分配的趋势。如每次提高退休金，几乎总是提高最低退休金，最高不能超过固定限额，已经达到限额的退休金则始终不能提高，退休前工作中的贡献大小对养老金数量的影响不大。再如，从医疗保障制度来说，病人生病请假期间，病假工资由医疗保障经费支付，并不影响企业的财务损失，工人的病假工资从第 4 天开始即可享受 90%的平均工资，这导致干多干少差不多，病假率逐年上升。此外，福利法规烦琐，管理复杂也是社会主义时期福利制度的一大弊病。20 世纪 80 年代，捷克斯洛伐克提出全面调整社会经济发展战略的要求，在社会保障制度方面，强调劳动贡献，反对平均主义，如要提高退休金的最高限额，使退休金与工作增长挂钩。80 年代中期，捷克斯洛伐克开始推行福利改革，但由于国家剧变，社会保障制度改革的探索也随即中断。

三　捷克福利制度的转型过程

（一）捷克养老制度改革

养老制度一向被认为是福利制度中最为重要的内容，在绝大多数国家，养老支出占政府支出的比重最大。20 世纪 90 年代初期，捷克大多数人认为可供支配的养老金额不足。1994 年，世界银行出版了《防止老龄化危机——保护老年人及促进增长的政策》，这一著作旨在向世界各国提出建立三支柱式养老金制度的建议，世界银行提供的养老制度模式后来成为大多数中东欧国家所选择的改革方案，如波兰、匈牙利在 1996 年之后相继建立了三支柱的养老金制度。这里的三支柱指的是现收现付制的国家社会保障养老金、强制的私人养老基金制度和自愿养老基金制度。20 世纪 90 年代后，捷克政府对养老制度进行了改革，但并没有采取世界银行的建议。

首先，捷克养老制度保留了国家运营、强制参加的待遇确定型现收现付制。现收现付制通过雇主和雇员共同缴费筹资，雇主缴纳工资收入的 21.5%，雇员缴纳其收入的 6.5%，国家为收支缺口提供资金。捷克社会养老保障法规定了对退休金的价格补贴，规定消费价格每增长 5%~7%，就对退休金进行调整，调整的幅度参照社会工资的增长情况。此外，1994 年 2 月，捷克议会批准新的养老保险法，并批准建立了第一批养老基金公司。此法规定，捷克公民个人自愿参加"国家分担式的补充养老保险"，按照世界银行的标准，补充养老保险被称作"第三支柱"，捷克在法律上把它称作"养老保险储蓄"。1995 年 1 月 1 日起，捷克实行新法。"国家分担式的补充养老保险"由公民自愿参加，国家积极补贴，保险金由个人缴纳为主。新养老保险法规定，凡年满 18 岁，在捷克境内长期居住的捷克国籍公民，都有权参加此保险。参保者从 50 岁开始领取养老金。参保人自主决定参保金额，但最低额度为 100 克朗。对于参加补充养老保险的人国家给予补助，投保 100 克朗，国家补助 40 克朗，超过 100 克朗的部分，再按照一定比例予以补助。除此之外，参加者在投保后的头两年，还可额外得到 25% 的补助。根据捷克共和国养老金基金会 2012 年 12 月提供的数据，截至 2012 年底，捷克有 515 万人参保补充养老基金，参保者已经储蓄了 2465.94 亿克朗的养老金。[①] 养老基金运行和管理都较为稳定，但是这种运行是在低收入的基础上进行的。可以看出，在捷克养老保险制度中，实际上国家负担较重，由于参保是自愿性质，因此，基本养老保险还是由国家负担，即使是参加补充养老保险的人员，国家仍然提供相当额度的补助。

2013 年，政府对"国家分担式的补充养老保险"各项措施进行修订和完善。修订了《国家分担养老保险法案》，这起到了为退休人群增加总储蓄额以加强补充养老保险的作用。实际上，在国家补充养老保险运行多年之后，有专业人士认为国家补充养老保险并没有发挥重要的作用，认为国家补充养老保险对个人发生的作用甚至都不能与没有国家财政支持的其他补贴竞争。因此，"国家分担式的补充养老保险"如何才能实现预期的目标、如何才能充分发挥第三支柱的作用成为一个问题。到目前为止，在捷克，77% 的公民认为可支配的养老金仍不够充足。之所以"国家分担式补充养老保险"方案未能充分发挥第三支柱的作用，大致主要有以下几方面的原因。

---

① Jan Molek, "Development of the State-contributory Supplementary Pension Insurance in the Czech Republic", *Legal and Economic Issues in Medicine and Social Sciences*, Kontakt 16 (2014), p. 177.

首先，补充养老保险筹资额较低。虽然国家分担出资补贴个人和对加入补充养老保险的个人收入进行税收减免吸引了 515 万名积极参保者，但除去国家出资的部分，如表 3-1 显示，参保者每月向保险基金公司只缴纳不超过 500 克朗的缴费额。也就是说，参保者只支付工资总额 2%～2.5% 的金额，（劳动者平均工资为 2 万～3 万克朗），就可以得到国家全额的补贴，而且还有税收减免的好处，实际上，他们为自己的退休养老并没有积蓄多少钱。参保者缴费额比较低，也是定期养老金支付额度较低的结果。

表 3-1　近年参保补充养老保险者缴费额及国家平均补贴额

单位：克朗

年份	参保者的平均缴费 （除去雇主为雇员缴纳的部分）	每月国家平均补贴缴费
1995	262	93
1996	305	103
1997	333	97
1998	333	95
2001	340	90
2005	408	99
2010	440	105
2011	442	105
2012	465	108

资料来源：Jan Molek，Development of the state-contributory supplementary pension insurance in the Czech Republic，Legal and Economic Issues in Medicine and Social Sciences，Kontakt 16 (2014) p. 180。

其次，国家补充养老保险的特点是受益是既定的，即养老金数额是提前既定的，领取期限和金额是既定，与缴费多少没有紧密的联系。实际上，由于保险公司的低支付额，大多数的参保者在接受给付时常常选择一次性付给方案，定期支付则较为例外。从当前看，如此低的缴费额和低支付额并不能使参保者退休后保持生活水平，因此补充养老保险并没有达到预定的目标，没有履行它的使命功能。因此，有学者认为，可以进一步提供第三支柱的缴费率，以建立缴费与支付之间的紧密联系，提高参保者退休后的生活水平。

再次，养老金收益率较低，有些年份养老金收益甚至不能抵消通货膨胀，因此很难吸引低年龄段人口加入养老补充保险的队伍。与 2011 年相比，2012 年捷克最大的养老基金公司（AEGON PF）名义上的资产增长额为 2.5%，但 2012 年上一年度的通货膨胀率则为 3.3%。[①] 养老金的贬值也不能满足参保者长期投资的功能，如相比 2011 年，2012 年十大养老基金公司都出现了资产负增值的情况，资产贬值从 0.8%～2%。

最后，国家支付额也是逐年上涨的，2000 年国家出资额累计为 20.47 亿克朗，到 2012 年，提高到 59.13 亿克朗。[②]

鉴于以上问题，捷克通过修订国家养老保险法，实施一些新的改革举措。从 2013 年开始，养老基金转入"养老金管理公司"运作。2012 年底前参保者的养老金可以进入"过渡基金"，"过渡基金"保持了以前参保者所有的受益，没有发生什么变化。对于 2013 年 1 月 1 日起参保的投保者，其缴纳的养老金将进入"参保基金"，保险金进入"参保基金"并不能保证正收入，即有贬值的风险。也就是说，捷克国家对养老金的运作限制放松，在有一定的风险下期望通过市场运作获得较高的收益率。

总之，捷克两个支柱式的养老金筹资和养老社会保险模式是捷克独特的现象，与其他中东欧国家相比，国家主导色彩浓厚，财政出资较多，同匈牙利和波兰在第二支柱运行多年后又将其逐渐收归国有相比，捷克养老制度显示出了稳定运行的特点。同时第三支柱的覆盖率、收益率低是主要问题，近年捷克对第三支柱的改革带有市场资本高度参与运作的特点，其效果和风险都有待进一步跟踪观察。如果运作良好，或可为其他国家提供经验。

（二）捷克医疗制度改革

转型前，捷克实行全民免费医疗制度，转型后医疗保障制度的改革成为政治竞争和高关注率的政治话题。1997 年，捷克出台了《公共卫生保险法案》。法案明确定了医疗费用由国家全部负担改为国家和地方财政、企业、个人三者同

---

① Jan Molek, "Development of the State-contributory Supplementary Pension Insurance in the Czech Republic", *Legal and Economic Issues in Medicine and Social Sciences*, Kontakt 16 (2014), p. 181.

② Jan Molek, "Development of the State-contributory Supplementary Pension Insurance in the Czech Republic", *Legal and Economic Issues in Medicine and Social Sciences*, Kontakt 16 (2014), p. 180.

担。公民看病必须自己承担一部分费用。国家强制推行社会医疗保险是捷克医疗制度的主要特征之一，法案规定所有永久性居民和在为捷克雇主工作的外国人必须参保。在捷克，没有所谓的依赖其他家庭成员的家庭保险，每个人都要单独参加公共健康保险。捷克共和国公共健康保险基金是捷克最大的医疗保险公司，吸纳了捷克60%的人口参保。公共健康保险基金筹集的保费收入按照年龄、性别和医疗支出费用等重新在社会范围内分配。

　　世界范围内大多数医疗保障制度都要求患者承担一定的健康医疗费用作为保险筹资来源，但是，确定的一定数量的支付额总会是一个政治问题。高额的共同保险能保证病人得到更好的治疗，能保证对医生较高的偿付，但是，这也能增加支付者的财政负担。与欧洲一些福利国家相类似，捷克的《公共卫生保险法案》在医疗制度中要求病人看病时支付调节性费用。引入其是为了控制医疗费用，防止过度医疗，同时也是为了控制健康保险所包含的药物支出费用的增长，增加超出健康保险范围的医疗设施收入的增长。这一调节性费用的征收规定参加社会医疗保险的参保人员在看门诊时须支付30克朗的调节性费用，领取各类药物时，根据药物种类，每一类别均须支付30克朗。另外住院治疗须支付60克朗。在实施患者支付调节性费用的基础上，捷克《公共卫生保险法案》要求医疗保险公司执行医疗费用的保护性限额措施，即当患者一年内支付调节性费用超过5000克朗时，保险公司应返还患者超出此限额的费用。这里的5000克朗只包括患者支付的30克朗类型的门诊费用和用于特殊治疗需要的药物费用和食品费用。

　　从医疗费用筹资途径看，捷克共和国的卫生保健筹资首先来自公共资源，这里的公共资源包括专有公共健康保险基金、国家基金和来自地方市镇的地方财政资金。在卫生支出上，公共健康保险基金承担77%，国家资金和地方财政承担7%，剩下的16%来自私人缴纳。如表3-2数据，公共健康保险基金是捷克卫生筹资中至关重要的组成部分。

表3-2　捷克近年卫生总费用

单位：百万克朗

年份	2005	2006	2007	2008	2009	2010	2011	2012
健康保险	170093	174200	183713	197280	217653	222500	225545	230371
国家和地方财政	21363	22828	22851	21493	26034	20781	16863	15647

续表

年份	2005	2006	2007	2008	2009	2010	2011	2012
私人支出	27418	29783	35370	45801	47954	45754	46376	46719
总支出	218874	226811	241934	264574	291641	289035	288784	292737

资料来源：Vera Prazmova, Eva Talpova: Health financing and regulatory fees in the Czech Republic, *Legal and Economic in Medicine and Social Sciences*, Kontakt 16 (2014), p.188。

近年，捷克医疗卫生年度总支出已接近 3000 亿克朗，占国内总产值（GDP）的 8%，因此也面临着医疗资金短缺的问题。卫生保健费用不断上涨是由各种原因造成的。从病患的角度看，由于社会主义时期捷克免费医疗的历史，捷克的参保人对于医疗费用支出膨胀不太敏感，且习惯于频繁看医生。公共健康保险基金的收入经常受到经济萧条的影响，特别是近些年，这也导致了收入增长缓慢于支出增长。

2008 年，捷克对保险法案进行了修订，主要是对参加社会医疗保险的人需要支付的调节性费用做出修改和增补。此次修订规定，从 2008 年 1 月 1 日起，投保人或者他们的法定代理人，必须在治疗中对医疗设施的使用支付调节性的费用。包括以下三种类型的调节性费用。第一，门诊医疗要付 30 克朗。同样，患者也要支付 30 克朗的药物费用。到 2011 年 12 月 31 日之前，患者每次就诊都要支付 30 克朗的调节性费用，不管其之前已经支付了多少次。2012 年 1 月 1 日起，按照对 1997 年医疗保险法案的修改，不管医师开出多少类型的药物，参保患者在一次诊断医疗中须支付 30 克朗。第二，住院治疗和综合温泉医疗治疗原来需要支付 100 克朗。现对这一规定进行了修订补充。从 2008 年 1 月 1 日至 2011 年 11 月 30 日，住院病人须支付 60 克朗。从 2011 年 12 月 1 日起，住院调节性费用上涨，须支付 100 克朗。第三，急诊服务或者是在周末或者工作日的 17 时至次日 7 时的医疗服务须自付 90 克朗。同时，通过修订 1997 年的法案也增补了保护性费用限额的相关规定，即从 2009 年 4 月 1 日起，低于 18 岁的群体和超过 60 岁的老年人的保护性限额降到 2500 克朗，也就是说，只要超出 2500 克朗即可全额报销医疗费用。

通过统计数据可以发现，捷克调节性费用和保护性限额改革措施的实施影响了人们对卫生保健的消费行为。从 2008 年的情况来看，这些规定有了立竿见影的效果。从表 3-3 可以看出，2008~2012 年，支付 30 克朗年度消费额逐年下降。

再有，自 2008 年引入 90 克朗调节性费用规定，与 2007 年相比，看急诊的成年患者人数降低了 41.1%。同时 2008 年儿童和青少年中看急诊的病人减少了 25%，看牙科急诊人数减少了 36.7%。从 2007 年到 2012 年的统计数据来看，急诊病人总数一直在呈减少趋势，2012 年看急诊的成年患者比 2007 年降低了 45%，儿童和青少年则比 2007 年减少了 20.6%。① 除去急诊，就门诊人数来说，2008 年比 2007 年减少了 17%。但到 2012 年，门诊人数比 2007 年增长了 89.6%。

再如表 3-3 显示，每年调节性费用都可以为健康保险服务带来 50 多亿克朗的收入。2014 年 1 月 1 日起，一日住院的调节费用取消，这意味着医疗服务机构每年减少了 20 亿克朗的收入，卫生部部长正在寻找其他资金来源以弥补这一缺口。因此，如从扩大福利的角度来取消调节性费用显然会需要更多医疗资金的投入，然而，寻找新的资金来源非常困难。取消调节性费用意味着将有 50 亿克朗的损失。捷克全科医师协会和其他专业组织，尤其是门诊医师都提出如果政府取消调节性费用，他们将要求用其他资源来补偿他们的收入。这意味着，如果还没有筹集到新的资源，政府就不会再考虑取消调节性费用。总之，调节性费用一方面降低了医疗费用，另一方面又增加了医疗服务机构的收入，而在其他改革方面，如保护性限额的引入则确保了对慢性病人和经常求医问药的弱势病人群体的医疗保障。

表 3-3　2008~2012 年调节性费用总收入

单位：千克朗

年份	2008	2009	2010	2011	2012
30 克朗调节费收入额	1797402	1601957	1526913	1429339	1428144
60~100 克朗调节性费用收入额	1196287	1237824	1219300	1188954	1899475
90 克朗调节性费用收入额	181546	202025	186079	184558	174027

① Vera Prazmova, Eva Talpova, "Health Financing and Regulatory Fees in the Czech Republic", *Legal and Economic in Medicine and Social Sciences*, Kontakt 16 (2014), p. 193.

年份	2008	2009	2010	2011	2012
收取调节性费用药物收入额	2391678	2588789	2641064	2540881	1773196
总调节性支付额以及超定额缴费额	5568921	5632604	5578894	5345743	5276854

资料来源：Vera Prazmova, Eva Talpova：Health financing and regulatory fees in the Czech Republic, Legal and Economic in Medicine and Social Sciences, Kontakt 16 (2014), p. 194。

总之，医疗制度的改革特征主要体现为覆盖全民的社会医疗保险，个人、雇主和国家三方出资的筹资渠道，参保者多样化的支付方式。与欧盟老成员国相比，捷克医疗卫生总费用较低，但在中东欧国家中属于较高的。2013 年，捷克医疗卫生总费用占 GDP 的比例为 7.2%，比 2011 年的 7.5%与 2012 年的 7.7%下降了一些。[1] 医疗卫生总费用中，2013 年，政府支出比例为 83%，私人支出比例为 17%。而政府的这一支出比例在 2001~2003 年曾一度达到 90%。[2] 由此可见，近些年捷克政府控制国家医疗支出费用的举措是有成效的，近年对调节性费用征收方面的改革又反映出效率和公平兼顾的特征。

（三）其他福利制度改革

捷克还改革了社会补助、社会救济等各项社会福利政策。捷克的社会补助主要是针对家庭的补贴，大约包括：补助未成年子女，补助有未成年子女的低收入家庭，补助在家全职照顾子女的父母，补助收入低、房租高的家庭，家庭成员死亡殡葬费用补助，低收入家庭生活费急剧增长补助。从这些政策出发，全国 90%的家庭都可以得到不同的补助。80%的家庭可以得到调节性的补助，平均每个子女大约为 220 克朗，但是家庭得到的补助总额不能超过家庭成员最低生活费总和的一倍。捷克每一季度对接受调节补助的家庭收入情况进行评定，如果一个家庭，其收入还不能达到最低生活费的 120%，则国家每年 8 月会再发放一次性补助。可以看出，在这些细致入微的规定下，捷克国家社会保障部门的工作是相

---

[1] http：//www.who.int/countries/cze/en/.

[2] http：//apps.who.int/nha/database/ViewData/Indicators/en.

当繁重的。这种广泛的补助是其他中东欧国家缺少的。

四　福利制度转型路径影响因素

（一）深受社会主义时期福利制度影响

社会主义时期，捷克斯洛伐克的社会保障制度在苏东国家中就属于最高水平，国家用于社会保障的资金总额逐年增加。如从 1970 年到 1986 年，退休保障金由 247 亿克朗增加到 542 亿克朗，增长 1.2 倍，月平均养老金由 863 克朗增加到 1355 克朗。[①] 除了广泛的养老和医疗保障支出，捷克斯洛伐克尤其主张通过家庭补贴和补助实现社会平等。社会成员平等是社会主义国家的基本主张，捷克斯洛伐克认为，按家庭成员人数计算的平均收入不平等现象始终存在，因此就要通过社会保障措施使之缓和。居民收入上的差别和因此而产生的生活水平的差别不能太大，太大可能引起收入最低的劳动阶层的不满，进而影响社会团结。所以，社会主义国家应该保障多子女家庭收入的增长速度和其他家庭基本相同，不能使家庭生活因子女多而感到困难。可以看出，这些社会主义时期的保障政策影响了如今的福利改革政策。时至今日，转型后的捷克仍实现广泛的家庭补贴政策。

（二）欧洲福利国家思想的影响

20 世纪 90 年代转型后，捷克虽然没有如波兰那般强大的工会，但捷克政府并不赞成国家在福利保障方面完全走自由主义的路线，在最初由公民民主党执政时期，总理克劳斯在福利保障方面起到了至关重要的作用，他认为，捷克本质上是一个欧洲国家，高税收高福利象征着"欧洲文明"。在克劳斯连续执政的 8 年，没有大企业破产，在其他中东欧国家失业率攀升的境况下，捷克实现了充分就业，1995 年，捷克社会福利支出占到预算总收入的 1/3 以上，与当时匈牙利因经济困境而大幅度削减社会福利形成了明显的对比。从诸多的数据中也可以看到，波、捷、匈与其他中东欧国家相比，福利水平是最接近西欧国家的，这不仅仅是因为经济因素，也与政府对福利持有的理念相关。

以养老保险制度来说，捷克国家分担的社会养老保险在中东欧国家中属于一

---

① 朱传一、沈佩蓉主编《苏联东欧社会保障制度》，华夏出版社，1991，第 97 页。

种特殊模式，捷克没有采取世界银行所建议并被中东欧大多数国家采用的三支柱养老模式，捷克国家直接参与和分担缴费额体现了由国家而不是由市场承担主要作用的福利思想。就医疗保障制度而言，捷克从社会主义时期的全民免费医疗模式转型，最终形成类似以德国为典型代表的社会医疗保障制度。社会医疗保障制度的特征大体为：由国家立法形式颁布、强制执行；按工资百分比，通过向雇主和雇员双方强制征收社会保障税为主进行筹资，国家酌情补贴为辅，强调个人的社会义务和责任；既非国家集中化，也非完全商业化，而是混合公私医疗保健供给，依托社会保险模式进行组织管理，国家一般不直接参与经营，只起规范和协调作用；保健、保险机构组织间相互竞争、自我管理，坚持非营利性；强调社会公正，认可健康作为一种社会权利的观念，具有较广泛的保障覆盖，经济负担和社会公正基本兼顾。[①] 德国的社会医疗保障制度是被世界各国效仿最多的医疗保障模式。转型后的中东欧国家大多接近这种医疗模式。捷克医疗制度改革后，在国家和地方财政支出不占主要医疗费用支出比例的情况下，较好地实现了医疗效率和社会公平。

（三）政党政治的影响

20 世纪 80 年代末 90 年代初，中东欧各国经历了政治体制的急剧转型，随着这一转型，各国的政党体制也发生了不同程度的演变。整体来看，这些国家的政党政治呈现一些总体特征，如左右翼政党轮流执政、政党多依靠执政联盟上台执政、政党政治不稳定、提前大选时有发生等。捷克的政党政治发展也有一些明显的特征。在政治转型后较长的历史时期内，公民民主党是具有较强竞争力的主流右翼政党，深刻影响着捷克政局的发展和各项社会改革。捷克的中右翼政党有公民民主党（ODS）、自由联盟（UW）、天主教民主党（KDU-CSL）、公民民主联盟（ODA），共和国运动（SPR-RSC）等。其中，公民民主党是最重要的中右翼政党。从 20 世纪 90 年代以来历次议会选举的结果看，公民民主党多次夺得执政地位，也被称为主流右翼党。在中东欧国家，主流右翼政党基本上拥护新自由主义的政策和主张，新自由主义是西方发达国家为中东欧国家转型开出的药方，这些政党赞成国有资产

---

① 丁纯：《世界主要医疗保障制度模式绩效比较》，复旦大学出版社，2009，第 176 页。此著作将世界医疗保障制度划分为全民医疗服务模式、社会医疗保险模式、商业医疗保险模式和储蓄医疗保险模式，其中社会保险医疗模式以德国为典型代表国家。

私有化、政治多元化，放松国家对经济的管制，放松金融管制。

从 1989 年之后的历次议会选举结果来看，公民民主党是选举中获胜次数最多的政党，也是在捷克（捷克斯洛伐克）执政时间最长的政党。1992 年 6 月的大选中，由 1989 年成立的捷克斯洛伐克最大的反对派组织"公民论坛"演变而来的公民民主党联合天主教民主党这一成立不久的小党首次参加选举，就获得了 29.7% 的选票，是选民支持率最高的，也因此获得了执政地位。1993 年，捷克和斯洛伐克联邦共和国分裂为两个独立的国家——捷克、斯洛伐克。1996 年是捷克共和国独立后的首次选举，公民民主党再次获胜，得到了 29.6% 的选票，获得执政权。1998 年，捷克提前举行大选，左翼政党社会民主党获得了 32.3% 的最高支持率，公民民主党则获得了 27.7% 的支持率，之后，两党建立了执政联盟，联合执政。

2002 年的议会选举中，公民民主党输给了社会民主党，它所获 24.5% 的支持率是其历史上最低的，因此首次失去了执政地位。2005 年，捷克社会民主党作为少数派政府经历了严重的信任危机。由于公民民主党的不断发难，执政的社会民主党在四年任期内组建了三届政府。在 2006 年的大选中，公民民主党获得了 35.4% 选票，它与天主教民主党及绿党联合建立了执政联盟。2010 年 5 月的大选中，公民民主党的支持率是 20.22%，低于社会民主党 22.08 的支持率，但是保守政党"尖峰 9"获得了第三位的 16.7% 的支持率，右翼联盟组建政府。2013 年 6 月，总理内恰斯因丑闻宣布辞职，捷克总统泽曼力排众议，任命经济学家、财政部前部长鲁斯诺克为"过渡政府"总理。但是，由于拥有议会众院多数席位的原执政联盟 3 党反对，致使刚成立不到一个月的鲁斯诺克政府未通过议会信任表决而不得不辞职。8 月 28 日，泽曼总统签署命令解散议会众议院。10 月 28 日，捷克举行议会大选，中左翼的最大反对党社会民主党得票最多，得票率为 20.45%，分得众议院 200 席位中的 50 席，但未过半数。捷克第二大富豪巴比什领导、大打反贪旗号的"不满公民行动党"（ANO）得票排第二，获得 18.65% 选票，赢得 47 席；捷克共产党则排第三，获 14.91% 的选票，赢得 33 席。而内恰斯的公民民主党得票率则大减至 7.72%，只得 16 席。

2014 年 1 月 29 日，总统泽曼正式任命以社会民主党主席索博特卡为总理的新一届政府，从而结束了捷克政坛一直动荡的局面。本届新政府由社会民主党、捷克亿万富翁安德烈·巴比什领导的"不满公民行动党"和基督教民主联盟-捷克斯洛伐克人民党三个政党联合组成。索博特卡 2 月 12 日宣布了联合政府的施政纲领，表示将支持企业经营、改善税收制度、改善国家行政管理职能、保障社会和谐。索博特卡在记者招待会上说，政府将改善税收制度，提高退休金和最低工资；确保公共医疗的财政稳定，取消医生处方费和医院就诊费；降低药品增值税，加强国家对医疗保险金开支的监管。在交通领域，政府将公路管理公司改造为国有企业，为捷克铁路在管理车站及铁路基础设施方面减轻负担，并简化公路建设的准备程序等。

可以看出，在转型后的政党政治发展中，捷克也呈现左右翼政党轮流执政的特征，但大多时期是右翼政党公民民主党执政，左翼政党社会民主党执政时期较短，但不论是左翼政党，还是中右翼政党，对公民福利都持积极的态度，这也是捷克政党政治中一个独特的现象。可以看出，转型后整个 20 世纪 90 年代，除了短暂的左右翼共同执政时期，都是公民民主党执政，捷克以国家承担主要责任和支出的养老保险改革是在公民民主党执政期间设计和推进的。2002 年和 2006 年，捷克社会民主党执政仍保持了国家主导社会福利支出的政策特色。只有在 2010 年后，上台执政的公民民主党总理内恰斯对财政政策有所收紧。但 2014 年，社会民主党上台后旋即提出提高养老金和稳定医疗财政等口号。

五　捷克福利制度转型的效果和前景

在整个中东欧地区，捷克的社会福利水平较高。许多研究已经说明，从一国社会保障支出占 GDP 的比例可以看出该国的福利水平，社会保障支出较多的国家，其贫困率和不平等现象也相对较少，社会福利和社会服务质量较高，人口寿命较长，人的健康水平高。虽然有其他的因素影响社会的不平等程度，如宏观经济状况，包括经济增长和就业的增长，但较高的社会福利支出仍显示出和影响一个社会的平等状况。欧盟老成员国 15 国社会支出占 GDP 比例的平均水平是 27%[①]，中东欧国家在社会保障上的支出比例总体小于西欧国家。就加入欧盟的新成员国中，从 2014 年的数据看，社会支出最高的是斯洛文尼亚，占 GDP 的

---

① Jolanta Aidukaite, "Welfare Reforms and Socio-economic Trends in the 10 New EU Member States of Central and Eastern Europe", *Communist and Post-Communist Studies*, 2011 (44), p. 212.

23.7%，匈牙利是 22.1%，波兰和捷克都是 20.6%。① 从表 3-4 可以看出，在欧盟国家范围内，与欧盟老成员国比，中东欧国家显然处于社会保障支出比例较低的水平。世界经合组织国家的社会福利支出占 GDP 的平均值为 21.6%，就此来说，捷克已经非常接近这一水平。

表 3-4　1990~2014 年欧盟部分国家社会保障支出占 GDP 比例情况

单位：%

年份 国家	1990	1995	2000	2005	2009	2012	2014
捷克	14.6	16.6	18.8	18.5	20.3	20.2	20.6
匈牙利	—	—	20.5	22.3	24.7	22.3	22.1
波兰	14.9	22.3	20.3	20.7	20.7	20.1	20.6
斯洛伐克	—	18.8	17.8	16.1	18.5	18.3	18.4
斯洛文尼亚	—	5.8	22.8	21.8	23	24	23.7
爱沙尼亚	—	—	13.8	13.1	19.8	16.2	16.3
比利时	24.9	25.6	24.5	25.6	29.1	30.3	30.7
法国	24.9	29	28.4	29.6	31.5	31.5	31.9
德国	21.4	25.9	26.2	27	27.6	25.4	25.8
丹麦	25	28.7	26	27.3	29.7	30.1	30.2
希腊	16.5	17.4	19.2	21.1	24.4	26.1	24

资料来源：Social Expenditure—Aggregated data, http：//stats. oecd. org/Index. aspx？ datasetcode = SOCX_AGG。

与中东欧地区的其他国家相比，捷克福利制度仍具有强烈的国家主导特征，这与社会主义时期的遗产有关。也有学者认为："在东欧，维持福利国家的政治压力要大于拉丁美洲，尽管这两个地区都存在经济和财政压力，但统一的中央集权的共产主义福利国家造成大量的强有力的福利遗产的支持者。"② 观察捷克的各项福利改革，也可以发现捷克国家的主导性作用和财政对福利的支持，如在养老方面，一方面，补充养老保险个人出资额较低，只占工资的 2% 左右；另一方

① http：//stats. oecd. org/Index. aspx？ datasetcode=SOCX_AGG.

② Linda J. Cook, *Postcommunist Welfare States—Reform Politics in Russia and Eastern Europe*, Cornell University Press, Ithaca and London, 2007, p. 248.

面，国家对补充养老保险的出资逐年增加。再如在医疗费用方面，国家承担了弱势群体的医疗费用。

捷克福利制度改革仍在不断完善之中。近两年，捷克养老基金通过"养老基金管理公司"进入市场运作，现仍处于探索之中，"国家分担式的补充性养老保险"模式向何处去仍有待观察。医疗改革中"调节性费用"和"保护性限额"的完善也会带来良好的福利效应和经济效应。对捷克各类福利改革的持续观察有助于探索和总结中东欧国家对当代西方福利思想的发展和完善。

第四章
斯洛伐克福利制度转型

1993年1月1日，斯洛伐克与捷克正式分家，斯洛伐克共和国诞生。斯洛伐克位于欧洲中部，与捷克、波兰、乌克兰、匈牙利和奥地利接壤，国土面积4.9万平方公里，拥有人口545万。2004年，斯洛伐克加入了北约和欧盟。2007年12月，成为申根协定会员国。2009年1月1日，斯洛伐克加入欧元区。2018年，斯洛伐克人均GDP约为19547美元。

一 斯洛伐克福利制度转型的背景

独立后，斯洛伐克面临复杂的经济形势。20世纪90年代初以来，随着向市场经济转型，斯洛伐克出现了一系列社会后果，如贫困问题、失业率上升、贫富分化加剧、工资收入差距拉大等。1993年，经济情况有所好转，1994年，国内生产总值增加4.9%，在随后的几年中经济增长率超过6%；通货膨胀从1991年的61.2%下降到1993年的21.2%，至1997年稳定在6%左右；失业率一直攀升，长期超过13%；国内生产总值直至1998年才接近1989年的水平。[1] 1998年，自由反对派在选举中获胜后，斯洛伐克的外国投资急剧增长，经济经历了10年的高速增长。2002~2006年，斯洛伐克进行财政改革，其主要动力是要满足《马斯特里赫特条约》的标准。因为，一旦加入欧盟，财政政策就要被详尽审查，《马斯特里赫特条约》规定加入欧元区要满足财政赤字小于GDP的3%。受2008~

---

① 姜俐编著《列国志：斯洛伐克》，社会科学文献出版社，2006，第105页。

2009 年的欧洲经济危机影响，斯洛伐克国内生产总值在 2009 年比上一年度下降了 4.7%，而 2008 年与 2007 年相比，则增长了 6.2%。[①] 在政府实行了一系列"反衰退"措施后，包括采取税收补偿和创造就业政策之后，2010 年，斯洛伐克经济恢复增长，GDP 比上一年度增长了 4.4%，但 2010 年财政赤字仍占到 GDP 的 7.7%。2011~2014 年，斯洛伐克是欧元区经济增长最快的国家之一，每年的经济增长率固定在 1.5%~2.0%。[②] 自 2011 年以来，斯洛伐克一直在朝财政稳定性目标努力，因为作为欧元区的一员，斯洛伐克需要按照《马斯特里赫特条约》的标准，把财政赤字保持在 GDP 的 3%以下。腐败是斯洛伐克经济发展长期面临的问题。按照"透明国际"2014 年"腐败测量指数"（Corruption Perception Index）测定，斯洛伐克的腐败指数在全球 175 个国家中排在第 54 名。[③] 从经济发展结构上说，自 20 世纪 90 年代以来，斯洛伐克生产结构发生了很大的变化，传统的重工业企业大多倒闭。在外国直接投资之下，斯洛伐克建立了汽车产业、电子产业和金融服务业。但斯洛伐克经济发展过多地依赖于汽车产业，经济发展缺少多元化的产业基础。除了产业结构单一，经济发展的薄弱之处还在于斯洛伐克的竞争力主要依靠低廉的劳动力价格。

二　斯洛伐克福利制度转型过程

（一）斯洛伐克养老制度改革

斯洛伐克福利转型的起点是原来的捷克斯洛伐克社会主义时期建立的一套比较完善的社会主义保障制度。斯洛伐克共和国成立以后，20 世纪 90 年代末，斯洛伐克失业率接近 20%，经济形式明显劣于捷克。1997 年以后，现收现付制的养老保险制度出现赤字，斯洛伐克政府决定着手改革养老保险制度，建立三支柱的养老保险模式。

① Sharon L. Wolchik and Jane L. Curry ed., *Central and East European Politics*, Rowman & Littlefield Publishers, Inc., 2011, p. 206.

② *Health Systems in Transition—Slovakia*, *Social Expenditure—Aggregated data*, http：//stats. oecd. org/Index. aspx? datasetcode = SOCX_AGG, p. 6.

③ *Health Systems in Transition—Slovakia*, *Social Expenditure—Aggregated data*, http：//stats. oecd. org/Index. aspx? datasetcode = SOCX_AGG,, p. 9.

2003 年 4 月，斯洛伐克政府通过了抚恤金保障改革构想，自 2004 年 1 月 1 日起，斯洛伐克新的保险法生效。同月，新的养老金储蓄法通过，自 2005 年 1 月 1 日起生效。这次改革的目标就是建立三支柱式的养老保险模式。第一支柱仍然建立在现收现付制度的基础上，由国家劳工、社会事务与家庭部及社会保险局负责监管。根据法律规定，所有就业者都必须参与第一支柱，如果只参加第一支柱，缴费率为 18%，第一支柱的具体缴费和发放工作由国家社会保险局负责。改革还规定，到 2006 年，将男性退休年龄从 60 岁提高到 62 岁，到 2014 年将女性的退休年龄从 53 岁逐渐提高到 62 岁。如果参保人第一支柱和第二支柱的总积累额度能确保本人养老金收入超过政府设定的最低生活保障标准的 60%，参保人就可以申请提前退休，但最多只可以提前 2 年。如果推迟退休和领取养老金，养老金待遇每年相应增加 6%。这次改革没有直接规定最低养老金数额，但明确了养老金缴费的最低计缴基数不得低于最低工资的 40%。规定最高养老金为平均工资的 3 倍。同时，也明确了残疾养老金和遗属养老金的规则，残疾人如参保满 5 年，就可以申请残疾养老金，但不能同时申请残疾养老金和老年养老金。遗属养老金则规定，遗属养老金的数额为老年养老金的 60%。

第二支柱为私有的养老基金，参保者缴费最初定为 3%，后来提高到了 9%。第二支柱是半强制性的私有养老保险计划。2004 年，斯洛伐克规定国民可自主选择是否加入。2005 年，斯洛伐克又允许已经参保人员自主决定是继续留在第一支柱，还是同时参加第一支柱和第二支柱养老保险计划。2006 年以后加入第一支柱的，同时必须加入第二支柱。第二支柱养老保险费用由社会保险机构转入参保人的个人账户，并以保险基金形式进行运营管理。

第三支柱为自愿性的补充私有养老保险。第三支柱由年满 18 岁的就业者自己决定是否参保，但危险行业的人必须参保，因此有一定的强制性。缴费率为参保人收入的 4%，参保年限最低为 10 年，参保人年满 55 岁以后，可以申请领取第三支柱养老金。第三支柱养老保险基金由 5 家基金管理公司进行运营。斯洛伐克对第一、二支柱的缴费免税，对第三支柱的缴费则不给予任何税收优惠，这与中东欧其他一些国家形成了对比，比如在捷克，第三支柱实行缴费部分免税。斯洛伐克的这一税收政策显然限制了第三支柱的发展。

斯洛伐克养老金第二支柱缴费率占工资的 9%，这在中东欧国家属于较高的。三支柱的养老保险模式在实施数年之后取得了一定效果，养老金赤字情况有所好转，2010 年养老金财政缺口占 GDP 的比例为 1.2%。[①]

2008 年经济危机之后，斯洛伐克的经济受到严重影响，失业率上升。由于参保人自己负责缴纳第二支柱 9% 的缴费，负担较重，参保人的积极性受到影响。斯洛伐克开始启动新的改革措施。首先，将第二支柱的养老保险参保从半强制改为完全自愿，以减轻参保者的压力。根据新法案，2007 年 12 月 31 日以后的就业者可以在就业后的 6 个月内决定是否加入第二支柱养老保险计划，但决定后不许更改，此外，在 2008 年和 2009 年，斯洛伐克政府先后两次允许所有的参保人自主决定是继续留在第二支柱还是离开第二支柱，如果参保人决定退出第二支柱而只参加第一支柱，本人在第二支柱的总积累额将划入第一支柱，其养老金权益不受任何影响。这一改革措施，与匈牙利、波兰有类似之处，都是削弱第二支柱，使得划入第二支柱的缴费转回第一支柱，最终是为了缓解养老金财政赤字。对于这种做法，世界银行作为中东欧国家养老金改革的设计者和推动者，却并不认可。一些学者也认为，从短期看，削弱第二支柱缓解了养老金财政危机，从长期看，则会使参保者对第一支柱过于依赖；从个人来讲会降低养老金在未来的替代率；从国家来说，反而加重对参保者的责任和义务，也加重了财政负担。多支柱的养老模式仍有待于实践检验。此外，斯洛伐克第三支柱的养老保险发展缓慢。

2010 年，斯洛伐克再次响起养老保险改革的呼声。欧盟就斯洛伐克 2008 年对第二支柱的改革进行了警告，认为养老保险制度的改革首先要考虑到可持续性。2011 年，斯洛伐克起草了新的养老保险制度改革方案。该改革方案提出，从 2011 年起为新就业人员建立强制性的第二支柱养老保险计划，显然，这次重建第二支柱养老保险计划受到了欧盟建议的影响。总的来说，2011 年的改革计划大致包括以下内容。一是在第一支柱方面，提高退休年龄，预计从 2017 年开始，每年将国民的退休年龄提高 50 天。同时，加大第一支柱养老保险待遇和缴费率间的关系，设定最低养老金以减少老年人的贫困率，规定最高养老金待遇不超过国民平均工资。二是在第二支柱方面恢复强制性，规定新就业人员必须加入

---

① Eco Balazs Egert, "The Impact of Changes in Second Pension Pillars on Public Finances in Central and Eastern Europe: The Case of Poland", *Economic Systems*, 37 (2013), p. 476.

第二支柱，同时将缴费率从9%降至4%，然后逐步提升，预计到2024年，提升至6%。但是，最后结果显示，斯洛伐克并没有真正实现改革目标，由于财政压力，第二支柱的强制性没有得到执行，斯洛伐克政府后来又规定，新就业人员在1年内可以自行决定是否留在第二支柱。第二支柱最终具有了自愿性的特征，同时降低了缴费率，但第一、二支柱的总缴费率不变，仍为18%，所以第二支柱在整体养老体系中的重要性降低了。

总体来看，斯洛伐克养老金的缴费率在中东欧国家之中是偏高的，雇主和雇员的负担都较重，显然对经济储备有一定影响。尽管建立了三支柱的养老保险模式，斯洛伐克的许多国民还是没有加入这一体系，主要是自由职业者、低收入人群等，因此养老保险体系覆盖率不高，不能保证全体国民的养老，即使被覆盖的人群，也存在养老金待遇偏低的问题，老年人的贫困现象仍是斯洛伐克的社会问题。就第二支柱来说，斯洛伐克政府最初对其规定为强制性，后改为自愿性，最后又改为强制性，在缴费率上也几经改变，显示出政策朝令夕改，不具有连续性的特征。第三支柱属于自愿性，但一些特殊行业，政府要求就业者必须加入，总体上看，第三支柱发展缓慢，主要是政府没有税收政策支持。此外，同其他中东欧国家相类似，斯洛伐克面临老龄化的问题，这对养老金财政的长期稳定性必然造成影响。

（二）斯洛伐克医疗制度改革

斯洛伐克医疗改革的起点是捷克斯洛伐克时期的免费医疗制度。斯洛伐克的医疗改革与其他中东欧国家相类似，建立了强制性的医疗保险制度。强制性的医疗保险体系几乎保证了所有的参保人都可免费获得卫生保健服务，费用由第三方支付。医疗保险公司以其服务质量在市场中竞争，吸引投保人参保。根据法律规定，医疗保险公司有义务为参保人提供可及的医疗服务。医疗保险公司与卫生服务提供者签订协议。卫生保健监督局负责监管医疗保险、卫生服务提供和卫生服务购买市场。同时，国民还可自愿选择商业保险。商业保险参与市场竞争，其定价由市场决定。

斯洛伐克的医疗保险公司和医疗服务者有多元的产权结构。由卫生部代表的国家是最大的医疗保险公司所有者。而国家同时也是最大的卫生服务提供者，包括大学医院、地区大型医院、专科医院等。国防部、交通部、内政部和司法部的卫生行政部门也拥有并管理几家卫生保健机构。大部分卫生服务提供者都得到政府的直接拨款。住院服务由综合性医院（包括大学医院）和公立或私立专科医院，以及专科门诊提供。急诊医疗服务由密集的私立和公立提供者网络提供，这些网络机构遍布 264 个地区，门诊服务主要由私人医师提供。

2002~2006 年，医疗体系进行了改革。政府缩减预算，2005 年以来，医疗保险公司转型为股份制公司。也就是说，这些机构从公共医疗保障基金转型为私有医疗保险公司。国家预算需要引入新的监管架构和组织机构，同时引入使用者共付的概念，目的是避免需方对卫生保健服务的滥用。政府对基于市场竞争的卫生保健体系监管严格，但在医疗服务价格、市场准入便捷化、支付机制自由化等方面倾向于市场化运作。

2006 年政府改选之后，执政党政府又进行了改革。国家重新承担主导作用，市场和个人责任弱化，医疗保险公司不再允许营利，使用者付款大幅减少甚至完全取消。2010 年改选后的政府则更倾向于市场化，新政府宣言中指出，重新允许医疗保险公司营利，医院转型为股份制公司的进程再次启动，提高卫生保健监督局的独立性，引入按病种支付的方式，增加医疗保险市场机制。卫生保健体系的主要筹资来源是医疗保险公司收缴的费用，这些保险公司属于经营性股份制公司。收缴的费用来自雇员和雇主、自主经营者、自愿失业者。医疗保险公司根据协议向医疗服务提供者付款，协议规定了支付金额、服务性质和质量以及支付系统。对于门诊服务来说，初级卫生保健采取按人头付费的支付方式，门诊专科医师则是基于总额预算按服务项目付费，而住院服务则按照单病种付费系统进行报销。

医疗保险筹资是斯洛伐克最重要的筹资来源。如表 4-1 所示，2003 年，斯洛伐克卫生总费用占 GDP 的比例仅为 5.8%；2004 年该指标大幅度上升至 7.2%；2008 年和 2009 年该指标分别达到了 8.0% 和 9.2%。2010~2012 年出现下降的趋势，截至 2013 年，该指标为 8.2%。从政府卫生支出占政府总支出比例来看，2002~2008 年，支出比例显示出增长的趋势，从 2002 年的 11.1% 增长到 2008 年的 15.6%，经济危机之后有所下降，2013 年为 14.9%。从政府支出占卫生支出的比例来看，总体趋势，政府在卫生支出上逐渐有所抽离，2002 年其比例为 89.1%，2013 年占比为 70%。个人支出占总卫生支出的比例 2002 年为 10.9%，此后数年呈增长趋势，2009 年为 34.3%，此后下降，2013 年为 30%。

表4-1　2002～2015年斯洛伐克经济和卫生总费用相关指标

年份	2002	2003	2004	2005	2006	2007	2008	2009	2010	2011	2012	2013	2014	2015
按平均购买力计算的人均国民收入（美元）	12920	12950	14080	15760	17890	20280	22840	22700	23340	24570	24740			
总生育率（每个妇女）										1.37	1.38	1.4		
标准生育率（每千人产出人口）	6.6	6.2	5.9	5.6	5.4	5.3	5.2	5.1	5.0	4.9	4.7	4.6	4.4	4.2
卫生总费用占GDP比例	5.6	5.8	7.2	7.0	7.3	7.8	8.0	9.2	8.5	8.0	8.1	8.2		
政府支出占卫生总支出比例	89.1	88.3	73.8	74.4	68.3	66.8	67.8	65.7	68.1	70.9	69.7	70.0		
超过60岁以上人的比例	15.56	15.73	15.92	16.13	16.35	16.59	16.85	17.18	17.58	18.05	18.6	19.2		
人口中值年龄											37.87	38.2		
个人支出占卫生总支出的比例	10.9	11.7	26.2	25.6	31.7	33.2	32.2	34.3	31.9	29.1	30.3	30.0		
政府卫生支出占政府总支出的比例	11.1	12.8	14.1	13.8	13.7	15.2	15.6	14.5	14.6	14.5	14.9	14.9		
社会保险的卫生支出占政府在卫生支出中的比例	96.4	93.5	86.3	87.7	89.5	89.9	90.4	89.8	90.3	89.7	90.0	90.0		
按平均汇率计算的人均卫生支出（美元）	256	360	566	628	763	1082	1406	1483	1378	1415	1377	1454		
按平均购买力计算的人均卫生支出（美元）	730	793	1058	1143	1357	1624	1872	2097	2039	2002	2065	2147		
按平均汇率计算的人均政府卫生支出（美元）	228	318	418	467	521	723	953	974	939	1014	960	1018		
按平均购买了计算的人均政府卫生支出（美元）	650	700	781	850	927	1086	1269	1377	1389	1420	1440	1503		

资料来源：http：//apps.who.int/gho/data/node.country.country-SVK。

从表 4-1 中也可以看出，无论是从按平均购买力计算的人均卫生支出，还是按平均汇率计算的政府人均卫生支出，斯洛伐克在进入 21 世纪后的 10 余年内，都呈现大幅增长的趋势，2013 年，人均卫生医疗消费为 2147 美元。① 这得益于斯洛伐克经济的飞速发展。

斯洛伐克医疗保险体制改革的历程较为动荡，20 世纪 90 年代初的改革，虽然允许医疗保险公司和卫生服务部门多元化的产权存在，但实际上在这两方面，国家都占主导地位，其后政府更迭，逐渐引入市场化机制；不久执政党政府再次实行去市场化，由国家承担责任，在 2010 年的医疗改革中，医疗保险体制主要以政府为主导，但同时也给市场化发展留有一定的空间，允许医疗保险公司营利，医院转型为股份制公司。总之，从各方面数据看，斯洛伐克的医疗改革可以说是成功的，人均个人卫生支出呈现的增长态势，显示国民医疗水平和生命健康水平有所提高，同时政府也经历了从高支出到适当支出的改革过程。

三 斯洛伐克政党政治对福利制度改革的影响

无论是从斯洛伐克的养老保险制度改革还是从医疗改革来看，斯洛伐克共和国的福利制度转型呈现一个明显的特征，即政策连续性不强，改革规则和政策不稳定，其原因与斯洛伐克政党政治的发展密切相关。

1992 年 6 月，在斯洛伐克，梅恰尔领导的民主斯洛伐克运动（简称"民斯运"）获胜，大选后，斯洛伐克组成了梅恰尔领导的"民斯运"一党政府。1993 年 1 月，斯洛伐克独立后，梅恰尔政府继续执政。1994 年以来，"民斯运"政府加快了私有化进程，以直接出售的方式把国有资产转移到政府的拥护者手中，使私有化进程失去了透明度和公正性。经济困难和政府徇私舞弊的做法引起了广泛不满。"民斯运"的执政地位也受到了其他政党的挑战。1998 年，民主主义力量上台执政，斯洛伐克开始启动入盟谈判。在入盟谈判中，斯洛伐克开始改革养老保险制度，因为原有养老保险制度出现赤字，影响到政府财政赤字和入盟财政标准。

① http：//www.who.int/countries/svk/en/.

1994 年 3 月，民主左派党参加了"倒梅恰尔运动"。民主左派党、民主联盟和基督教民主运动三党对政府提出了不信任案，迫使梅恰尔政府下台。之后，民主左派党参加了由民主联盟领导人约瑟夫·莫拉夫奇克组建的左一右联合政府。这是民主左派党第一次获得执政地位，然而，这届政府持续了不长时间。虽然民主左派党是内阁中最大的党，得到了 18 个职位中的 7 个，但处于附属地位，而且在实施左翼政策时，不仅受到了联盟执政伙伴的牵制，还受到总体经济状况的限制。在 9 月 30 日至 10 月 1 日提前举行的大选中，"民斯运"以绝对优势再次赢得大选，获得 35% 的选票和 61 个议席。民主左派党领导的"共同选择"仅得到了 10.41% 的选票和 18 个席位，刚刚超过四党联盟进入议会所要求的 10% 的门槛。在这 18 席中，民主左派党占 13 席，比上次大选少了 16 席，这无疑是民主左派党的失败。在选举后的谈判中，大多数政党不愿意与梅恰尔的"民斯运"合作。梅恰尔采取组建多元的不同质的政府来解决这一问题。新的政府，除了"民斯运"，还有民族主义色彩浓厚的斯洛伐克民族党，极左翼政党斯洛伐克工人左翼联盟。急剧变化的形势迫使反梅恰尔的各党形成了广泛的联盟，尽管这些政党有着不同色彩。1997 年，斯洛伐克民主联盟成立，这一联盟包括中右翼的基督教民主运动、自由民主联盟、民主党，还有两个小的左翼政党——社会民主党和斯洛伐克绿党。斯洛伐克民主联盟试图在 1998 年的议会选举中挑战"民斯运"的执政地位。

1998 年的选举中，"民斯运"再次处于领先地位，获得了 27% 的选票，占据 43 个议席；斯洛伐克民主联盟紧随其后，获得了 26.33% 的选票；民主左派党获 14.66% 的选票，占 23 个议席，居第三位。但是，除了斯洛伐克民族党，"民斯运"找不到其他的合作政党。于是，斯洛伐克民主联盟、民主左派党、由三个小的匈牙利族党组成的匈牙利族联盟党，还有新成立的公民和解党，组建了新政府。民主联盟主席米库拉什·祖林达出任总理。与 1994 年的政府相比，新的政府同样具有多元化政党组成的特点。同上次大选相比，民主左派党地位有所提高，成为联合政府中的第二大党。但是，梅恰尔政府留给新政府的是一个烂摊子。1998 年，斯洛伐克的经济转轨虽已取得重要进展，但宏观经济问题十分严重，财政赤字占 GDP 的 5% 左右，外贸逆差占 GDP 的比例超过 10%，外债高达 113 亿美元，超过 GDP 的 60%，失业率居高不下，部分地区失业率高达 25%~30%。在这种经济形势下，新的财政部部长苏姆娜洛娃被迫推行严厉的一揽子经济紧缩计划。这些措施固然有助于改善宏观经济状况，但使大批企业陷入破产境地，失业率进一步攀升，经济增速明显放慢乃至停滞。苏姆娜洛娃的财政政策在国内引起了强烈不满。苏姆娜洛娃以及民主左派党受到尖锐批评，该党的支持率由1998年12月的16.3%骤降至2001年4月的5.1%。① 与此同时，民主左派党党内也出现了严重分歧，以菲乔为首的部分党员非常不满本党与右翼政府的合作，后来这些人另行成立了方向党。这一届政府中，各政党联盟的主要基础是防止民主斯洛伐克运动重返政府，但在执政理念上，各政党之间存在严重分歧。民主左派党经常指责右翼政党的改革设想过于激进，会带来消极的结果。当然，它们也有着共同的目标，就是加强民主政体，支持斯洛伐克进入欧盟和北约。尽管存在许多冲突，反梅恰尔的各个政党在妥协中坚持到了2002年的选举。

2002年9月，斯洛伐克举行独立后的第三次议会大选。选举结果是，"民斯运"、斯洛伐克基督教民主联盟、方向党、匈族联盟党、基督教民主运动、新公民联盟和斯洛伐克共产党等分获第一至第七位并进入议会。民主左派党则仅获得了1.36%的选票，排在第十二位，因而没有达到5%的法定门槛而不能进入议会。大选后，斯洛伐克基督教民主联盟（由民主联盟发展而来）、匈族联盟党、基督教民主运动、新公民联盟四个右翼政党组成了联合政府，斯洛伐克基督教民主联盟主席祖林达继续出任政府总理。这是斯洛伐克独立以来第一个同质政府出现。转轨以后，斯洛伐克的左翼政党民主左派党拥有了新名称、新纲领和新的组织机构，完成了由共产主义政党向社会民主主义政党的转变，成为斯洛伐克多党议会民主制下积极参与议会竞争的政党之一。1998年的大选之后，民主左派党参与了组建政府，同时负责劳动和社会事务部门。民主左派党主张重振斯洛伐克经济，放弃计划经济，向市场经济过渡；主张各种所有制一律平等，循序渐进地进行经济改革；强调改革要考虑到社会承受力，要加强国家对市场的监管；提倡增加工作机会，支持全民就业，提高工资和社会福利；反对过于悬殊的贫富差距、不平等的收入以及排斥边缘化民众；反对盲目的私有化，认为国家在公司和金融体系私有化的过程中应居战略性的指导地位。在福利政策上，民主左派党主张要保护公民的社会利益，国家要首先完善公共医疗体系，保证公民享有平等的

---

① Haughton, T., "Explaining the Limited Success of the Communist-Successor Left in Slovakia: The Case of the Party of the Democratic Left", *Party Politics*, (2004) Vol. 10, No. 2, pp. 177-191.

医疗机会。但 2002 年右翼政党上台之后，开始缩减预算，改革医疗卫生制度，引入患者共付制度。

"民斯运"虽然是右翼政党，但在斯洛伐克经济转型问题上采取了中左立场。自 20 世纪 90 年代至 21 世纪初，除了 1994 年左翼政党有一段短暂执政外，"民斯运"一直处于执政党地位。在意识形态上，"民斯运"主张实行社会市场经济，反对采取激进的"休克疗法"，强调国家要对经济转轨进程加以控制，并且考虑广大民众的承受能力，关照社会弱势群体的状况。"民斯运"宣称自己是斯洛伐克边缘群体利益的保护者。它认为迅速的经济转型会带来残酷的社会影响，这一转型是由"布拉格"联邦国家中心启动的。"民斯运"提出独特的斯洛伐克经济转型道路，并指出这一独特道路将更为缓慢，并可降低社会负面影响。"民斯运"成功地将自己与保护边缘群体利益的形象联系起来。"民斯运"在民族独立和经济转型问题上的立场受到了民众的广泛支持，并且因此主导了政治生活的话语权。

斯洛伐克经济虽然有所发展，但失业率偏高，民众生活水平有待提高。由于 2002 年以来，"民斯运"政府的医疗改革和引入多支柱养老体系的改革加重了国民的负担，如半强制性的养老第二支柱，同时要求部分行业的就业者必须加入第三支柱，在医疗改革中要求患者共付，等等，斯洛伐克右翼政党联盟政府逐渐失去了选民的支持。究其原因，主要是右翼政府执政期间未能有效地解决贫富差距扩大和失业率居高不下等问题。方向党针对右翼政府的执政不力，经常提出批评意见。民主左派党后来又与方向党合并，重新组成了方向-社会民主党，方向-社会民主党在批评"民斯运"的同时，许诺取消部分改革措施，减轻人民生活负担、保护弱势群体、提高工资水平、缩小贫富差距、建设福利国家，从而获得了广泛的民众支持。

在 2006 年 6 月的议会选举中，"民斯运"仅获得 8.8% 的选票，得到 15 个议席，这对于"民斯运"来说，是其竞选历史上最大的失败。在这次选举中，方向-社会民主党一跃成为议会第一大党，获得了 29.1% 的选票和 50 个议席。居第二位的是斯洛伐克基督教民主联盟，获得了 18.4% 的支持率，31 个议席。斯洛伐克民族党获得了 11.7% 的支持率，20 个议席，位居第三。[①] 无论是左翼的方

---

① http://en.wikipedia.org/wiki/Slovak_parliamentary_election,_2006.

向-社会民主党，还是右翼的斯洛伐克民族党、斯洛伐克基督教民主联盟，它们的得票率都远远超过了"民斯运"。"民斯运"关注的主要问题不是经济问题，这在选民日益关注经济社会问题的情况下，显然失去了很多选民的支持。除了经济问题，对于选民来说，基于社会价值观上的有关堕胎、离婚问题也日益超过了民族问题的吸引力，而这些议题是基督教民主运动和新公民联盟等政党所关注的，"民斯运"除其领导人梅恰尔仍引人注目外，它作为一个政党正在走向边缘化。7月，方向-社会民主党主席菲乔组建了新政府。由于允诺在经济改革上不干涉方向-社会民主党，"民斯运"和民族党进入了联盟政府。方向-社会民主党上台伊始就因与民族党和"民斯运"结盟而引起了西方社会的非议。欧洲议会社会党团甚至于10月终止了方向-社会民主党的成员资格，方向-社会民主党一度面临被孤立的危险。对于西方社会的责难，菲乔辩解说，如此组成政府是为了便于实现左翼纲领。的确，执政以后，方向-社会民主党推行带有民主社会主义特征的内外政策，赢得了民众的支持，避免了国际孤立局面的出现。在国内政策上，方向-社会民主党开始部分调整上届政府激进的经济改革措施，强调在不威胁经济长期增长的前提下进行相对均衡的收入分配，增加社会福利，缩小贫富差距，实现国家干预和自由市场运作的平衡以及个人和社会责任感的结合。① 显然，方向-社会民主党作为民主社会主义性质的政党，反对新自由主义和保守主义的经济政策，倡导基于社会导向的市场经济和欧洲政治及社会模式。在经济上，方向-社会民主党致力于经济的稳定和发展，接受经济自决原则，采取为实现共同利益协调个人、公司和国家行为的积极经济政策；发展注重社会团结并以所有权多元化及对其的保护为基础的市场经济，保护经济竞争，反对把小集团利益置于国家利益之上。因此，在2006年，斯洛伐克的福利改革又出现了反复，在医疗制度改革上，方向-社会民主党重新强调国家应承担责任，弱化市场作用和弱化个人责任，在2008年的养老制度改革中，把第二支柱的强制性改为自愿选择，弱化第二支柱的作用，实际上是弱化市场的作用。这些改革与左翼政党的理念相一致。福利改革的不稳定性与政党政治的发展密切相关。

　　2010年6月12日，斯洛伐克再次大选，"民斯运"（改为人民党—"民斯运"）仅获得了4.32%的支持率，没能进入议会。方向-社会民主党获得了

---

① 孔寒冰等：《原苏东地区社会主义运动现状研究》，上海人民出版社，2010，第296页。

34.79%的支持率,获得了150个席位中的62个席位。[①] 从选举结果来看,方向-社会民主党是议会第一大党,但是由于与其合作的"民斯运"没有达到5%的法定门槛选票,没能进入议会,方向-社会民主党实际上也未能获胜,总理菲乔职位不保。在选举中排名第二位的是基督教民主联盟,获得了15.42%的支持率,以它为首的四个右翼政党在斯洛伐克议会中占到79个席位,基督教民主联盟、自由和团结党、基督教民主运动和"桥"四个政党签署了执政联盟协议,组建新一届政府。在21世纪的第一个十年末,斯洛伐克中左翼政党显示出力量衰弱的趋势。2010年选举后组建的政府已明显不同于上几届政府,显示出较为单一的中右翼政党执政的特征。左翼的公民和解党、方向-社会民主党都没有进入议会。右翼政府的上台再次影响到福利制度的改革,在医疗改革上,政策再次出现反复,右翼政府显然更倾向于2002年的政府主张,医疗改革再次走向市场化,在医疗单位的股权和医疗服务收费机制上强调市场机制。同时,右翼政府在2011年再次规定了养老第二支柱的强制性,但没有成功实施。

2011年10月11日,斯洛伐克议会未通过欧洲金融稳定机构扩容议案,由于总理拉迪乔娃提出将通过这一议案与通过政府信任案捆绑在一起,她领导的执政联盟政府被迫下台。此后议会通过决议,定于2012年提前举行议会大选。在斯洛伐克2012年3月10日的议会大选中,前总理菲乔领导的方向-社会民主党的得票数遥遥领先,在斯洛伐克新一届议会中拥有绝对多数席位。6月,菲乔任斯洛伐克总理。2016年3月6日,斯洛伐克新一届国民议会选举结果是:现任总理罗伯特·菲乔领导的左翼执政党斯洛伐克方向-社会民主党再次获胜。选票统计结果显示,方向-社会民主党获得28.28%的选票,领先于其他政党。该党在拥有150个议席的国民议会中占49席。但这与2012年选举中获得的44.41%的支持率及83个议会席位相比,差别不小。选前集中爆发的、斯洛伐克教师和护士针对教育和医疗系统腐败及薪酬过低的大规模罢工活动,是造成菲乔支持率下降的重要原因。7月,方向-社会民主党与斯洛伐克民族党、"桥"党,网络党联合组阁执政,菲乔连任斯洛伐克总理。总之,自2012年左翼的方向-社会民主党执政以来,对于扩大社会福利、增加政府在福利方面的开支有正面的影响。菲乔致力于推行向学生和老年人提供较高的福利政策。在2016年选举中获得11.5%

---

① http://en.wikipedia.org/wiki/Slovak_parliamentary_election,_2010.

选票的自由团结党并不认可菲乔的政策，作为右翼政党，自由团结党领导人哈德·苏利克反对人们免费搭乘福利火车，鼓励个人通过勤奋承担更多的社会经济责任。

自 2002 年选举后，斯洛伐克政党竞争就显示出左右翼政党在社会经济和文化价值上的分裂。右翼政党强调在社会和经济领域进行激进的改革如税收改革、社会福利改革、养老金改革、医疗改革等，这都引起了反对党的反对。左翼政党方向党是这些政策的主要批评者。2004 年，方向党更名为方向-社会民主党，它日益清楚地显示出其以社会民主的方向取代了之前在左右之间徘徊的模糊身份。同时，这也标志着斯洛伐克的政党竞争朝着左右翼政党的竞争发展。这种左右翼政党日益鲜明的意识形态立场和对福利国家的立场也必将影响到未来斯洛伐克社会福利的改革。

第五章
罗马尼亚福利制度转型

　　罗马尼亚位于东南欧巴尔干半岛的东北部，北部和东北部分别与乌克兰和摩尔多瓦为邻，南接保加利亚，西南和西北分别与塞尔维亚和匈牙利接壤，东南临黑海。罗马尼亚面积 23.84 万平方公里，在欧洲是领土面积第八大的国家，人口 1952 万。罗马尼亚 2004 年 3 月 29 日加入北约，2007 年 1 月 1 日加入欧盟。自 1990 年以来，罗马尼亚人口持续下降，主要原因是出生率下降、相对死亡率增高，还有移民国外等。2018 年，罗马尼亚人均 GDP 为 12301 美元，属于中等以上水平的国家。

一　罗马尼亚福利转型的背景

　　在中东欧国家中，罗马尼亚有许多特殊性。罗马尼亚的转型发生最晚，政权的终结最具暴力色彩。与中东欧其他国家相比，罗马尼亚原执政者与社会持不同政见者等派别没有形成召开全国性圆桌会议的政治状态。1989 年 12 月 22 日，罗马尼亚救国阵线委员会成立并接管政权，扬·伊利埃斯库代表救国阵线委员会宣布救国阵线纲领。1990 年 1 月，伊利埃斯库当选救国阵线委员会执行局主席。1990 年 2 月，罗马尼亚成立了具有临时议会性质的罗马尼亚全国联盟临时委员会，伊利埃斯库当选为主席。同年 4 月 8 日，他在救国阵线全国代表会议上当选为主席并被推选为救国阵线总统候选人。在 5 月 20 日大选中，伊利埃斯库以 85% 的得票率当选为罗马尼亚总统。1992 年 9～10 月，罗马尼亚再次进行总统与议会选举，总统伊利埃斯库连任。自 2012 年 12 月起，罗马尼亚由中左翼政府执政，一开始由蓬塔带领，他于 2015 年 11 月被指责腐败后辞职。1989～1999 年，罗马尼亚经历了两次经济衰退。从 2000 年起，政府实行了一系列促进宏观经济增长的政策，包括 2009 年实行统一个人所得税收政策和新的劳工法。有观点认为，政治腐败是罗马尼亚经济发展的主要障碍之一。按照国际透明组织 2015 年公布的"全球腐败指标"，76% 的罗马尼亚人认为政府是腐败的或者是极度腐败的。①

在中东欧国家中，罗马尼亚建立多支柱的养老保险制度较晚，罗马尼亚福利制度转型过程中明显受到国际环境和国际组织的影响。早在 1999 年，罗马尼亚就成立了专门负责养老保险事务的养老保险与其他社会保险国家办公室，世界银行、国际货币基金组织立即向该办公室派出专家组，推动和指导罗马尼亚的养老保险制度改革。在欧盟东扩启动之后，罗马尼亚一直有强烈的入盟愿望，2004 年以后，罗马尼亚进入加入欧盟谈判的关键期，因此这一阶段罗马尼亚推动了尽快建立多支柱养老保险制度的改革，通过改革福利制度来实现财政平衡是罗马尼亚加入欧盟的重要路径之一。

二 社会主义时期福利政策概述

（一）社会主义时期福利制度的内容

社会主义时期，罗马尼亚的福利制度随着人民政权的建立逐步建立和发展，并随着经济的发展而丰富和完善。罗马尼亚社会福利制度包括退休制度、医疗保险制度、助学金制度、儿童补贴制度、社会救济制度等。

社会主义时期，罗马尼亚法律规定的职工退休年龄：男为 62 岁，女为 60 岁，军人为 55 岁。此外，法律还规定，如果具有 30 年工龄的男性职工和有 25 年工龄的女性职工要求提前退休，只能分别提前 2 年和 5 年，即男满 60 岁，女满 55 岁；而已满退休年龄，但还要求继续工作的，则最多可延长 3 年。从事特殊工种的职工，如深井作业矿工或从事有害身体工种的职工，均可提前退休。罗

---

① Cristina Hernández-Quevedo and Anna Sagan eds., "Romania Health System Review", *Health Systems in Transition*, Vol. 18, No. 4, 2016, p. 7, http://www.euro.who.int/en/countries/romania/publications2/romania-hit-2016.

马尼亚职工退休金占工资的比例同工资成反比，即工资越高，比例越小，工资越低，比例越大。这一政策的目的是缩小退休者之间的生活差距，如在职职工最高与最低工资之比为 5.5∶1，退休金最高与最低之比为 2.5∶1。[①]

1971 年，罗马尼亚建立了农业生产合作社社员的退休制度，1977 年建立了个体农民的退休制度。农民退休制度的建立，不仅意味着农民生活发生了质的变化，而且标志着农民的收入和福利接近城市职工的水平。合作社社员的退休年龄分别为男性 65 岁，女性 60 岁，并且两者在农业生产合作社参加生产的年限分别不得少于 30 年和 25 年，同时每年的工作日不得少于 200 天；或者虽然工作日不满 200 天，但每年都完成合作社规定的义务和计划工作量。社员退休金的来源如下：合作社提成，占其生产总值的 8%；社际经济协会提成，占其总产值的3.5%；社员个人缴款（留作追加退休金用），每月为 10 列伊、15 列伊或 20 列伊（占月工资的 0.6%~1.3%）；国家资助，占合作社为国家提供农产品储备总值的 2% 和提供超计划农产品销售总值的 2.5%，以及社员个人向国家销售农产品值的 2%。退休金的计算方法是，以退休前 10 年内连续 5 年的最高年平均工资为基础计算，年平均退休金为这 5 年平均数的 30%~75%。比例因部门不同而异，如各种农业技术人员最高，牲畜饲养员次之，菜农又次之，等等。个体农民的退休金来源如下：个人缴款，每月 40 列伊，每季度交一次；国家资助，占个体农民向国家交售农产品总值的 2%。个体农民发放退休金的条件是向国家交售农产品的年限为 10~30 年；每年向国家交售的农产品总值为 5000~12000 列伊。月退休金数额为 160~400 列伊，占普通社员月收入的 13%~33%。参加果树、葡萄和牲畜饲养等协会的个体农民，还可以从所参加的协会获得相当于本人退休金15% 的补贴。

罗马尼亚实行广泛的免费医疗制度。免费医疗制度是逐步建立、完善和扩大的。起初只是对住院治疗实行免费，日常门诊实行自费，后来，逐步向全部免费过渡，包括住院治疗期间的住房费和伙食费都实行免费，农村也由合作医疗向免费医疗过渡。在职职工，包括国家各级干部、社会团体工作人员、企业和事业单位的职工，都享受免费医疗待遇。免费的项目包括挂号费、医药费和治疗费，以

① 罗马尼亚社会主义时期福利制度的主要数据和资料来源见朱传一、沈佩容主编《苏联东欧社会保障制度》，华夏出版社，1991。

及住院期间的一切医疗费、食宿费。农业生产合作社社员，只享受住院期间的免费医疗，包括药费和治疗费，日常门诊实行自费，包括药费和治疗费。大中学生在校学习期间，一切医疗费用都免费。

除养老福利制度和免费医疗制度外，罗马尼亚的社会福利制度还包括有特色的儿童补贴制度、大中学生助学金制度、合作社社员最低收入保障制度和职工休假制度等。

罗马尼亚实行儿童补贴制度，目的是鼓励生育，尤其对多子女的母亲实行奖励。1979 年颁布的《儿童补贴法》规定的具体补贴办法如下：凡未满 16 岁的儿童都可得到生活补贴；若父亲月工资在 1800 列伊以下者，第一个孩子每月补贴 220 列伊，第二个孩子补贴 230 列伊，依次增多，第九个孩子为 320 列伊；凡父亲月工资在 2400 列伊以下者，第一个孩子为 180 列伊，第二个孩子为 190 列伊，依次增多，第九个孩子为 260 列伊；母亲生第三和第四个孩子时，发给一次性补贴金 1000 列伊；多子女母亲每月获得 100~200 列伊的补贴。

1955 年，罗马尼亚建立了大中学生助学金制度，政府规定助学金的发放原则为：职工工资在平均水平以下的，按助学金种类分成若干级，工资越低者，其子女领取的助学金级别越高；学习成绩最优者，可以领到特殊助学金；通过同经济单位签订合同而获得助学金的学生，毕业后至少须在该单位工作 5 年后才能调离。1980 年颁布的《助学金法》规定，助学金分三种类型：普通助学金、合同助学金和共和国助学金。共和国助学金实际上是一种奖学金，每月为 400 列伊。

自 1971 年起，罗马尼亚在农业合作社广泛实行社员最低收入保障制度。最低收入保障制度既是一种报酬形式，也是一种社会福利措施。此项制度规定，只要男社员每月出勤 25 天、女社员每月出勤 23 天，不管发生什么自然灾害，也无论是丰收还是歉收，社员都可领到最低保障收入。保障收入的数额取决于劳动部门的重要性。这种收入是以货币或实物、或两者相结合的形式发放的，社员根据有效工作日，可以向合作社预先领取应得保障收入的 80%~90%，其余到年终结算再补发。

无论在城市还是在农村，无论从事工业还是从事农业，罗马尼亚都广泛实行职工一年一度的休假制度。在休假期间，职工工资照发。所有劳动者，包括农业合作社社员，假期为 15~24 天。天数的长短，是根据工龄和职务或职称来决定的。对妇女尤其对孕妇和产妇给予特殊的照顾。《劳动法》规定，妇女产假为

112 天，并且可以获得相当于工资 50%～85% 的物质帮助。这一比例的大小，取决于工龄和工种。罗马尼亚在海滨和山区建造了大量各种类型的休养院、疗养站和职业医疗院，如矿泉疗养院、盐矿医疗站等。职工的年度休假，可以到任何疗养院去休养，路费和食宿费分全免和部分免等不同种类，其比例根据工龄、工种、职位和本单位的经营状况而定，凡职业病、工伤等需要治疗或休养者，均免一切费用。大中学生中的 30%～40%，在寒暑假可享受到 12 天的免费休假（食、宿和路费均免），一般都去山区或海滨疗养地。

（二）社会福利的管理和社会保障资金的来源

罗马尼亚的社会福利和社会保障由隶属部长会议的劳动部管理。行政系统的管理分中央劳动部、县劳动局、乡或城镇劳动科三级。部门管理分中央劳动部、专业部的劳动局和企业退休和社会保障委员会。助学金由部长会议下属教育部主管，其他部和中央其他机关也参与管理。医疗保健的中央管理机构为卫生部，其他中央专业部管理本系统的专业医院和医疗站及休养站。地方分两级，即县和乡或城镇拥有同卫生部相应的医疗领导机构，以及拥有自己的医院、门诊部、卫生所等，还拥有各种疗养院或疗养站。

社会保障和社会福利资金的主要来源，是从企事业单位提取的，其比例为劳动报酬基金即工资基金的 15%。另外，出售休养和疗养票所获得的收入，其他收入如医疗（主要指疗养站或院）单位的经营收入等，也是这项基金的重要来源。从分配来看，这项基金包括退休金、鳏寡伤残救济金、补贴金，如儿童补贴金、孕产妇补贴金。福利基金的管理和分配，基本上采取统收统支的办法。企业从纯收入中按工资比例提成和上缴，最终由中央主管部门统收，具体由企业退休和社会保障委员会根据本单位的总人数进行统支。

20 世纪 50～80 年代，罗马尼亚在社会福利方面的支出增长非常快，如 1950～1985 年，人均国民收入由 100 美元增加到 2000 美元左右，国家社会保险金由 8.3 亿列伊增加到 372.1 亿列伊，增长了 43.8 倍；退休金和社会救济金由 3.5 亿列伊增加到 28.7 亿列伊，增长了 7.2 倍；儿童补贴金由 0.6 亿列伊增加到 140.6 亿列伊，增长了 233 倍。[①] 从覆盖的人群看，1970 年前，只有城市职工才

---

① 朱传一、沈佩容主编《苏联东欧社会保障制度》，华夏出版社，1991，第 144 页。

能享受领取退休金的待遇。从 1971 年起，在农村广泛实行退休制度；1977 年起，又在非合作化地区实行退休制度。

三 罗马尼亚福利制度的转型过程

(一) 养老制度的转型

1989 年底，罗马尼亚发生政变，之后罗马尼亚开始了全面的政治和经济转型。从 1990 年至 2000 年，罗马尼亚养老制度基本上维持社会主义时期国家主导的基于现收现付原则的公共养老金制度。1990 年以后，由于国有部门私有化，罗马尼亚整体失业率上升，为应对失业带来的社会危机，罗马尼亚允许职工提前退休，政府将法定退休年龄降低了 2 岁，并且规定只要达到一定的工作年限，养老金领取年龄可以降低 5 岁。这些措施导致养老金包括残疾养老金领取人数在短期内迅速增长。此外，由于农村合作社的解散，针对合作社的农民设立了社会保险养老金。

1992 年，由于国内经济社会困境，原有的养老保险制度难以为继，罗马尼亚提出养老金改革的设想方案，改革的目标是建立多支柱的养老保险制度。1996 年，罗马尼亚将改革方案提交议会，但没有启动对方案的讨论。直到 2000 年，在其他中东欧国家都建立了多支柱的养老保险制度后，罗马尼亚议会才启动了对养老保险制度改革法案的讨论。2001 年，新的养老保险法案正式生效。

2001～2003 年，罗马尼亚主要对原有的养老保险制度进行参数改革。改革规定：首先，到 2015 年，将男女性的法定退休年龄分别逐步提高到 65 岁和 60 岁；其次，逐步降低养老保险制度的缴费率，到 2008 年，把缴费率从 2002 年的 35% 下降到 27%；最后，养老保险缴费的最高基数不得超过国民平均工资的 3 倍，最低缴费基数等同于最低工资标准。2005 年，最高缴费基数提高到了平均工资的 5 倍。2007 年，又取消了最高缴费基数的相关规定，并将养老金保险制度的最低缴费期限从 2001 年的 10 年逐步提高到 2015 年的 15 年。

以上改革没有涉及建立多支柱的养老保险体系，仍然是对原有第一支柱的参数改革，这些措施推行之后，没有明显提高养老金领取者的实际待遇，但在促进养老金公平方面有一定作用。2004 年，罗马尼亚通过了强制性的私有养老保险金法案，开始着手建立第二支柱的改革，但由于政治选举等因素，改革被延迟到2007 年。改革的目标是建立多支柱养老保险制度。这次通过的法案明确规定，罗马尼亚要建立多支柱养老保险制度，第一支柱为强制性的现收现付制的公共养老保险，第二支柱为强制性的积累制的私有养老保险。2006 年，罗马尼亚通过了自愿养老保险法案，决定引入自愿性的积累制的第三支柱私有养老保险。2007 年，罗马尼亚政府依据 2004 年和 2006 年通过的法案正式启动了引入第二支柱和第三支柱的养老保险改革。

在第一支柱方面，继续按照现收现付制原则提供老年养老金。同时，提高第一支柱保险的缴费率。因为，改革后第一支柱向第二支柱划拨相应比例的缴费，导致第一支柱在 2008 年后出现了赤字。2009 年，政府决定将养老保险的缴费率提高到 31.3%，第一支柱的缴费率为 28.8%，第二支柱的缴费率为2.5%。在第二支柱方面，成立了私有养老保险制度监管委员会，在覆盖人员上规定，35 岁以下的人员必须强制性加入第二支柱，35~45 岁的人员可以自由选择是否加入，45 岁以上人员不准加入。在缴费上，由第一支柱划拨，不单独缴费。同时规定，从 2008 年开始，逐年提高第二支柱缴费率，直至 2016 年增至 6%。第二支柱的养老金以年金形式发放。第三支柱方面，所有人员可以自由选择是否加入。在缴费率上，第三支柱的缴费率不得超过个人申报收入的 15%，如果参保人加入第三支柱，其缴费额度可以享受税收豁免，但最高不得超过国民平均薪水的 50%。

在养老保险基金上，罗马尼亚对私有养老保险基金出台了严格的投资规定。私有养老保险基金的最大投资去向（上限为 70%）必须是国库债券以及其他由国家担保的投资工具，现汇市场或银行抵押的投资比例不得超过 20%，地方政府或者欧盟其他成员国的债券投资比例不得超过 30%，国内或欧盟其他国家或欧洲经济区内正规证券交易市场的股票投资比例不得超过 50%，欧盟或欧洲经济区以外国家的国债投资比例不得超过 15%，欧盟或欧洲经济区以外国家发行的、正规交易的债券投资比例不得超过 10%，非政府实体发行的、正规交易且合理定级的股票或债券投资比例不得超过 5%。[①]

① 张永辉：《中东欧国家养老保险制度改革的回顾与展望》，上海人民出版社、格致出版社，2016，第 249 页。

2008 年，全球经济危机发生，也逐渐波及罗马尼亚。在经济危机影响下，罗马尼亚失业率上升，养老金缴费人口减少，养老金财政赤字加大。到 2010 年，罗马尼亚国债占 GDP 的比重已经超过 30%。面临这一状况，罗马尼亚在 2010 年通过了单一养老金法案，主要针对第一支柱进行一些参数改革。改革的主要措施有以下几点。第一，逐步提高法定退休年龄，到 2014 年将男性和女性的退休年龄分别提高到 65 岁和 60 岁，到 2030 年将女性的退休年龄提高到 63 岁。第二，将养老保险缴费率提高到 31.3%，将最低缴费期限从 2013 年的 13 年提高到 2015 年的 15 年。第三，为应对经济危机，罗马尼亚政府在 2011 年冻结了养老金的指数化调整，并提出在 2012~2020 年将按照物价的 100% 外加平均总薪水的 50% 对养老金待遇进行综合调整。2021 年以后，平均总薪水的所占比例将逐年降低 5%。预计到 2030 年以后，养老金将只按照物价变动情况进行调整。第四，改革规定最多可以提前 5 年退休。第五，严格执行最低养老金规定，同时恢复养老保险缴费最高基数为国民平均工资 3 倍的上限规定。

（二）医疗卫生制度的转型

在政治经济转型之前的社会主义时期，罗马尼亚的医疗保障制度特点是国家统一管理，医疗卫生支出主要依靠国家预算和税收。1997 年，罗马尼亚颁布了《医疗保险法》。1998 年，罗马尼亚开始实行强制性医疗保险制度，强制性医疗保险制度覆盖了所有人口。部分人可以免缴保险费，这些人包括失业人员、服兵役或监禁人员、病假或产假期间的人员、享有社会保障金的人员、18 岁以下的儿童、18~26 岁正在接受教育的人员。工伤事故以及职业病的国家保险基金主要由雇主、个体经营者、自主创收人员、国际组织人员以及农林业从业人员支付。参加医疗保险的人有资格享受基本的福利，包括医疗服务、药品以及医疗设备的使用。服务提供的福利和条件均列于国家医疗保险基金设计的年度框架合同中，并经卫生部同意，由政府批准。执行合同的规范以国家医疗保险基金和卫生部的通用规则为标准。患者权利受 2003 年颁布的《患者权利法》保护。通过立法还确保了患者可以自由选择服务提供者，增加了患者的决策参与、安全性以及补偿措施。

就医疗卫生服务的筹资来说，自 1998 年起，医疗保险成为卫生保健经费的主要筹资来源，其所占份额也呈持续上涨的趋势，从 1998 年的 64.6% 增加到 2004 年的 82.7%。但是，税收仍然是卫生保健经费的一项重要筹措来源。同时，国家财政预算一直为公共卫生服务、医疗基础设施建设、预防性措施以及国民医疗项目下的部分救治提供资金。医疗卫生筹资的其他来源还有自费支付，即不包括在医疗保险福利之内或者不在卫生部范围内的服务和国外筹资以及捐款等。

就医疗保险的服务来说，罗马尼亚卫生服务的组织原则之一是实行属地负责制。各级卫生服务机构，包括诊所、综合门诊部、医院，以及卫生防疫站等，它们的职能和服务范围均有明确的规定。初级卫生保健也称一级卫生服务，城镇和农村依据人群地理分布、服务区域大小和人数多少等，设立大小不等的成人门诊和儿童门诊（或保健站），大的门诊拥有 7～10 名医生，小的只有 2～3 名医生，原则上每 4000 人配备一名全科医生，其任务是向指定地区的全体居民提供综合性的医疗和预防性服务，预防性服务包括妇幼保健、传染病防治和卫生宣传教育等。如遇疑难病症或卫生保健难题，可通过上一级卫生组织派来指导工作的专科医生处理，也可直接转到上一级卫生组织处理。二级卫生服务由综合医院的门诊部提供。其任务是提供专科服务和检验服务。综合门诊部设内、外、妇、儿等专科。综合门诊部除提供门诊服务外，还负责本地区病人的家庭出诊、健康咨询、疾病筛查和卫生宣传教育。在布加勒斯特市的 7 个区中，每个区这样的门诊部有 2～4 个。各地的牙科防治所也属于二级卫生服务，仅布加勒斯特市就有 100 个牙科防治所，包括设在医院内的口腔科，为全体居民提供牙科服务。三级卫生服务由市、县的综合医院或专科医院负责，其任务是为本地区居民提供住院医疗服务。住院病人由综合门诊部或本院门诊部转诊，经专科医生检查后确定是否需要住院。直辖市和各县卫生防疫站亦属于三级卫生服务机构。其任务是提供有关环境卫生、劳动卫生、食品卫生、学校卫生、防放射卫生、传染病控制和卫生宣传教育等服务。

医疗卫生体系中主要参与的部门和组织有卫生部和国家医疗保险基金会。在社会主义时期，卫生部主要提供医疗系统的财政支持，但医疗保障制度改革之后，卫生部的职能主要是制定国家卫生政策、负责国家卫生预算、管理卫生部门、设定组织和功能标准以及改善公共卫生现状。卫生部根据不同机构在项目实施中的职责，将分配给国家公共卫生项目的资金分配给地区公共卫生局以及其下级部门，用于公共卫生活动。基本建设投资工程则以地区递交的提案为基础，由卫生部决定资金的具体分配情况。卫生部在下属地区设立 42 所地区公共卫生局。国家医疗保险基金会为半自治机构，主要负责对医疗保险体系进行管理和协调，根据被保险人的数量和人口健康风险的公式将资金分配给各地区的地区医疗保险基金。国家医疗保险基金会由42所地区医疗保险基金组成，负责需方与公共或私人卫生服务提供者的签约服务。1999~2002年，地区医疗保险基金还负责各自辖区用人单位的社会医疗保险筹资。它们保留并可以使用募集资金的75%，剩余的25%交由国家医疗保险基金重新分配。2002年以后，财政部下属的特别机构——国家财政管理局开始负责在全国范围内进行资金筹集。同年，罗马尼亚还建立了两家国家保险基金会，其中一家隶属交通部，另一家隶属国防、司法和内政部等与国家安全相关的机构。

2006年5月，罗马尼亚政府再次颁布《医疗改革法》，改革的目标是推进将中央权力分散至地方；完善预防和初级保健服务功能，提高急诊服务效率，加强基本医疗服务的供应；鼓励民营资本的介入，建立医疗系统和社会保障之间的关系。

从WHO统计的数据看（见表5-1），1995~2002年，罗马尼亚的卫生总支出占GDP的比例均保持在5%以下，2003~2014年，卫生总支出占GDP的比例均在5%以上，2010年达到最高的5.83%，总之，近些年卫生支出总体提高，但提高比率不大。从政府总支出中卫生支出所占比例来看，也总体呈现增长的趋势，2013年和2014年均达到12.84%，与20世纪90年代相比总体有所提高，如1995年，政府支出比例只占到7.03%。卫生总支出中，政府支出的比例在2014年仍占80.40%，说明了政府预算和财政支出的重要性。政府支出的比例高，个人支出的比例就相对较低，罗马尼亚个人医疗支出的比例较低，2014年只有19.60%，说明个人负担较轻，甚至比改革前个人承担的比例都要低，1995年个人医疗负担的比例为25.46%。从这些情况看，罗马尼亚医疗改革就减轻个人负担来说是有明显成效的。

表5-1 1995~2014年罗马尼亚卫生总费用相关指标

单位：%

年份	卫生总支出占GDP的比例	政府卫生支出占政府总支出的比例	卫生总支出中政府支出的比例	卫生总支出中个人支出比例
2014	5.57	12.84	80.40	19.60
2013	5.60	12.84	80.78	19.22

续表

年份	卫生总支出占 GDP 的比例	政府卫生支出占政府总支出的比例	卫生总支出中政府支出的比例	卫生总支出中个人支出比例
2012	5.48	12.06	80.27	19.73
2011	5.53	11.19	79.22	20.78
2010	5.83	11.85	80.35	19.57
2009	5.56	10.82	79.00	20.97
2008	5.33	11.27	81.99	17.97
2007	5.21	11.19	82.11	17.72
2006	5.06	11.42	79.66	20.16
2005	5.47	13.16	80.43	19.15
2004	5.43	12.14	74.60	24.93
2003	5.30	13.52	84.80	15.20
2002	4.57	10.78	82.19	17.81
2001	4.36	9.79	81.12	18.88
2000	4.33	9.15	81.20	18.80
1999	4.20	8.57	79.66	20.34
1998	3.75	7.97	75.58	24.42
1997	4.17	9.62	79.38	20.62
1996	3.21	7.14	73.22	26.78
1995	3.22	7.03	74.54	25.46

资料来源：http：//apps.who.int/gho/data/view.main.HEALTHEXPRATIOROU？lang＝en。

　　总之，自 1998 年罗马尼亚实施强制性社会医疗保险以来，其卫生体系中的参与者格局发生了明显变化。卫生部主要负责发展国家卫生政策、管理卫生部门、设定组织和功能标准以及改善公共卫生现状等。国家医疗保险基金则主要负责对医疗保险体系进行管理和调节，地区医疗保险基金则负责与来自公共和私人的医疗服务提供者签约。罗马尼亚的卫生服务组织原则主要有两项：一是属地负责制；二是医疗、预防和保健相结合原则。服务体系由初级卫生保健和二、三级医疗卫生服务构成三级卫生服务网。尽管各地政府对所辖各级卫生服务部门的职能和服务范围均有明确规定，但从罗马尼亚相对较高的住院率可以发现，初级和非住院卫生保健服务未能得到充分利用，存在资源浪费的现象，医疗服务碎片化和不同级别卫生服务发展不平衡的问题明显。罗马尼亚是中东欧地区经济处于中下水平的国家之一，但居民个人卫生支出的压力较小，卫生总支出中个人支出比例不高。然而经过多年的努力实践，居民的健康状况依旧处于 16 个中东欧国家的最低层次。因此，罗马尼亚政府确定本国卫生体系改革的方向是完善预防和初级保健服务功能，提高急诊服务效率，加强基本医疗服务的供应以及鼓励民营资本的介入，以建立更为完善的医疗系统和社会保障机制。

四 罗马尼亚福利制度转型的效果与前景

（一）养老制度和医疗制度改革的效果评价

2007 年，罗马尼亚建立多支柱养老金保险制度。2008 年，公共养老金替代率为 33%，仅略高于 2007 年的数据。原先设想用来补充第一支柱养老保险的私有养老保险支柱，因缴费比例过低或者税收优惠政策不足等也没有发挥出其应有的作用。2009 年，罗马尼亚国民的月平均老年养老金数额为 180 欧元，月平均残疾养老金为 130 欧元，月平均遗属养老金则为 79 欧元，大大低于欧盟国家的平均水平。

2009 年全球经济危机之后，罗马尼亚针对第一支柱采取了一些参数改革措施，但没有涉及针对第二支柱和第三支柱的改革，总体看来，第三支柱至今还没有发挥积极的作用，这与许多中东欧国家相类似。到 2011 年底，第三支柱的覆盖率仅为全部参保人的 3.78%，第三支柱的总积累额度占 GDP 的比重更是低至 0.06%。从养老金替代率看，罗马尼亚的替代率虽然恢复到 40% 以上，但在中东欧国家中处于较低的水平，远远低于波兰、捷克和匈牙利。

从 20 世纪 90 年代开始，罗马尼亚的医疗保障制度已经从中央集权式的"谢马什科模式"转型为多元筹资的社会医疗保险制度。转型后的社会医疗保险制度也取得一些成绩，如罗马尼亚人口预期寿命有所增长，达到了 75.1 岁，但低于欧盟 80.9 岁的平均水平，同时人口死亡率下降，但仍存在一些问题。

在财政方面，转型前的医疗模式仍有着重要的影响，如国家仍然是社会医疗保险制度的主要资金提供者，这从国家在卫生总支出中出资高达 80% 的比例可以看出来，这也带来了财政负担和财政不平衡问题。在医疗卫生服务上，罗马尼亚人过度依赖住院治疗,说明了罗马尼亚医疗保障制度中的初级治疗和保健服务模式没有发生很大的作用,同时也说明了要对医院的住院治疗加强监管和具体的规定。从社会医疗保险基金的筹资来看,罗马尼亚只有1/4的人能有效地完成对医疗保险体系的缴费,这说明筹资的效率和公平都有所欠缺。2008年,中东欧国家的财政危机也波及了罗马尼亚,对罗马尼亚医疗保险体系的筹资产生了负面影响。

近些年,病人接受住院治疗的数额减少,但罗马尼亚人仍过度依赖急诊治疗,接受门诊和初级保健治疗的人数比例在欧盟国家中处于较低水平。这种情况是由初级保健和门诊的质量较低引起的,特别是在农村地区,虽然可以提供初级保健和门诊服务,但人们更愿意直接寻求急诊或住院治疗。

医疗卫生服务还有一个问题就是缺少医务人员,在过去十年,一些高水平的医务人员移居国外的现象很常见。

根据欧洲晴雨表民意调查机构的调查,与欧盟国家的平均水平相比,罗马尼亚人对医疗卫生体系的整体服务质量并不满意。[1] 在罗马尼亚,腐败是一个严重的社会问题,当然也包括医疗体系部门的腐败,人们承受了一些非正式的医疗支出负担。在罗马尼亚,腐败和缺乏现代通信方式是阻碍国家经济发展的两大问题。据国际透明组织报道,3/4的罗马尼亚人认为政党是腐败的。在医疗改革领域,进一步的医疗改革需要提高医疗决策和公民参与政策制定的透明性和广泛性。另外,罗马尼亚的医疗保险制度要求所有人都要参与,但实际上覆盖的人群只有86%。

(二) 福利制度改革的前景分析

罗马尼亚2007年加入欧盟,2008~2009年的全球经济危机也影响了罗马尼亚。财政赤字在2009年为GDP的9%,按欧盟发布的"超额赤字规则"要求,到2012年罗马尼亚的财政赤字占GDP的比例应降到3%。[2] 罗马尼亚位列欧盟收

---

[1] Cristina Hernández-Quevedo and Anna Sagan eds., "Romania Health System Review", *Health Systems in Transition*, Vol. 18, No. 4, 2016, p. 4, http://www.euro.who.int/en/countries/romania/publications2/romania-hit-2016.

[2] Cristina Hernández-Quevedo and Anna Sagan eds., "Romania Health System Review", *Health Systems in Transition*, Vol. 18, No. 4, 2016, p. 5, http://www.euro.who.int/en/countries/romania/publications2/romania-hit-2016.

入最不平等的第五个国家，2010 年，贫困率达 21.1%，欧盟的平均水平则为 16.4%。2010 年，罗马尼亚采取了"稳定宏观经济和经济结构调整一揽子措施"，其措施得到了国际货币基金组织、欧盟委员会和世界银行的资金支持。到 2013 年底，公共债务从 2010 年占 GDP 比例的 34.6% 增长到了 41.5%。但是，这一公共债务的水平远远低于欧盟国家 83.4% 的平均水平。罗马尼亚 2014 年的失业率为 6.8%，2014 年欧盟国家的平均失业率是 10.2%。统计数据表明，罗马尼亚 31.4% 的家庭中有失业人口，36.5% 的家庭有债务违约，如抵押和贷款方面，还有 87.7% 的家庭宣布他们在支付当前的各种费用上有困难。

2008 年经济危机后，由于欧盟的要求，罗马尼亚开始严格限制公共领域支出，其措施包括削减公共部门人员的工资，削减养老金支出，同时提高附加税。这些措施引起公众对政府的不满，2012 年初引起了一些社会反抗活动，导致政府被迫辞职。当前的政府在欧盟和国际货币基金组织的压力下，吸收欧盟的资金，用于加快基础设施建设，处理长期悬而未决的国有企业改革，同时弥补财政的脆弱性。自加入欧盟以来，欧盟资金对罗马尼亚的注入速度最慢，由于缺乏经验，政府在行政、司法方面与欧盟的兼容性做得并不好。至 2014 年底，罗马尼亚只花了 2007~2013 年所应获得欧盟资金的 59.3%。

从养老金福利制度改革看，罗马尼亚面临老龄化和就业人口下降的双重挑战，根据欧盟统计，到 2030 年，罗马尼亚的老年人口将达到 32.9%，这意味着领取养老金人员将大幅增加，同时加入欧盟之后，年轻人口大量移民，就业人口比重下降，意味着养老金缴费供款收入减少。由于罗马尼亚养老金本身存在赤字，从长期看，罗马尼亚要努力保证养老金财政的稳定性。实行养老金财政平衡，进一步改革养老福利制度仍是长期要解决的问题。世界银行提供的多支柱养老金制度方案虽然在中东欧国家得到推行，但对于中东欧国家来说，由于财政和税收政策等因素，每一个支柱能否充分发挥作用仍需要时间的检验。如第二支柱在一些国家的重要性开始逆转，2008 年经济危机之后，波兰和匈牙利都采取减少第二支柱的缴费或者试图取消第二支柱的措施来弥补财政危机，从长期看，参保者对第一支柱的依赖性会更强，政府的转移支付压力也会增大。在罗马尼亚，第二支柱的缴费不能享受任何税收优惠待遇，会影响公众参与第二支柱的积极性。罗马尼亚的私有养老基金主要投资国债，经济危机导致国债投资收入下降，影响了第二支柱的财务稳定。同时，罗马尼亚第三支柱的参保率很低。另外，参数改革也会加剧老年人口的贫困风险，如罗马尼亚规定，2030年以后，养老金指数化将只依据物价增长情况进行调整，不再与工资增长情况挂钩。罗马尼亚针对养老福利制度的改革将是长期的，在未来，可以在第二支柱和第三支柱的缴费上提出更多的税收优惠政策，鼓励公众积极参加第二支柱和第三支柱，同时，对于私有养老基金投资国内金融市场，既要监管，也要注意放宽投资限定，提高养老保险基金的回报率，以此来吸引更多的人参与第二支柱。罗马尼亚启动多支柱的养老保险改革比其他中东欧国家晚，积累经验少，同时养老金财政赤字严重，在此情况下，加强与国际金融组织和欧盟在社会福利领域的合作，在合适的时机下取得贷款和资金支持也是一种解决方案。

罗马尼亚医疗保险制度的改革是持续的，但经常会出现无效的状况，这与政治的高度不稳定性有关。自1989年以来，罗马尼亚已经更换过26个卫生部部长和17个国家医疗保险基金会主席。

此外，近几年的医疗制度改革专注于引入节省开支的政策，但获取财政平衡的改革往往会牺牲医疗服务的长期目标。从医疗体系的支出看，2014年，在欧盟国家中，罗马尼亚医疗卫生支出占GDP的比例是最低的。与欧盟国家相比，按照人口平均数，罗马尼亚的医生和护士总数相对较低。过去十年，由于经济危机之后罗马尼亚削减公共部门人员的工资以及罗马尼亚入盟，加剧了罗马尼亚向外移民的趋势。目前，政府还没有制定清晰的人力资源策略来应对向外移民的趋势，只有一些挽留医务人员的临时措施。在医疗服务费用支出改革上，政府注重把一些医疗服务的费用转移到药物生产商或者参保者共同支付上，同时注意对医疗支出的监管。2012年，由于医疗体制存在的种种弊端，加上来自公众和医疗专家的压力，政府提出了新的医疗法提案。这一提案设想用"钱随参保人"的原则来取代当下的保险公司与医疗服务者之间竞争资源分配的状况，提案还将调节服务提供者的结构和功能，使医疗服务更为一体化，提高医疗服务的连续性和质量，同时保证花费支出的有效性。但在要求总统辞职的社会抗议活动情况下，这一提案未能通过。2015年，罗马尼亚成立了"国家医疗服务质量管理局"，以此来监管和提高医疗服务治理水平。其他提高医疗质量的综合措施还有待引入，如发展社区医疗服务，发展疾病预防服务，在医疗政策决策上加强各方的磋商等。

在未来，罗马尼亚面临的问题是如何有效地实施"国家健康策略"，利用从欧盟获取的结构基金来提高医疗服务的质量。2004 年，政府首次发布了《国民健康策略》，这是从世界银行获得贷款的先决条件。同时，卫生部颁布了《2014~2020 健康策略》，以此作为加入欧盟结构基金①的先决条件。此后许多年，政府每年都发布《国民健康策略》。但是政府出台的这些策略是否达到了一定的效果还有待评估。

① 欧盟为了照顾平等的经济公民权及社会福利，设立结构基金（Structural Fund），以促进地区之间的均富发展。

第六章

保加利亚福利制度转型

保加利亚位于巴尔干半岛东南部，北邻罗马尼亚，西邻塞尔维亚、马其顿，南接希腊、土耳其，东临黑海，面积约为 11.1 万平方公里，人口 700 万。1991年，保加利亚开启政治与经济转型。2004 年 3 月，保加利亚正式加入北约。2007 年，保加利亚加入欧盟。2018 年，保加利亚人均 GDP 为 9273 美元，在欧盟国家中处于不发达经济地位。

一　保加利亚福利制度转型的背景

与其他中东欧国家相类似，保加利亚福利制度的改革源于冷战结束后国家的政治经济转型。但就改革的速度和步骤来说，保加利亚的福利转型要比中东欧其他几个国家缓慢一些。这与保加利亚的经济政治状况有密切的关系。

就经济状况来说，自 1991 年起，保加利亚实行了一系列经济改革政策，这些政策包括放开商品价格，开放对外贸易，取消中央计划经济和市场自由化。但与中东欧其他国家相比，保加利亚改革的步子是缓慢的，经济政策也不连续，私有化进行得比较晚。1996~1997 年，保加利亚陷入了严重的转型经济危机中，这种危机表现为各项宏观经济指标的退步。随着宏观经济的不景气，财政危机、银行业的危机和货币危机相伴而生。1997 年保加利亚的 GDP 比 1996 年下降了18%。1997 年初，保加利亚经历了高达 1058% 的恶性通货膨胀。保加利亚货币列弗兑美元汇率从 1996 年中的 77∶1 剧贬到 1997 年初的 3000∶1。

经济崩溃引发了政治危机，也引发了经济政策的急剧改变，保加利亚政府加快了私有化步伐，采取财政稳定措施，进行银行业改革和商业重组，最为重要的改变是建立了货币委员会，货币委员会以固定汇率的货币政策取代了之前积极的货币政策。1997 年 5 月，保加利亚接受国际货币基金组织的条件，7 月 1 日，保加利亚中央银行实行联系汇率制，列弗与德国马克挂钩：1000 列弗兑 1 德国马克，实现了金融稳定。货币委员会成为经济稳定的支柱，并把最终加入欧元区作为保加利亚的主要目标之一。

进入新的十年，特别是在 2004 年，保加利亚被获准加入欧盟，2007 年正式加入欧盟，2008 年，保加利亚经济经历了复苏和繁荣。2006～2008 年，保加利亚 GDP 年增长率为 6% 多，因而逐渐缩小了与西欧国家经济的差距。资本加速流入和贷款的增长是经济繁荣的主要原因。GDP 的增长很大程度上是依赖金融服务、房地产及建筑业的增长。

2008 年的全球经济危机对保加利亚经济产生了严重的影响。2009 年，GDP 的增长率是 5.5%，仍大于欧盟 27 国平均 4.2% 的增长率，但劳动力市场恶化导致就业率下降。2009 年，保加利亚的就业率下降了 1.4%，失业率达 62.6%。但 2009 年的通货膨胀从 2008 年的 12% 降到了 2.5%。由于国内需求不振，2009 年，进口下降了 22%。出口也下降了，财政盈余从 2008 年占 GDP 的 1.8%，滑落到 2009 年财政赤字占 GDP 的 3.9%。政府采取措施限制支出和提高税收，但仍不能补偿实际财政收入的下降。

保加利亚经济发展水平也影响保加利亚民众的生活水平，在提高生活水平、赶超并保持与欧盟老成员国家相等生活水平方面，保加利亚取得的进步有限。2008 年，保加利亚贫困风险率为 21%，同期，罗马尼亚的贫困风险率是 23%，拉脱维亚贫困风险率为 26%，这三个国家在欧盟中都是贫困风险率最高的国家。在保加利亚，65 岁以上的群体面临贫困的风险高达 34%，而同期在匈牙利只有 4%，波兰只有 12%，欧盟的平均贫困风险率则为 19%。2008 年，保加利亚也是欧盟中物资匮乏率最高的国家，超过 50%，其中，老年人占到了 22%。保加利亚面临的主要挑战是保持经济快速增长，赶上发达的欧盟成员国。为了保持老年人群和普通人群的生活水平，保加利亚需要在发展经济的同时，通过社会改革来促进大众生活水平的提高。这些改革包括教育改革、养老金改革和迫在眉睫的医疗改革。

二 社会主义时期福利政策概述

(一) 社会主义时期福利的覆盖范围和种类

保加利亚的社会保障有着较长的历史，早在 1889 年，保加利亚就开始实行社会保障，到 1944 年，保加利亚社会主义政权建立，社会保障范围已经有相当的规模。1948 年，保加利亚在分散的社会保障机构基础上建立了统一的国家社会保障机构。

1951 年，保加利亚颁布《劳动法典》，1957 年颁布《抚恤金法》和《农业社员抚恤金法》，这些法律规定了国民的社会福利权利。根据《劳动法典》，保加利亚属于全民社会保障国家，法典明确规定，享受国家社会保障的社会成员包括国家机关、社会团体、国营和私营企业的全体职工，从事自由职业的作家、记者、画家、雕刻家、音乐工作者和律师，研究生和大学生，包括在生产实习期间的工伤事故保障。从 1967 年开始，在农业社社员中实行社会保障。社会保障包括的项目有：抚恤金，分为老年抚恤金、残疾人抚恤金、特殊功勋人员和人民抚恤金、继承抚恤金，公民免费医疗，免费教育，子女补贴，职工休息和休假制度，公民死亡免丧葬，等等。可以看出，保加利亚的社会保障范围相对广泛。

按照《抚恤金法》和其他一些实施抚恤金的补充规定，保加利亚享受老年抚恤金待遇的人有：第一类工龄满 15 年，男 50 岁和女 45 岁从事地下、水下、有色和黑色冶金、航空和在苏联库姆地区采伐森林的职工；第二类工龄满 20 年，男 55 岁和女 50 岁从事采矿、水利建设、有色和黑色冶金业中不属于第一类的工作人员，以及从事医药和微生物生产人员、司炉、舞蹈和杂技演员；第三类工龄满 25 年，男 60 岁和女 55 岁，除第一和第二两类以外的人员。享受残疾抚恤金的人员包括全部和部分失去劳动能力的职工、军人、警察、消防人员、建设兵团官兵、农业社社员、手工业生产合作社社员、文化活动家和律师。享受特殊功勋抚恤金和人民抚恤金的包括：为人民政权而斗争的著名老战士，在国务、社会团体、文化、科学、技术和经济领域做出特殊贡献的活动家，在军事方面对国家有特殊贡献的军人和其他人员。享受继承抚恤金的包括由领取抚恤金本人抚养的不满 18 周岁的子女、兄弟、姐妹和孙子女。

老年抚恤金按月工资的百分比计算发放，但不得少于最低限额。根据 1972 年调整的规定，月工资在 60 列弗以下的为 80%，最低额为 50 列弗；月工资 60.01~80 列弗的为 75%，最低额为 55 列弗；月工资在 80.01~100 列弗的为 70%，最低额为 60 列弗；月工资在 100.01~120 列弗的为 65%，最低额为 60 列弗；月工资在 120.01~220 列弗的为 60%，最低额为 78 列弗；月工资在 220 列弗以上的，为 55%，最低额为 132 列弗。可见，养老金的规定有缩小老年人收入差距的功能。

除了城市职工和其他各类就业者，保加利亚的农民也享有抚恤金待遇。1967 年，保加利亚颁布《农业社社员社会保障条例》，1975 年颁布《农业社社员和现有职工领取抚恤金条例》。前一个条例规定，凡年满 16 岁并在发放抚恤金时的 31 天内在农业社劳动 12 天以上，或在发放抚恤金时的 12 个月内劳动 135 天以上的农业社社员，均可领取短期抚恤金。后一个条例规定，自 1975 年起，农业社社员及其家庭成员可以按照《抚恤金法》领取服务年限和老年或残疾条件退休抚恤金，就是说，保加利亚农民的养老抚恤待遇等同于城市职工和其他各类就业者。

保加利亚实行公民免费医疗政策。按照《人民健康法》，保加利亚城乡居民一律享受免费医疗待遇，但门诊医疗费自理。患者住院医疗的全部费用包括床位费和饮食费，均由国家负担，这从根本上保证了对患重病公民的社会保障。

保加利亚人民共和国成立以来，一直实行鼓励人口增加的政策，因此，有一系列关于子女补贴和对母亲关怀的政策。根据 1968 年颁布的《鼓励生育法》，公民家庭生育子女可以享受下列补贴：（1）一次性子女补贴，例如，按照 1975 年对该法的修改与补充，生育第一胎补助 100 列弗，第 2 胎补助 250 列弗，第 3 胎补助 500 列弗，第 4 胎及以后各胎补助 100 列弗；（2）按《抚恤金法》发放的子女补贴，子女在 16 岁以下可享受补贴，按月计算，第一个孩子补助 15 列弗，第二个孩子补助 25 列弗，第 3 个孩子补助 45 列弗，第 4 个孩子及以后各个孩子补助 15 列弗；（3）对由母亲 1 人照料和负担的子女补贴，第 1 个孩子每月补助 20 列弗，第 2 个孩子补助 25 列弗，第 3 个孩子补助 45 列弗，第 4 个孩子及以后各个孩子补助 15 列弗。除了养老抚恤金和公费医疗、子女补贴，保加利亚还有助学金制度和各类社会救济的社会保障支出。

（二）社会保障经费来源和支出

保加利亚社会保障所需费用主要来自经济组织向国家交付的社会保障款项。1972年，社会保障缴纳数额为经济组织工资总额的12.5%，1973～1979年为20%；1980年10月1日起，工业部门和其他部门再提高到30%。其他来源是国家预算拨款和其他各类人员缴纳的社会保障费。

从支出规模看，抚恤金是社会支出最重要的部分。1948年，全国领取抚恤金的人员为76.3万人，占全国人口的10.7%或占有劳动能力人口的18%，每人每年平均领取抚恤金594列弗，为职工平均工资的12.2%，支出抚恤金总额4530万列弗。1985年，即社会主义建设37年以后，领取抚恤金的人员增加到221.2万人，比1948年增加189.9%。这意味着，全国居民中有24.7%的人是抚恤金领取者，或者说，抚恤金领取者占有劳动能力人口的比重为44%，即每2.27名有劳动能力的人负担1名抚恤金领取人。1985年，全国领取抚恤金者每人每年平均领取额为1090列弗，相当于职工平均工资的42.5%，比1948年的12.2%提高30.3个百分点。1985年，全国共支出抚恤金23.97亿列弗，占GDP的9.44%。[①]

三　保加利亚福利制度的转型过程

（一）养老制度的改革

社会主义时期，保加利亚的养老抚恤金制度由国家主导，高度集中，政府财政代收经济单位的抚恤金缴费。养老金制度主要实行现收现付制原则，不足的由国家财政拨付。其问题也与苏联和其他中东欧国家相类似，养老抚恤金与个人缴费多少关系不密切，主要与参保人工作年限相关。在养老金领取数额规定上，有平均主义的倾向。

1990年政治经济转型以后，保加利亚经济陷入困境，失业率上升，养老保险缴费人口下降，政府社会支出加剧。由于转型初期，政府实行允许提前退休的政策，领取养老金人口激增，政府财政出现困难。转型初期的诸多问题促使政府

[①]　朱传一、沈佩容主编《苏联东欧社会保障制度》，华夏出版社，1991，第166页。

采取措施改革养老保险制度，以期应对经济和政治困境。

1995 年 11 月，保加利亚通过了《社会保障基金法案》，成立社会保障基金会，独立核算，自行管理，在基金管理方面，设立全国社会保障协会取代以前的社会保障总部。这些举措改变了政府以前集中管理和再分配社会保障资金的模式。1996 年，修改了已实行 30 多年的退休法，其改革措施包括两点。一是放宽退休年龄条件。1996 年底前，男女职工的退休年龄仍按旧规定执行，即男性、女性退休年龄分别为 60 岁和 55 岁；从 1997 年 1 月 1 日起，男性职工满 25 年工龄、女性职工满 20 年工龄则可退休，不再受实际年龄影响。二是调整退休金并鼓励延迟退休。养老金数额为 1997 年 1 月 1 日之前三年内连续三个月最高平均工资的 55%。已满退休年龄仍继续工作者，每多工作一年，养老金增加 2%。由于 20 世纪 90 年代经济不景气，失业率高，企业逃避缴费现象严重，基于参数的改革没有改变养老金短缺的状况。90 年代末，在世界银行的建议之下，保加利亚决定启动建立多支柱养老保险模式改革。

1999 年和 2000 年，保加利亚分别通过《自愿补充养老保险法》和《强制性社会保障法》，为第二支柱和第三支柱的建立提供了法律依据。在管理上，建立了国家保险的三方管理制度。在此基础上，保加利亚开始建立三支柱养老保险模式。第一支柱为强制性的国家养老保险计划，按照现收现付制原则运行，同时进行参数调整，养老金收入开始与工作期间缴费额度和工作年限相关。在第一支柱内，还规定限制提前退休，并推迟退休年龄，从 2001 年起，退休年龄每年推迟6 个月，直到男性、女性分别达到 63 岁和 60 岁为止，同时设定养老金收入上下限额。就缴费率来说，1959 年 12 月 31 日以前出生的人员，缴费率为 17.8%，1960 年 1 月 1 日以后出生的人员，缴费率为 12.8%。在养老金的缴费改革方面，保加利亚为减轻企业负担，增加雇员缴费责任，雇主和雇员的分担比例从 2001～2010 年的 80：20 逐步调整到 2009 年的 50：50，这也有利于减少雇主压低工资或瞒报、少报工资的现象。

第二支柱为强制性的私有补充养老保险。从 2002 年开始实施，实行完全积累的原则，第二支柱覆盖 1959 年 12 月 31 日以后出生的人员。2002 年，有 111.5万人加入，覆盖率为 48.4%，缴费率为 2%，由雇主承担。2007 年以后，缴费率从 2% 上升到 5%，其中雇主承担 3%，雇员承担 2%。保加利亚共有 8 家养老保险基金公司。

第三支柱为完全积累的自愿性补充养老保险，由参保人自愿决定是否参加，自主确定缴费比例或缴费金额。改革明确规定，对自愿参加第三支柱的雇主和雇员，国家实行税收减免政策。到2000年，共计有40万人加入了第三支柱，积累额约占GDP的0.4%。

在政府监管方面，保加利亚建立了国家保险监管局。2003年，保加利亚成立了金融监管委员会。国家规定，养老保险基金投资于政府债券的比例不得低于总投资的50%，投资不动产的比例不得高于总投资的5%，不得投资衍生性金融产品，境外投资不得超过5%。保加利亚建立三支柱的养老保险模式改革基本上较为成功，第一支柱得到保留并经过参数改革增加了缴费收入，第二支柱的覆盖率迅速扩大，第三支柱由于有税收优惠政策也得到了推广。

2008年经济危机以来，保加利亚养老金的长期稳定性引起了广泛关注。2009年，保加利亚国家三方合作委员会就养老保险制度改革进行了广泛的讨论。2011年，政府推出一系列改革措施，主要有：一是推迟退休年龄，2011年，保加利亚规定，从2012年开始逐渐提高男女性的退休年龄，具体措施为每年推迟4个月，直到男女性的退休年龄分别达到65岁和63岁；二是延长缴费期限，从2012年1月开始，将法定的养老保险缴费期限每年延长4个月，预计到2020年，男性缴费期限将为40年，女性为37年；三是严格退休条件，改革前，最低工作期限满15年的人员可以在65岁退休，改革后，最低工作期限满15年的人员，必须推迟到67岁退休。

（二）医疗保险制度的改革

在保加利亚，卫生部负责国家卫生政策的制定、医疗体系的整体组织和运作，以及所有公共卫生相关部门间的协调。卫生部还负责规划并确保医疗体系的人力资源、医学科学的发展，以及收集并保存关于人口健康状态和国家医疗账目的数据。

自1989年以来，保加利亚医疗改革历经了三个阶段：第一阶段（1989～1996年）的改革打破了卫生系统的国家垄断，建立了分散的卫生行政管理体系，引入新的概念——健康保险系统；第二阶段（1997～2001年）的改革中通过了具有里程碑意义的医疗保险法律，并引入了新的医疗保险体系；第三阶段（2002年至今）的改革确立了医疗改革的立法基础，包括创立新法律和修改并完善原有的法律。2002 年以来,保加利亚提高了社会医疗保险的覆盖率,以确保保险资金的稳定性,如把医疗保险的缴费水平从占个人月收入的 6% 提高到 8%。这些举措暂时还未带来预期的结果。

1998 年,保加利亚医疗制度从公有医疗制度改革为兼具强制性和自愿性的医疗保险体系,被保险个体、医疗保健服务提供者和第三方付款人是保险体系中的关键利益方。保险的承保方包含国家医疗保险基金、社会医疗保险体系中的单一付款人,以及自愿性医疗保险公司。被保险个体的诊断、治疗、康复服务以及药物等均在保险的覆盖范围中,由保险的承保方直接负责支付。国家卫生部负责支付和资助公共卫生服务、公共医疗服务、急救保健、移植、输血、结核病治疗以及住院患者的心理健康保健服务,还有国家紧急医疗中心、国家精神病医院,以及医疗和社会保健儿童之家提供的服务。公私混合的医疗保健筹资体系是保加利亚卫生体系一个特点。

医疗保健资金主要来自强制性医疗保险费、税收、现金支付款项、自愿性医疗保险费用、公司支付、捐款以及外部筹资。随着医疗总体筹资结构的演变,公共筹资比例明显高出私人筹资。2008 年,医疗总体筹资中的 36.5% 为现金支付,34.8% 来自社会医疗保险,13.6% 由卫生部提供,还包括 9.4% 的市政当局支出,以及 0.3% 的自愿性医疗保险支出。

国家医疗保险基金是医疗服务相关支付的主要承担者。国家医疗保险基金与医生、牙医等专业协会签署的国家框架合同是国家医疗保险基金和服务提供者关系的基础,并对强制性医疗保险制度的格式和操作程序进行了明确规定。依据国家框架合同的规定,提供医疗服务的相关医务人员与国家医疗保险基金的地区分会之间还应签订具体合同。除了国家医疗保险基金外,公民还可以自由购买其他不同的保险,如社会医疗保险等。社会医疗保险费用按参保人月收入的 8% 计算,由参保人、雇主及国家支付。

私人医疗支出包括家庭现金支付、自愿补充医疗保险保费,以及支付给非营利机构和商业机构的相关费用。自愿性补充医疗保险可以重复覆盖包含在国家医疗保险基金内的基本服务,由营利性股份制公司提供,购买者和提供方之间的关系基于整合报销模式。2010 年的统计显示,仅不足 3% 的人购买了自愿性补充医疗保险。如表 6-1 所示,2014 年,保加利亚医疗总支出占 GDP 的比例为8.44%。纵向年份变化来看,进入 21 世纪后,即 2000~2014 年,除了 2000 年、

2006~2009 年和 2011 年所占比例小于 7%外，其余年份均大于 7%。2013 年和 2014 年费用比例增长明显，尤其是 2014 年，超过了 8%。政府筹资力度方面，2014 年政府医疗支出占政府总支出的比例为 10.95%。自 2000 年以来的 14 年内，呈现波动的总体增长趋势，在 2000 年 9%的基础上增长了 2.1 个百分点。相反，医疗总支出中政府支出比例 2014 年是 54.57%，从统计数据看，1995~1999 年，政府支出在医疗总支出中的比例占 66%~74%，2000~2014 年则没有超过 62.2%，总的来说，近些年政府支出比例是呈下降趋势。与此相对应的是医疗总支出中，个人支出比例的增长，1995~2005 年，个人支出比例除 2001 年外基本上都在 40%以下，从 2006 年至今，个人支出比例都在 40%以上，2013 年则占到了 48.01%，2014 年占 45.43%。

表 6-1　1995~2014 年保加利亚卫生总费用相关指标

单位：%

年份	医疗总支出占GDP 的比例	政府医疗支出占政府总支出的比例	医疗总支出中政府支出的比例	个人支出在医疗总支出中的比例
2014	8.44	10.95	54.57	45.43
2013	7.93	10.95	51.99	48.01
2012	7.11	11.54	56.29	43.71
2011	6.88	11.02	54.62	45.38
2010	7.24	11.02	55.69	44.31
2009	6.78	9.51	55.35	44.65
2008	6.61	10.48	58.34	41.47
2007	6.41	9.97	58.20	41.80
2006	6.67	11.27	56.95	43.05
2005	7.08	11.72	60.92	39.08
2004	7.09	11.36	60.76	39.24
2003	7.43	11.93	62.11	37.89
2002	7.41	11.57	61.26	38.74
2001	7.23	10.42	58.39	41.61
2000	6.07	9.00	60.93	39.07
1999	5.86	9.74	66.33	33.67

年份	医疗总支出占GDP的比例	政府医疗支出占政府总支出的比例	医疗总支出中政府支出的比例	个人支出在医疗总支出中的比例
1998	4.67	9.40	69.88	30.10
1997	4.74	11.16	71.66	28.34
1996	4.57	7.39	69.60	30.40
1995	4.75	8.52	73.96	26.04

资料来源：http：//apps.who.int/gho/data/view.main.HEALTHEXPRATIOBGR？lang＝en。

　　保加利亚医疗服务由不同的公立或私营医疗保健提供者提供，国家提供公共医疗服务，并由卫生部组织和监督。公立机构包括全部的大学医院和国家水平的医学中心、专科医院、紧急医疗保健中心、精神病院、输血和透析中心，以及超过半数的地区医院。私有机构提供所有初级保健、牙科、大多数的门诊保健和部分住院服务。

　　依据医疗保健机构法案的规定，医疗服务分为门诊和住院医疗保健服务。非住院医疗保健服务主要由专科门诊机构提供，它们多属自治的医疗机构，其中大部分与国民健康保险基金有合同关系。住院医疗保健服务主要由公共和私营医院组成的网络提供，可分为综合性医院和专科医院。初级保健服务提供中，全科医生是中心人物，他们充当着看门人的角色。但保加利亚全科医生的数量一直在缓慢下降。提供急诊医疗服务的部门主要包括区域紧急医疗中心和医院的急诊病房。全科医生也可以提供急诊医疗服务，但该领域中存在医务人员短缺和医疗设备匮乏的问题。

　　保加利亚有4所医科大学和2所综合大学的医学院可提供医学教育，有10所专业医学院校可以培训辅助医疗人员。医疗服务专业技能标准由卫生部决定，医务人员必须通过国家考试委员会组织的全国考试以取得执业资格。继续教育由医学专业协会依照卫生法组织和认证。

　　总的来说，保加利亚的医疗状况一直不容乐观，居民和医护人员对医疗保健体系的满意度并不高。引入医疗保险模式以来，国家卫生支出增加了将近3倍，但是医疗保险体系仍然缺乏资金来源，财政支持不足、财政负担分配不均的问题依然存在。此外，实现医疗保健体系的公平性问题也是一项挑战。保加利亚有着相对较高的住院率，这反映了非住院服务利用不充分，以及不同级别医疗保健之间缺乏协调与整合。实践中，无论是基于社区的服务还是专业医院的住院护理，长期护理的发展普遍不足。急诊床位过度供应与长期护理和康复服务供不应求并存的现象十分突出。

保加利亚医务技术人员流失的问题严重，其中医学技术专家流失国外成为一个严峻的挑战。2009 年，保加利亚共有医师 27988 人，牙医 6493 人，护理和助产人员 35250 人；平均每万人拥有护理和助产人员数为 47 人，医师 37.3 人，牙医 8.7 人。2010 年，超过 340 名医生和 500 名护士移民国外。

四 保加利亚福利转型的效果和前景

保加利亚养老福利制度在很大程度上是建立在代际契约的基础上，尤其是第一支柱的养老保险制度，从这一角度看，保加利亚与罗马尼亚相类似。保加利亚严重的老龄化程度对养老财政的稳定性造成了影响。1991~2000 年，保加利亚政治经济转型期间，大量人口向外移民，同时出生率大幅下降，死亡率大幅上升。出生率下降的趋势和死亡率上升的趋势直到 2000 年后才放缓。通过相关学者的研究发现，1991~2000 年是保加利亚人口老龄化最为严重的 10 年。"这 10 年中，由于出生率下降，年龄 14 岁以下的人口急剧下降，65 岁以上的人口比例上升。男性人口呈现微弱的年轻化，女性人口呈现微弱的老龄化。"[1] 同时，这 10 年内婚育妇女人口的下降也加剧了老龄化。进入 21 世纪后的 10 年，出生率基本稳定，但仍然不能扭转持续老龄化的趋势和向外移民的趋势。对于年轻人口的减少，政府亟须拿出可行的方案，一是促进人口生育和增长；二是创造良好的就业环境，减轻年轻人向外移民的趋势。

迄今为止，保加利亚已经引入强制性的医疗保险 19 年，但医疗保险制度可以说仍然不够成熟，需要进一步改革。问题主要集中在以下几个方面。第一，在国家的行政管理层次上，没有引入科学管理保险基金的方法。改革设定的目标，如国家医疗保险基金的独立，国家、雇主和被保险者在基金管理和控制上的平等参与，不同医疗服务者的独立和平等地位等远没有实现。非住院服务利用不充

---

[1] Andreas Hoff ed., *Population Ageing in Central and Eastern Europe—Societal and policy Implication*, Zittau/Görlitz University of Applied Sciences, Germany Oxford Institude of Ageing, University of Oxford, UK, Ashgate Publishing Limited, 2011, p. 181.

分，以及缺乏不同级别医疗保健的协调与整合，从而导致相对较高的住院率。急诊床位闲置与长期住院医疗、康复护理供不应求并存的问题成为保加利亚面对的难题。第二，在医疗保险改革方面，保加利亚政府一直致力于提高保险体系的覆盖率，但强制性的医疗保险仍然没有实现全覆盖，许多人没有参加强制性医疗保险，自愿的医疗保险市场也没有充分开发和发挥作用。第三，医疗保险系统仍处于缺乏资金的状况。医疗服务机构，主要是医院，经常缺少资金。同时缺少对医疗服务价格的透明监管制度。医疗服务价格不是基于真正的花费，而是看能从国家医疗保险基金预算那里得到多少钱。由于国家医疗保险基金（NHIF）处于垄断地位，在公众保险方面，市场机制没有发挥作用，尽管让市场机制发挥作用是医疗制度改革的目标。在保加利亚公私混合的医疗保健筹资体系中，强制性医疗保险费、国家税收、个人现金支付、工资缴费等均为医疗保健筹资的主要来源。随着医疗总体筹资结构的演变，公共筹资比例明显高出私人筹资。除了国家公共医疗服务仅由国家公立机构提供外，包括初级医疗保健和专业医疗保健等多类型的医疗服务则由公立或私有医疗保健提供者共同负责。

保加利亚在中东欧 16 国中是经济发展处于中下水平的国家。从反映国民健康的多项指标中均可见该国的国民健康状况与其他国家之间存在明显差距。在社会发展和医疗状况改善不足的情况下，保加利亚面对的主要挑战是要赶上更加发达的中东欧国家，积极改善人口健康状况。

保加利亚的社会福利改革较为滞后，也存在政治社会因素，无论是养老保险制度改革，还是医疗保险制度改革，需要政府制定和完善法规政策，但在保加利亚这样一个议会共和制的国家，上一届政府支持的改革通常被现任政府所忽略。无论是怎样的福利改革，从提出议案到作为政策推行，需要大多数政党在国民大会中形成共识，养老、医疗等社会福利改革还需要得到选民广泛的支持，包括公民团体、工会、地方市政当局等方面的支持。因此，福利改革在保加利亚仍任重道远。

第七章
斯洛文尼亚福利制度转型

斯洛文尼亚地处欧洲中南部，西接意大利，东北部接匈牙利，北部接奥地利，东部和南部与克罗地亚接壤，西南濒临亚得里亚海。国土面积 2.02 万平方公里，人口约为 206.6 万。1945 年 11 月 29 日，南斯拉夫联邦人民共和国（1963年改称南斯拉夫社会主义联邦共和国）宣告成立，斯洛文尼亚为其中的一个共和国。1991 年 6 月 25 日，斯洛文尼亚议会通过决议，宣布脱离南斯拉夫社会主义联邦共和国，成为独立的主权国家。与其他巴尔干地区国家相比，斯洛文尼亚在独立前后没有发生内乱和对外战争，政治经济转型最为顺利。20 世纪 90 年代中期，斯洛文尼亚经济就进入了稳定发展时期。2004 年 3 月，斯洛文尼亚加入北约，2004 年 5 月 1 日，正式加入欧盟。2007 年 1 月 1 日，斯洛文尼亚进入欧元区。2018 年，斯洛文尼亚人均 GDP 为 26234 美元，属于经济发达的富裕国家。

一 斯洛文尼亚的养老制度改革

二战后，南斯拉夫实行高度集中管理的社会政策，南斯拉夫联邦政府统一制定所有的社会政策。南斯拉夫所有地区实行统一的、强制的国家社会保险，包括养老保险。20 世纪 40 年代末，社会保障事业的费用基本上是通过国家预算统收统支的，国家是社会保障事业经费的主要承担者。自 1950 年南斯拉夫实行自治制度后，联邦政府的财权逐渐下放。1983 年颁布的《退休和残疾保险制度》的法律明文规定，凡社会所有制的部门和生产组织的职工必须依法参加保险。参加退休和残疾保险是劳动者不可剥夺的权利，同时，参加保险并缴纳资金也是每一个单位和个人应尽的义务，因此，参加社会保险具有法律的强制性。个体农民、私营企业的职工以及自由职业者也必须按照法律规定参加社会保险。

从 20 世纪 50 年代中期起，南斯拉夫各加盟共和国有了相对的独立制定和实行相关社会保险的自主权；70~80 年代有了高度自治权。在南斯拉夫的加盟共和国当中，斯洛文尼亚的养老保险制度最为完善。1983 年，斯洛文尼亚颁布法令，将农民和自雇者一起纳入整体的国民养老保险制度。1984 年，斯洛文尼亚建立了高度统一的养老保险管理制度，由养老保险和残疾保险协会统一管理覆盖全部就业人口的公共养老保险制度。根据法律规定，养老保险和残疾保险协会负责老年养老金、残疾养老金、遗属养老金、补充养老保险待遇以及与残疾或身体缺陷相关的各种福利。1989 年，斯洛文尼亚养老保险制度的缴费率为工资的 22.55%，其中雇主缴费仅为 3.45%，雇员缴费为 19.1%。1991 年，斯洛文尼亚宣布独立并通过了新宪法。是年，斯洛文尼亚养老保险制度的缴费率从 1989 年的 22.55% 提高到 28.8%，其中雇员和雇主各负担一半。退休年龄方面，男性退休年龄为 55 岁，女性为 50 岁，均明显低于欧盟国家平均水准。1992 年，斯洛文尼亚制定了新的养老保险和残疾保险法案，决定建立新的老年及残疾养老保险制度。这次改革法案颁布后，斯洛文尼亚采取了以下改革措施。一是增加养老保险制度的覆盖面，新增了两类参保人，即自愿参保人和领取失业救济金的失业人员。新法案明确，国家就业办公室必须为领取失业救济金的失业人员进行养老保险缴费；养老保险与残疾保险协会应该为养老金领取者支付医疗保险缴费。二是逐步提高养老金缴费率，1992 年，斯洛文尼亚养老保险的缴费率为 28.8%。1994 年，斯洛文尼亚将养老保险的缴费率进一步提高到 31%。为了降低雇主的缴费压力，1996年，斯洛文尼亚政府决定将雇主的缴费率从 15.5% 削减到 12.85%（后来进一步降至 8.85%），此外，根据不同法律规定，斯洛文尼亚政府还必须为特殊人群（如警察、军人以及国会成员等）缴纳养老保险费用。三是对退休年龄和退休条件进行了详细规定，男性必须满 55 岁且缴费满 35 年，女性必须满 50 岁且缴费满 30 年。如果参保人破产、残疾或长期失业，则可以申请提前退休。每提前退休 1 年，养老金待遇削减 1%。如果参保人已经达到相关的年龄规定要求，则不再削减。1992 年和其后的参数改革没有改变斯洛文尼亚现收现付原则的养老保险制度框架。

1991 年以来，世界银行、国际货币基金组织和欧盟积极介入斯洛文尼亚的养老保险制度改革过程。1995 年和 1996 年，国际货币基金组织和世界银行曾先后两次进入斯洛文尼亚调研养老保险制度改革，在斯洛文尼亚提出申请加入欧盟之后，欧盟也明确指出，斯洛文尼亚要改革养老保险制度等社会保障制度来达到入盟标准。1999 年，斯洛文尼亚国会批准新的养老保险法案，这一法案主要目标是建立三支柱养老保险模式，削减养老保险制度的赤字和减轻政府财政压力。随后启动的改革有以下内容。一是针对第一支柱的改革，改革明确规定，第一支柱仍为强制性的养老保险计划，由雇主和雇员共同缴费。第一支柱主要提供老年养老金、残疾养老金、遗属养老金，由自治的公共机构进行管理。第一支柱覆盖雇员、自雇者、农民、失业人员等。其中，失业人员如果领取了社会救助，则不必强制加入第一支柱；享受生育孩子津贴的父母，其生育孩子后的第一年养老缴费由政府负担；如果本人在休产假以前就已经就业，则按照雇员身份参保。缴费基数规定，最低缴费基数为平均工资的 30%，农民、失业人员和兼职工作者可以选择按照最低缴费基数自愿进行缴费。二是这次改革引入了第二支柱养老保险，与波兰、匈牙利等国不同，斯洛文尼亚的第二支柱不是完全强制性的，根据规定，只有公共部门的雇员以及艰苦行业人员必须强制性加入第二支柱的养老保险基金。其中，艰苦行业人员的职业养老金计划完全纳入第二支柱，其他雇员则可以自愿选择是否加入第二支柱。1999 年，第二支柱的覆盖面为 66%。斯洛文尼亚第二支柱不实行单独缴费。雇员可以把向第一支柱的部分缴费（不超过总缴费额度的 24%）转移到第二支柱，这一部分的缴费及后期回报都免予征税。第二支柱主要是由雇主缴费的集体养老金计划，即缴费完全由雇主负担。雇主的缴费依法享受相关的税收优惠政策。第二支柱的养老金待遇具体发放形式为基于性别差异的终身年金。三是引入第三支柱养老制度，第三支柱是缴费确定型的自愿性补充养老保险，由雇员自愿进行缴费，雇主不承担任何缴费责任，缴费可享受免税待遇，发放形式为终身年金。在这次改革中，斯洛文尼亚为低收入人群设立了国民养老金，即不需要任何缴费的零支柱，年满 65 岁且于 15~65 岁在斯洛文尼亚境内居住满 30 年的老年人，如果没有其他可持续收入来源，就可以申领国民养老金。这次改革虽然成功建立了三支柱养老保险模式，但也存在一些问题。一些人没有参加养老保险制度，2001 年后，第二支柱养老保险覆盖率开始下降，斯洛文尼亚养老金替代率也开始下降，由于养老金指数化调整以及养老金年度收益率的调低，斯洛文尼亚养老金实际替代率下降，造成养老金领取者的贫困率有所上升。

2005 年 11 月，斯洛文尼亚新上台的政府推出养老保险改革框架性文件，根据此文件，斯洛文尼亚进一步推行养老金制度的相关改革：在第一支柱方面，提高退休年龄，男性退休年龄为 63 岁，女性为 61 岁，2006 年，男性退休年龄进一步提高到 65 岁。延长最低缴费期限不得低于 20 年，全额养老金的领取条件为男性年满 58 岁且缴费满 40 年，女性年满 55 岁且缴费满 36 年。同时，限制提前退休。在第二支柱方面，加强了对养老保险基金的管理，明确规定，投资于证券交易所上市交易的股票和公司债券的比例不得超过基金总资产的 70%，投资于没有在证券交易所上市交易的股票和公司债券的比例不得超过基金总资产的 30%，投资于非欧元结算的资产比例不得超过基金总资产的 30%。此次改革之后，斯洛文尼亚人的养老金替代率再次有所下降，平均养老金数额从 1999 年的 75.8% 降到了 2006 年的 70.3%。

2008 年的金融危机沉重打击了斯洛文尼亚的金融行业，养老保险基金的收益受到冲击，所有养老保险基金的投资回报率都为负数，同时，养老金领取者的贫困率继续上升。斯洛文尼亚的老龄化趋势也明显加剧。2008 年 10 月，斯洛文尼亚进行大选，新政府上台后在 2010 年 11 月启动了新的养老保险和残疾保险法案，这个法案由于提出进一步提高退休年龄和取消蓝领工人的退休优惠，遭到了工会的反对，最终被叫停。

二 斯洛文尼亚医疗卫生制度改革

南斯拉夫规定，社会所有制部门的全部职工、个体手工业者、自由职业者和农民都要参加医疗保险。参加保险者有权利得到免费治疗和免费药物等，在生病期间有权得到当年平均个人收入一定比例的补贴，在工伤和感染职业病期间，个人收入补贴不得降低。妇女在怀孕、生育和护理家庭成员期间，均有权取得个人收入的补助。15 岁以下的儿童可以享受免费预防疾病的待遇。对南斯拉夫人享有的医疗保险权利除了联邦宪法有明文规定外，各共和国和自治省还可以结合本地区的特点，做出具体规定。

1992 年，斯洛文尼亚对本国的卫生体系进行了根本性改革。改革措施主要包括引入强制性医疗保险，批准私营机构进入卫生保健领域，引入卫生保健服务共付制，鼓励如医学会和药学会等专业协会的发展。斯洛文尼亚强制性社会保险体系的筹资来自雇员、雇主和国家三方，主要以雇员和雇主为主，并通过国家立法规定医疗保险的强制缴纳，由医疗保险研究所进行监管，全民覆盖率高达约98.5%。保费的缴纳与收入相关，而缴费人的无收入配偶和子女也被纳入保险覆盖范围。雇员额外支付覆盖工作场所相关的伤害和职业病保险的费率。在筹资来源上还包括自愿补充医疗保险保费和家庭现金支付等私有资金。自愿补充医疗保险的共同支付补偿是在公共医疗筹资逐渐减少的背景下产生的，斯洛文尼亚有三家经营私有医疗保险业务的私有保险公司，非强制性医疗保险覆盖了约85%的人口。斯洛文尼亚的初级卫生保健机构基础设施比较完善，大部分全科医师和护士在公立初级卫生保健机构工作。

从医疗卫生体系的管理、筹资、服务提供等方面看，卫生部负责监管和控制卫生体系，逐渐分权至不同的利益相关者。在筹资方面，卫生部负责医院卫生基础设施建设、其他医疗服务和国家项目筹资，以及无收入来源群体的医疗服务。地方在卫生筹资中的作用相对较小，仅限于提供和维护如初级卫生保健中心、公共药店和卫生站等初级卫生保健方面的卫生基础设施。健康险协会是被保险人卫生保健服务的核心支付者，也是自治公共机构，负责制定保险价格、决定补偿条件、对逾期付款收取利息、消除不良投诉，以及根据税收和投保规定采取惩罚措施。同时，还为降低或取消特殊参保人群的保险费支付制定标准和规则。公共卫生体系主要由公共卫生研究所及其九大地区机构组成，负责公共卫生行动的设计、执行和监管。

一些关切医疗卫生服务的非政府组织在斯洛文尼亚的活动非常活跃，这些组织包括病患组织，以及关注特定问题的如控制烟草、安全驾驶的组织。病患组织经常组织病患就一些特定的疾病参与制定医疗政策和规则，但这些参与都是间接参与，只能通过一些渠道间接影响社会医疗系统中的主要谈判方，如提供医疗卫生服务者、国家保险系统、卫生部等。另外，非政府组织也不可能代表所有的患者利益，只是特定患者和群体利益的代表者。因此，非政府组织并不能为所有患者建立保护伞。患者在购买医疗服务中的参与是间接的，但能通过影响关键的谈判方提出一些建议和关切，重要的谈判方仍是医疗服务提供者、国家医疗保险系统、卫生部。

如表7-1所示，斯洛文尼亚的医疗卫生支出占GDP的比例2014年为9.23%，2009～2014年基本维持在9%～10%，变化不大。从历史发展来看，1995～2008年，医疗卫生支出占GDP的比例都维持在7%～9%，总的来说，政府筹资有所提高。2014 年，政府医疗支出占政府总支出的比例为 12.83%，政府医疗支出占医疗总支出的比例为 71.73%。总的来说，政府医疗支出占政府总支出的比例近两年有所下降，但下降幅度不大。个人支出的比例也保持小幅度上升的相对稳定状态，2012~2014 年保持在 28%~29%，相比 1995 年的 22.3%，私人支出还是逐年增长了一些。

表 7-1　斯洛文尼亚卫生总费用相关指标

单位：%

年份	医疗卫生支出占 GDP 的比例	政府支出占医疗总支出的比例	私人支出占医疗总支出的比例	政府医疗支出占政府总支出的比例	社会保险占政府医疗支出中的比例	自费支出在私人医疗总支出中的比例
2014	9.23	71.73	28.27	12.83	90.38	42.69
2013	9.29	71.76	28.24	11.22	90.84	42.86
2012	9.37	72.63	27.37	14.06	89.85	43.48
2011	9.08	73.52	26.48	13.38	91.62	44.41
2010	9.07	74.2	25.8	13.6	91.29	47.41
2009	9.38	73.83	26.17	14.23	88.46	45.53
2008	8.47	74.32	25.68	14.28	90.03	46.5
2007	7.98	72.33	27.67	13.66	90.29	46.99
2006	8.42	72.73	27.27	13.81	90.65	42.4
2005	8.5	73.13	26.87	13.78	91.61	46.22
2004	8.47	73.5	26.5	13.63	91.51	43.76
2003	8.77	72.02	27.98	13.66	91.44	41.85
2002	8.62	73.37	26.63	13.69	92.19	43.2
2001	8.57	73.29	26.71	13.27	93.56	39.18
2000	8.26	74.01	25.99	13.15	93.7	44.1
1999	7.8	75.66	24.34	12.78	92.32	50.83
1998	7.81	75.52	24.48	13	92.94	48.39
1997	7.76	75.03	24.97	13.08	92.97	46.75
1996	7.64	76.18	23.82	13.18	93.01	49.5
1995	7.46	77.7	22.3	11.07	94.22	50.3

资料来源：http：//apps.who.int/gho/data/view.main.HEALTHEXPRATIOSVN？lang=en。

总之，20世纪90年代及之后的医疗改革可以说是成功的，它将旧的医疗体系转型为现代化强制性社会医疗保险体系，尤其是成功引入了由私人执业提供初级卫生保健的模式。然而，目前仍存在一些挑战，如，如何提高效率来满足日益增长的卫生需求，社会医疗保险体系如何适应医疗服务成本逐年增加等问题。

三 斯洛文尼亚福利制度转型前景

从养老金改革的过程看，中东欧各国都遵循了循序渐进的过程，一般都在20世纪90年代初进行第一阶段改革，即养老金参数改革，如调高养老金领取年龄、改变养老金计算公式和指数等；第二阶段进行养老模式改革，从现收现付原则的单一养老保险制度改为多支柱的养老保险制度。在此之后，一些国家还持续进行改革，对养老金具体参保规定、领取规则和领取条件加以完善，以进一步改善财政赤字状况。养老制度的改革效果可以从以下两个方面比较：从各国参保者来看，参数改革及建立三支柱养老保险制度之后，普遍出现养老金替代率下降的现象，领取养老金人群的贫困率有所增长；从解决财政赤字和解决财政负担的角度看，养老金模式改革和参数改革能够在不同程度上减轻政府养老金财政预算转移负担，减轻财政赤字，但不能根本解决养老金赤字的问题。如斯洛文尼亚，在1999年建立三支柱养老模式后，2000年后的数年内，养老保险的供款收入仅占其开支的70%，国家预算仍须负担30%。

斯洛文尼亚的养老保险制度改革在未来面临一些改革难题和挑战。首先，养老保险制度面临斯洛文尼亚人口老龄化趋势的严重挑战，这是中东欧国家乃至整个欧洲国家的共性难题。其次，养老保险制度带来了国家财政负担和养老金本身存在的赤字问题。从改革前景看，对第一支柱进行具体规定和参数改革在未来仍将面临巨大的压力，尤其是斯洛文尼亚工会力量强大，如果政府提出进一步延迟退休年龄和降低养老金待遇将会遭到抵制。就第二支柱来说，世界银行、欧盟和国际货币基金组织对第二支柱的半强制性深表质疑，希望能够推进强制性的执行，但是否实行第二支柱的完全强制性也受到了中东欧其他国家第二支柱改革的影响，金融危机后波兰、匈牙利对第二支柱缴费率的降低或者将其并入第一支柱的措施对其他中东欧国家产生了影响，推进第二支柱的效果在中东欧国家仍面临实践的检验。近年来，斯洛文尼亚没有更多关注第三支柱的发展，第三支柱发展较为缓慢,收效甚微。

斯洛文尼亚是中东欧地区经济最发达的国家之一。与较高的经济发展水平相比,卫生总支出占 GDP 的比例并不算高,虽然卫生总支出中政府支出比例在中东欧国家居中,但是个人 28% 的现金支出比例与一些中东欧国家相比并不高,这说明国家尽可能在政府筹资压力合理的范围内,缓解居民卫生支出的经济负担。斯洛文尼亚的医疗卫生支出严重依赖工资税中医疗保险的缴纳,工资税是最重要的医疗卫生支出来源。同时,也依赖于把医疗保险体系的赤字转向补充医疗保险。补充医疗保险是建立在统一费率基础上的私有保险,补充医疗保险在总医疗卫生支出中占到的比例在 2014 年为 15%,同时,这种转移支付消费已经达到了它的极限。对于社会弱势群体来说,把部分医疗支出从强制医疗保险转向自费的私有医疗保险,可能会导致他们看不起病。从国家预算的角度看,在欧盟内,斯洛文尼亚是医疗支出财政预算最少的国家之一。

斯洛文尼亚卫生服务体系的权力相对比较集中,行政管理和制度制定的权力集中在国家层面,下级政府部门负责具体执行。政府十分重视初级卫生保健服务的广泛性和可及性,并成功引入了由私人执业提供初级卫生保健的模式。在筹资来源上,强制性健康保险提供的资金仍然占公共预算资金总额的绝大部分,大部分私人资金来自自愿健康保险费用,这一私人筹资方式逐步代替了个人现金支付和其他形式的私人筹资,实现了卫生服务体系筹资的可持续性。但同时,斯洛文尼亚也面临支付方式的改革、医疗成本的控制、专业人力资源缺乏、服务质量有待提高等一系列问题的挑战。

第八章
西巴尔干国家福利制度转型

西巴尔干国家是一个政治地理概念，指除斯洛文尼亚以外的南斯拉夫社会主义联邦共和国继承国——波黑、克罗地亚、北马其顿、塞尔维亚、黑山，另外还加入了阿尔巴尼亚，最早由欧盟1996年提出。这些国家的福利转型各具特色，也有共通之处，本章将其进行集中分析和比较。

一 塞尔维亚福利制度转型

塞尔维亚共和国是巴尔干半岛中部的内陆国，国土面积8.83万平方公里，人口为718万。1991年，南斯拉夫开始解体。1992年，塞尔维亚与黑山组成南斯拉夫联盟共和国。2003年2月4日，南联盟更名为塞尔维亚和黑山。2006年6月3日，黑山共和国宣布独立，同年6月5日，塞尔维亚共和国宣布继承塞黑的国际法主体地位。2009年12月，塞尔维亚正式申请加入欧盟。2018年，塞尔维亚人均GDP为7234美元。

（一）塞尔维亚养老制度改革

20世纪90年代以后，因多个加盟共和国宣布独立，作为南斯拉夫主体的塞尔维亚陷入了多次战争并受到国际社会严厉的经济制裁。整个90年代，塞尔维亚的经济出现明显衰退，通货膨胀率居高不下，物价高涨，职工的收入急剧下降，国民的生活水平还不如20世纪70年代。由于经济倒退、失业率走高，养老保险制度的供款收入也受到严重影响。2002年，塞尔维亚养老保险制度出现了巨额赤字，养老金平均待遇明显低于最低生活保障，养老金领取贫困率居高不下。于是，社会各界开始探讨养老金制度的改革。2003 年，塞尔维亚通过了有关老年和残疾养老保险的法案。2005 年，塞尔维亚又对该法案进行了相关修订。这一法案的出台及修订，意味着塞尔维亚正式启动了转轨以来养老保险制度的改革。这次改革是针对第一支柱的参数改革。2003 年的主要措施有以下几点。一是提高退休年龄。2003 年，塞尔维亚决定将退休年龄一次性提高 3 年，即女性退休年龄从 55 岁提高到 58 岁，男性退休年龄从 60 岁提高到 63 岁。二是修改养老金指数化原则。改革前，养老金待遇只依据工资情况进行指数化调整，改革后，养老金待遇调整实行瑞士的指数化原则，即同时依据工资和物价变动进行综合调整。三是调整养老保险缴费率。从 2004 年起，将养老保险制度的缴费率固定为 22%。2005 年，塞尔维亚进一步修正了养老金和残疾养老保险法案，推出的主要改革措施有以下几点。一是继续提高退休年龄，将男性退休年龄逐渐提高到 65 岁，女性退休年龄则相应提高到 60 岁。二是降低养老金最低参保期限，将最低参保期限从 2003 年规定的 20 年调整为 15 年。三是调整养老金指数化原则，同时，提高最低养老金待遇。四是取消特惠养老金，对各类养老保险计划进行并轨。受南斯拉夫养老保险制度的影响，塞尔维亚国内有不少特殊群体（主要是公务员、国家安全机构成员以及外交人员等）可以享受特惠养老金，如其退休年龄仅为 53 岁，养老金替代率更高（最高可以达到 85%）以及计发养老金待遇的工资基数为退休前 1 年的平均净收入等。这次修正案决定，从 2008 年开始逐渐取消特惠养老金，并对雇员、军人、自雇者和农民各自的养老保险进行并轨。

2005 年，塞尔维亚推出自愿的私有养老保险基金和养老金计划法案，就自愿的私有养老保险基金的组织与管理、托管银行的任务与职责，以及养老保险基金管理公司的设立、运营和相关业务做出具体规定，并明确由国家银行具体监管私有养老保险基金的日常运营。2006 年，塞尔维亚国家银行为 9 家保险公司颁发了养老保险基金运营许可证。塞尔维亚第三支柱养老保险一直发展缓慢，效果不尽如人意。2008 年，在经济危机的影响下，塞尔维亚经济发展受挫，公共预算收入减少，公共开支增加，国家债务大涨。在此背景下，2009 年塞尔维亚私有养老保险基金的总资产出现下降，其中主要投资集中于股票的基金更是损失惨重，公共养老保险基金因投资策略相对保守反而受损不大。

总之，与大多数中东欧国家相比，塞尔维亚养老保险制度只包括两个支柱，即基于现收现付制原则的公共养老保险计划（第一支柱）和自愿的私有养老保险计划（第三支柱），并不存在任何强制性的私有养老保险计划。第一支柱的缴费率为24%，其中雇主负担11%，雇员负担13%。第三支柱为自愿的私有养老保险，由雇主或雇员本人自主决定是否参加。根据规定，第三支柱养老金的领取年龄为58岁。第三支柱养老金可以采取年金方式或一次性方式领取，但一次性领取的数额不得超过个人积累总额的30%。目前，塞尔维亚第三支柱养老保险发展相对缓慢，没有发挥出设想的作用。

（二）塞尔维亚医疗制度改革

塞尔维亚卫生筹资的主要资金来源为强制缴费的社会医疗保险，国家医疗保险基金负责筹资。国家医疗保险基金将缴费集中起来，然后按照政府提供的服务清单，与医疗机构签订协议，确定医疗机构应提供的卫生服务，将收缴资金进行重新分配和支付。强制性医疗保险费根据雇员工资收缴（雇主和雇员各支付一半），农民和自主经营者同样需要缴纳医疗保险费。筹资的另一项来源是个人医疗支出，主要是购买药物的现金支出。由于20世纪90年代贫困问题愈加凸显，卫生总支出中个人支付比例逐渐升高，越来越多的人难以获得基本的卫生服务，尤其是社会弱势群体。塞尔维亚卫生服务系统分三级诊疗，塞尔维亚初级卫生保健主要由分布在各市和直辖市的社区服务中心负责提供，不同社区卫生中心提供的服务差别很大。主要服务包括：预防卫生保健、急诊服务、全科医学服务、妇女儿童保健、家庭保健服务，以及实验室检查和影像检查等诊断服务。如果该地区其他地方条件不具备的话，社区卫生中心也可以提供牙科保健、物理疗法、康复和救护车服务。但初级卫生保健医生频繁地将患者转诊至二级和三级医院，自身能力逐渐弱化，以至于有些医师认为自己已经无法为患者提供需要较复杂操作的服务了。

21世纪初，初级卫生保健改革的核心是选择医生计划，要求人们自愿选择一名初级卫生保健医师。这名医师可以是全科医师，也可以是妇产科医师、儿科医师或职业病医生。目前，超过75%的人已经登记选择，被选医生就是其第一联系人，负责协调各个层面的卫生保健并承担相应的责任。

根据世界卫生组织的统计，如表8-1所示，1995~2001年，塞尔维亚医疗卫生支出占GDP的比例稳定地保持在6%~7%，2002年起逐年增长，2007~2014年则稳定在10%~10.4%。1995~2014年，政府总支出中医疗支出所占比例数值变化幅度较小，比例基本维持在 13.12%～14.34%。政府医疗支出占政府总支出的比例也处于中东欧地区领先位置。卫生总支出一般有两大来源，政府卫生支出和个人卫生支出。从现有数据看，塞尔维亚的卫生总支出中个人支出比例在2006～2014 年为 32.92%～37.13%，与 2006 年以前相比，有小幅增长，近些年，政府医疗支出在医疗总支出中的比例一直保持在 60%～62%，2002 年，这一比例最高，达到 72.16%，以后逐渐回落，总体来说，政府医疗支出稳定。

表 8-1　塞尔维亚卫生总费用相关指标

单位：%

年份	医疗卫生支出占 GDP 的比例	政府医疗支出占医疗总支出的比例	私人医疗支出占医疗总支出的比例	政府医疗支出占政府总支出的比例	社会保险支出占政府医疗总支出的比例	个人支出在私人医疗支出中的比	个人支出在医疗总支出中的比例
2014	10.37	61.88	38.12	13.86	93.55	95.99	36.59
2013	10.12	59.16	38.62	13.86	93.55	95.95	37.06
2012	9.89	61.16	38.84	13.12	93.45	95.6	37.13
2011	9.72	62.12	37.88	14.25	93.16	95.48	36.17
2010	10.09	61.87	38.13	14.31	94.21	95.55	36.43
2009	9.9	61.86	38.14	14.1	93.5	92.22	35.17
2008	10.05	61.98	38.02	14.34	92.41	92.45	35.14
2007	10.02	61.37	38.63	14.16	93.41	90.16	34.82
2006	8.99	63	37	13.12	93	88.98	32.92
2005	8.7	66	34	14.26	92.7	88.03	29.93
2004	8.24	68.85	31.15	13.89	91.45	87.7	27.32
2003	8.13	70.95	29.05	13.76	91.22	86.04	25
2002	8.09	72.16	27.84	13.61	92.28	85.33	23.76
2001	6.89	66.81	33.19	13.61	92.28	85.58	28.4
2000	6.53	65.4	34.6	13.61	92.28	85.29	29.51
1999	6.61	64.6	35.4	13.61	92.28	86.22	30.52
1998	6.57	64.99	35.01	13.61	92.28	85.98	30.1
1997	6.51	65.53	34.47	13.61	92.28	85.64	29.52
1996	6.51	65.6	34.4	13.61	92.28	85.59	29.44
1995	6.51	65.59	34.41	13.61	92.28	85.6	29.45

资料来源：http：//apps.who.int/gho/data/view.main.HEALTHEXPRATIOSRB？lang=en。

二　黑山福利制度转型

黑山共和国国土面积为 1.38 万平方公里，人口 62.2 万。1992 年 4 月，南斯拉夫解体，塞尔维亚与黑山联合组成南斯拉夫联盟共和国，2003 年 2 月 4 日，南斯拉夫联盟共和国更名为塞尔维亚和黑山。2006 年 6 月，黑山议会正式宣布独立并加入联合国。2008 年底，黑山正式申请加入欧盟。2010 年 12 月，黑山获得欧盟候选国地位，并于 2012 年 6 月正式启动入盟谈判。2018 年，黑山人均 GDP 为 8761 美元。

（一）黑山养老制度改革

二战后，黑山成为南斯拉夫联邦的一员，在南斯拉夫各加盟成员国中，黑山是最后一个宣布独立的国家。2006 年，黑山与塞尔维亚正式分开。但早在 2003 年，黑山的养老保险制度就与塞尔维亚分立，并在独立之前启动了相关改革。2004 年，黑山实行了新的养老保险和残疾保险法案，由此揭开了养老保险制度结构性改革的序幕。这一法案提议，在改革强制性的以现收现付制为基础的第一支柱的同时，引入积累制度的第二支柱和第三支柱。根据世界银行的建议，黑山决定首先引入第三支柱，然后再引入第二支柱。改革的主要做法如下。第一，针对现收现付第一支柱进行参数改革，增强第一支柱养老保险计划的供款稳定性以及其缴费与收益之间的关联度。第二，逐渐提高退休年龄，2004~2012 年，将男/女性的退休年龄分别逐步提高到 65/60 岁。如果男/女性的投保年限分别满 40/35 年，本人领取养老金的年龄可以降至 55 岁。第三，调整养老金的待遇，改革规定最高养老金不得超过平均养老金的 4 倍，最低养老金不得低于平均养老金的 50%（约 45 欧元）。第四，扩大养老保险缴费基数，改革规定，不管是正式就业还是非正式就业，参保人都必须按照全部收入情况进行缴费。① 2006 年，为了增强劳动力市场效率和养老保险待遇的充足性，黑山引入了自愿性的养老保险基金，即所谓的第三支柱。为鼓励在职员工加入第三支柱以获得更高的养老保

---

① 张水辉：《中东欧国家养老保险制度改革的回顾与展望》，上海人民出版社、格致出版社，2016，第 129~130 页。

险待遇，黑山规定，每个人都有权选择是否加入第三支柱，如果选择加入，参保人还可以自主决定缴费数额。2007年，黑山通过了自愿性私有养老保险基金法案，就第三支柱养老保险基金的管理、缴费、投资与收益等情况做了具体规定。根据该法案规定，社会保障委员会负责全面监管自愿性养老保险基金，证券委员会则对这些基金的设立、运营以及相关业务进行指导或托管。到2010年，共有3家公司获得运营自愿性养老保险基金许可，但投保人数并不乐观。由于受到资本市场不发达、基金管理经验不足以及巨大转轨成本的限制，黑山决定推迟引入完全积累的第二支柱养老保险。在建立双支柱的同时，黑山针对贫困的老年人推出了零支付养老金。不过，改革没有减轻政府的养老金供款压力。

（二）黑山医疗卫生制度改革

2006年黑山共和国独立后，2007年，黑山共和国旅游和环境保护部发布了《黑山共和国可持续发展的国家战略》。这一文件提出："黑山的社会愿景包括为所有人减轻贫困和保护贫困人口，保证所有人享有经济和社会发展带来的福利。"[1] 这标志着黑山把平等和经济增长作为政府议程的中心。同时，政府把卫生和健康作为国家发展的中心目标，文件阐述了个人健康与国家发展之间的关系。政府把不平等问题明确聚焦在国家北部和南部的地域不平等问题上，还关注了性别不平等导致的同工不同酬问题。另外，政府也关注罗姆人、残疾人和边缘群体的福利问题。

在医疗保险方面，虽然国家确立了医疗保险覆盖率的目标，并正在进行医疗卫生改革，但一些不利于医疗平等的现象也时有发生，病人的自费支付也在增长，这导致一些人由于经济困难得不到医疗服务。北方地区由于各方面落后和离医疗服务机构较远，人们寻求医疗服务需要支付相应的交通费用，政府在这方面还没有提供补贴。同时，农村地区离医疗服务中心较远，交通不便和交通费用问题给老年人特别是贫困的老年人在接受医疗服务上造成了障碍，导致许多人得不

---

① Nicole Satterley ed., *National Strategy of Sustainable Development of Montenegro*, Podogorica: Ministry of Tourism and Environmental Protection of the Republic of Montenegro, 2007, p. 20, http://www.kor.gov.me/files/1207655097.pdf, accessed 12 May 2015.

到专业的医疗服务。

黑山共和国的城市地区普遍推行选择医生制度，即医疗体系规定的初级诊疗制度，这一制度导致许多人在可行的时间内得不到医疗服务。据报道，由于得不到预约，病人不得不求助私人医疗服务。还有，许多执业医师同时在公共机构和私人机构工作，由于公共机构的薪酬低一些，导致公共医疗机构的医生缺少治疗病人的积极性。政府在卫生健康信息化方面有所进步，如 2012 年，黑山成立了公共卫生统计制度研究院，2013 年，黑山引入了医疗健康信息制度，对性别、年龄、社会、经济影响下的健康因素进行记录、分析和报道，但还需要提高数据库建设能力。黑山共和国参与了欧洲 "2020 年东南欧国家增长战略"，这一战略在健康方面的指标是全面增长，这一战略也需要不断完善和提高健康数据。

目前，无论是实现经济发展还是实现社会平等，黑山共和国都面临城市和农村、北方和南方间差距造成的挑战。地域之间的区别导致农村人口和北方人口在经济发展和社会福利方面面临多重的脆弱性。北方地区和农村地区经济发展的机会少，有更高的贫困率，离医疗中心距离远，得到医疗服务的机会很少。农村和北方地区的老年人口获得医疗平等的机会更少，同时越来越多有技能的人和年轻人移入城市和南方地区。除了在医疗服务上的地区不平等，围绕医疗制度的分权化措施主要是在行政部门推行，北方地区的市级行政并没有在医疗制度的分权上做出相应的措施。要扭转地区之间和地域之间不平等的现状和趋势，卫生部门还需要有具体的目标和行动。

根据世界卫生组织的统计，如表 8-2 所示，2014 年，黑山医疗卫生总支出占 GDP 的比例为 6.42%，从历史发展趋势看，2001～2006 年以前，医疗卫生总支出占 GDP 的比例都一直高于 8%，20 世纪 90 年代也都高于 7%。2014 年，政府医疗支出占政府总支出的比例为 9.84%，从历史数据看，1995～2007 年，这一比例为 11.39%～17.75%。政府支出占医疗总支出的比例 2013 年和 2014 年是历史最低点，占 57% 多，历史支出最高点为 2003 年的 74.77%。与政府支出近些年减少相对应，个人支出比例却在提高，2013 年和 2014 年占到 42% 多，总的来说，政府投入较少。

表 8-2 黑山卫生总费用相关指标

单位：%

年份	医疗卫生总支出占GDP的比例	政府支出占医疗总支出的比例	私人医疗支出占医疗总支出的比例	政府医疗支出占政府总支出的比例	外部医疗资源占医疗总支出的比例	社会保险支出占政府医疗总支出的比例	个人支出在医疗总支出中的比例
2014	6.42	57.16	42.84	9.84	0.93	89.29	42.84
2013	6.43	57.88	42.12	9.84	1.4	89.29	42.12
2012	7.25	61.71	38.29	9.84	1.31	89.29	38.29
2011	6.92	60.46	39.54	9.11	0.89	89.29	39.54
2010	6.9	60.47	39.53	9.51	0.47	90.65	39.53
2009	6.07	59.49	40.51	7.31	2.21	90.99	40.51
2008	6.13	65.08	34.92	9.68	2.64	94.06	34.92
2007	6.74	67.45	32.55	11.39	2.21	95.97	32.55
2006	8.01	70.06	29.94	13.59	0	97.92	29.94
2005	8.46	71.17	28.83	14.35	1.3	98.2	28.83
2004	8.45	73.77	26.23	16.89	0.91	98.84	26.23
2003	8.91	74.77	25.23	17.75	0	94.08	25.23
2002	8.33	70.58	29.42	16.87		99	29.42
2001	8.23	72.4	27.6	16.87		99	27.6
2000	7.32	71.02	28.98	16.87		99	28.98
1999	7.48	69.5	30.5	16.87		99	30.5
1998	7.42	70.03	29.97	16.87		99	29.97
1997	7.4	70.18	29.82	16.87		99	29.82
1996	7.43	69.9	30.1	16.87		99	30.1
1995	7.42	70.03	29.97	16.87		99	29.97

资料来源：http：//apps.who.int/gho/data/view.main.HEALTHEXPRATIOMNE？lang＝en。

三 克罗地亚福利制度转型

克罗地亚共和国，简称克罗地亚，位于巴尔干半岛西北部，国土面积 5.65 万平方公里，人口 417.4 万。1991 年 6 月 25 日，克罗地亚议会通过决议，宣布脱离南斯拉夫社会主义联邦共和国独立。2013 年 7 月 1 日，克罗地亚正式加入欧盟，在从南斯拉夫独立的共和国中，它是第二个加入欧盟的国家。克罗地亚经济基础良好，2018 年，克罗地亚人均 GDP 已经达到 14869 美元。

（一）克罗地亚的养老制度改革

1991 年，克罗地亚宣布独立，但旋即爆发内战。1991~1996 年，在长达 5 年的独立战争期间，克罗地亚的经济进入衰退期。与波黑不同的是，内战结束后，克罗地亚很快就进入了经济社会发展的正常轨道。受益于此，克罗地亚养老保险制度改革的推行与运转都相对平稳。1998 年，克罗地亚国会通过养老金保险法案，该法案规定，克罗地亚实施三支柱养老保险，即基于现收现付制和待遇确定型原则的第一支柱、基于强制性全积累制的缴费确定型的第二支柱和基于自愿原则的全积累制的缴费确定型的第三支柱。1999 年，克罗地亚又制订和修改了《养老保险法》《抚恤基金法》《养老保险公司和储蓄法》《保险法》等一系列法规，为养老保险制度改革的顺利进行奠定了法律基础。2002 年，在世界银行、欧盟等国际组织的推动下，克罗地亚再一次启动养老保险制度改革，决定在保留并削减第一支柱规模的同时，正式推行第二支柱和第三支柱。第一，在第一支柱方面继续进行参数改革。根据规定，第一支柱仍为强制性的现收现付制度，覆盖所有人群，包括雇员、自雇者和农民。第一支柱由国家财政进行兜底，主要提供基本养老金、残疾养老金和死亡抚恤金。第二，建立了第二支柱养老保险。第二支柱是这次改革的重点。关于第二支柱的覆盖面，克罗地亚规定，40 岁以下的人员必须加入强制性、完全积累的第二支柱，40~50 岁的人员，可以选择加入第二支柱或者继续留在第一支柱，但最迟必须在 2002 年 6 月以前做出决定，决定一旦做出不可撤销。关于缴费率规定，决定加入第二支柱者，从决定后的次月开始缴费。第二支柱的缴费率为 5%，不再单独缴费，而是由第一支柱缴费进行转移拨付。克罗地亚政府规定，第二支柱参保人可自行选择养老保险基金。相关法律还明确了基金公司的各类收费标准及收费上限，其中加入费不能超过总缴费的 0.8%，年度管理费不能超过总净资产的 1.2%。投保满 3 年以上的人员，可以免费退出，不负担退出费用。第三，引入了第三支柱。这次改革明确规定，第三支柱为自愿性的完全积累养老保险。除了“自愿性”以外，第三支柱的其他运行原则、管理制度和投资规则等方面的规定都与第二支柱相同。通过这次改革，克罗地亚基本建立了三支柱养老保险模式。改革实施后，第二支柱发展较快。到 2002 年底，第二支柱覆盖率已经达到 64%，共有 7 家强制性养老保险基金公司和 3 家托管银行。预计到 2025 年，第二支柱将实现全覆盖。但第三支柱发展缓慢。虽然克罗地亚对第三支柱的参保及缴费提供了相关的财政补贴和税收优惠，但到 2010 年底，第三支柱的覆盖人数仅为所有雇员的 1.2%。2008～2009年，席卷欧洲的经济危机波及克罗地亚，克罗地亚的 GDP 下降了 5.8%，政府财政收入吃紧，养老金出现巨额赤字。2010 年 12 月，克罗地亚启动了新一轮的养老保险制度改革。这次改革主要包括：在第一支柱方面主要包括提高退休年龄；在第二支柱方面主要包括增加缴费率，降低第二支柱养老保险基金的管理费用等；在第三支柱方面主要涉及削减政府供款和调整一些相关税收政策等。总体来看，这次改革主要还是集中在第一支柱的参数改革上，当然也涉及第二支柱和第三支柱。此次改革的效果还不明显，还存在不少遗留问题：一是养老保险制度开支没有明显减少；二是政府财政的供款数额及压力仍然较大。

总之，克罗地亚现行的养老保险制度由三个支柱组成，各支柱养老金分别拥有自己的管理体系。其中，第一支柱为现收现付养老金计划，主要提供老年养老金、残疾养老金和遗属养老金，覆盖所有人员，缴费率为 15%，其赤字由政府预算和来自强制性积累支柱缴费的转移支付进行弥补。第二支柱为强制积累的养老保险，缴费率为 7%，由私有养老基金管理公司以个人账户形式进行运营管理，个人账户只用于支付与价格挂钩的终身年金。第三支柱为自愿积累的个人投保账户，因受到资本市场限制发展较为缓慢。

（二）克罗地亚的医疗卫生制度改革

为确保国民都能享有卫生保健的权利，克罗地亚在全国实施了强制性的医疗保险，保险的参保人覆盖了不同年龄人群及家庭。不可否认，高覆盖率的强制性医疗保险的实施提高了国民的健康水平。与其他实行社会医疗保险的国家相同，克罗地亚强制性医疗保险并不是单独依靠工资缴费，但其所占比重相当大，其余来源还有中央政府的转移支付、部分利息和租金等。自 1991 年独立以来，克罗地亚卫生保健体系中公共资金收入紧缩和费用支出不断增长之间的矛盾日益突出，为此，克罗地亚采取一系列的改革措施来缓解和解决危机，其中最著名的是1990 年、1993 年和 2002 年实施的卫生保健筹资改革。1990 年的改革将分散的筹资体系集中化，同时打破过去实施的卫生服务区域一体化管理模式，以期通过管理和筹资改革来实施国家控制。1993 年和 2002 年的改革均关注了成本控制。1993 年的改革缩小了强制性医疗保险中免费卫生保健服务的范围，同时将私有医疗保险引入尚未被强制性医疗保险制度覆盖的服务提供体系中。2002 年不仅进一步缩小了免费医疗服务的范畴，在筹资体系中引入补充性的医疗保险制度，而且更多地集中力量，拓展筹资渠道，将卫生费用的部分筹资压力从公共财政转移到私人支出上。

克罗地亚卫生保健基金的分配由国家财政预算决定，医疗保险协会从国家预算中获得强制保险基金，该基金来自三个部分：专门筹集的保险捐款、国家一般性的税收和来自地方税收的地方基金。一般情况下，医疗保险协会将强制保险基金进行分配，其中大部分用于保证医疗服务提供，而小部分分配给私人医疗机构用于基建投资。无论是公立医院还是私人医疗机构，想要得到保险基金分配的服务费用，每年都要和医疗保险协会签订合同，接受医疗保险协会对其服务价格和支付方式的监管。在克罗地亚，大部分卫生服务的公共支出由克罗地亚医疗保险协会负责。作为"准中立"的公共机构，国家仍能对其进行有效控制，尤其在人事任命方面，国家的影响力较大。

1991 年以来，克罗地亚的卫生保健体系经历了一系列组织结构改革。二级和三级卫生保健机构的所有权分属于国家和市、县地方政府。三级卫生保健机构一直归国家所有，包括临床医院、临床医院中心和国家医学研究所。二级卫生保健机构（综合医院和专科医院）和公共卫生研究所为市、县级所有。卫生院中的初级医疗保健全科医师办公室大部分已由私人运营，其余归县级所有。

在克罗地亚，尽管市场运行中存在着私有的卫生服务供应者和保险公司，但大部分卫生服务和资金的提供由公共机构承担。中央政府扮演双重身份：一方面对医疗保险协会而言，承担卫生服务购买者和提供者的职责；另一方面又是医院和卫生机构的最大所有者。

克罗地亚医疗卫生支出占 GDP 的比例相对稳定，在 2014 年为 7.8%（见表 8-3），支出比例较高的年份是 2009 年和 2010 年，曾分别达到 8.18% 和 8.25%。政府医疗支出占政府总支出的比例体现出政府对卫生保健体系的支持程度。2000 年以来，最低的年份为 2002 年的 10.78%，2012～2014 年则为 13.99%，近些年这一比例较为稳定。克罗地亚的医疗总支出由政府支出和个人支出两部分构成。从现有数据看，尽管克罗地亚医疗总支出中的个人支出比例曾从 2000 年的 13.86% 增长到了 2002 年的 19.95%，2005 年以后该指标变化较小；2011~2014 年再次增长至 18%~20%。1995~2014 年政府支出所占比例虽然起伏变动，但均高于 80%。峰值出现在 2007 年，为 87.03%，此后该指标逐年下降，2014 年略微下降至 81.87%。可见，卫生总体筹资中，克罗地亚政府的筹资比例较高，基本均靠政府筹资，因此克罗地亚政府需要加强筹资力度，不断减少公共财政的卫生支出，加大个人共付水平。在政府支出中，2011~2014 年，社会保险筹资起到了稳定的支撑作用，均达到 94% 以上。2007~2010 年社会保险支出占政府医疗总支出则仅在 73%~77%。虽然医疗总支出占 GDP 的比例并不高，但是政府支出比例的增高无疑会降低个人支出比例，减轻个人医疗费用支出的压力。

表8-3 克罗地亚卫生总费用相关指标

单位：%

年份	医疗卫生支出占 GDP 的比例	政府支出占医疗总支出的比例	个人医疗支出占医疗总支出的比例	政府医疗支出占政府总支出的比例	外部医疗资源占医疗总支出的比例	社会保险支出占政府医疗总支出的比例	个人支出在私人医疗总支出中的比例
2014	7.8	81.87	18.13	13.99		94.15	61.8
2013	7.83	81.79	18.21	13.99	0	94.15	61.8
2012	7.8	81.61	18.39	13.99	0	94.15	62.38
2011	7.8	80.21	19.79	13.16	0	94.24	60.95
2010	8.25	85.66	14.34	15.26	0.02	74.45	95.92
2009	8.18	85.69	14.31	15.26	0.51	77.06	95.92
2008	7.7	84.87	15.13	15.26	0.01	76.9	95.92
2007	7.44	87.03	12.97	14.91	0.5	73.36	95.92
2006	6.95	86.07	13.93	13.69	0.41	80.16	95.92
2005	6.89	86.02	13.98	13.66	0.12	83.68	95.92
2004	6.56	81.06	18.94	11.92	0.33	97.94	95.92
2003	6.35	82.61	17.39	11.92	0.28	98.01	95.92
2002	6.19	80.05	19.95	10.78	0.52	97.71	93.38
2001	7.16	83.28	16.72	12.41	0.43	97.67	86.05
2000	7.66	86.14	13.86	13.02	0.43	97.56	100

续表

年份	医疗卫生支出占GDP的比例	政府支出占医疗总支出的比例	个人医疗支出占医疗总支出的比例	政府医疗支出占政府总支出的比例	外部医疗资源占医疗总支出的比例	社会保险支出占政府医疗总支出的比例	个人支出在私人医疗总支出中的比例
1999	7.24	87.34	12.66	12.13	0.53	97.43	100
1998	6.59	87.04	12.96	11.6	0.58	97.63	100
1997	5.79	84.48	15.52	10.59	0.73	97.43	100
1996	7.01	87.58	12.42	13.09	0.69	92.35	100
1995	6.74	86.46	13.54	12.84	0.09	94.63	100

资料来源：http：//apps. who. int/gho/data/view. main. HEALTHEXPRATIOHRV？lang＝en。

四 波黑福利制度转型

波斯尼亚和黑塞哥维那，简称波黑或波斯尼亚，位于欧洲东南部的巴尔干半岛腹地，国土面积为5.12万平方公里，人口352万。1992年3月，波黑举行全民公决后宣布脱离南斯拉夫独立。此后，波黑三族间爆发了历时三年半的波斯尼亚战争（又称波黑战争）。战争给波黑的经济带来严重破坏，经济几近崩溃，人民生活水平急剧下降，食品和医药用品匮乏。1995年11月21日，国际社会代表与波黑代表共同签署了波斯尼亚和黑塞哥维那和平总体框架协议（简称《代顿协议》）。同时，波黑制定宪法，宪法规定波黑正式名称为"波斯尼亚和黑塞哥维那"，由波黑联邦和塞族共和国两个实体组成。波黑设三人主席团，由三个主体民族各一名代表组成，主席团成员分别由两个实体直接选举产生。议会由代表院和民族院组成，任期四年。波黑政府称部长会议，由部长会议主席和部长组成，任期四年。2018年，波黑人均GDP为5951美元。

（一）波黑养老制度改革

波黑宣布独立后，旋即陷入持续三年多的内战，导致整个国家陷入崩溃。内战带来高失业率、经济倒退、缴费人口减少，过于慷慨的养老金待遇以及更多受伤老兵、退役军人、提前退休人员等，给原有的社会保障制度带来了直接的挑战。与中东欧地区的其他国家相比，波黑的转型道路明显滞后。政治上，波黑大致由两个政治实体组成。受此影响，波黑的养老保险制度及养老保险基金也分为两块，且各自为政，互不联通。其中，波黑联邦成立了两个养老保险基金，塞族共和国则设有一个养老保险基金。相比较而言，不管是波黑联邦还是塞族共和国的养老保险（或整个社会保障）制度，都基本维系了南斯拉夫模式，两者之间本质性的区别并不大。

内战结束后，波黑两个政治实体的社会保障制度都受到了巨大创伤，各自的养老保险制度都面临严重的供款危机，出现了巨额赤字，南斯拉夫模式的养老保险制度难以为继。一是养老保险筹资受到严重影响。内战后，由于缴费者基数大大缩减，养老基金碎片化、失业率持续走高、经济基础走弱以及地下灰色经济盛行，波黑养老保险制度的供款收入大幅削减。二是养老保险支出难以维系。南斯拉夫为了缓和社会经济危机而采用提前退休的做法在波黑内战后愈演愈烈。从解决老职工的后顾之忧到安置年轻的退伍军人，提前退休都成为应急措施，这对已经入不敷出的养老金制度更是雪上加霜。为弥补养老金赤字，波黑政府不得不从预算中提供补助。由于财务困难，预算补助难以保证。养老金支出只有靠加强对纳税人的强制性缴费来维持，但缴费情况又不尽如人意，因此养老基金赤字越来越大。波黑政府的首要任务是维持政治稳定和民族和解，养老保险等社会政策自然就被放在次要地位或者被忽视。

1998年，在国内局势稍微稳定后，为了减少社会动荡并安抚国民，波黑当局提出要率先启动养老保险制度改革。在世界银行、国际货币基金组织和欧盟等国际组织的直接介入和推动下，波黑正式启动了养老保险制度改革。当时，在巴尔干地区尤其是独立后的南斯拉夫各成员共和国，世界银行的主要提议是推行强制性的积累支柱和个人储蓄模式，由于各国情况不一，这一提议并没有被该地区大多数国家所接受。与克罗地亚、斯洛文尼亚等国不同，因国内阻力太大且社会各界难以达成共识，加之担心引入积累支柱会影响现收现付计划的缴费，波黑最终还是没有推行三支柱养老保险模式，而是对原先的养老保险制度进行了参数改革，即大体保留了现收现付的养老金制度，而没有进行体制性的或深层次的结构性改革。这次参数改革的主要措施是：波黑政府出台新的养老金和残疾保险法规，将男性退休年龄提高到60周岁，女性提高到55周岁。同时还规定，如果男性缴费期满40年，女性缴费期满35年，则可以提前领取全额退休金而不受年龄限制。

2006 年以来，波黑死亡人数超过出生人数，人口自然增长率一直为负数。失业率居高不下，老龄人口比重缓慢加深。老龄化加剧意味着养老保险制度的领取人口不断增长，人口负增长以及高失业率则意味着养老保险制度的缴费人口不增反减，养老基金面临的挑战可谓日益严峻。2008 年经济危机席卷全球，给绝大多数中东欧国家的经济社会发展带来严重的负面影响。不少已经建立三支柱养老保险模式的国家纷纷将第二支柱养老金的数额转移到第一支柱或者直接削减第二支柱的缴费率，个别国家（如匈牙利）甚至对私有支柱进行大规模的国有化。由于国内经济较为封闭且金融市场极不发达，加之一直实行现收现付原则，波黑的养老保险制度反而受此次经济危机的影响不大。

（二）波黑医疗卫生制度改革

自从 1992 年独立以后，波黑医疗卫生系统的运转就很紧张，1992~1995 年的战争破坏了波黑 30% 的医疗设施，同时，30% 的专业医生流失。《代顿协定》决定了波黑的医疗服务机构、医疗财政归属两个不同的实体，即波黑联邦和塞族共和国，1997 年，波黑政府批准了《卫生法》，这一法律正式规定波黑把国家的卫生系统分割为两个自治的系统。

波黑战争之后，联合国、世界卫生组织、欧盟等组织花费了大量的资金来重建波黑的医疗卫生服务系统。联合国给予波黑大量的资金支持，世界银行以大量贷款的形式赞助了数百万美元。欧盟的"对中东欧国家共同体援助项目"（PHARE）以提供医疗设备和技术支持的形式对波黑联邦和塞族共和国两个实体提供了大量的投资和援助，此项目还为赴波黑的"考察团"提供奖学金。同时，还有通过双边合作给每个实体提供的赞助。西方的资助也引起了一些与腐败相关的负面新闻。由于缺少规范外部资助的法律执行机构，外国的援助过多地依赖专家和政治家，医疗卫生系统的不少行政人员成为"寻租者"，争取自己的利益目标，也有许多人员竞争管理援助资金使用的岗位。

由于国家分为两个实体，下面先就波黑联邦的医疗改革情况进行说明。1994年，波黑联邦卫生部开始对医疗卫生系统进行重组，主要集中于重建卫生系统，为战争中的受害者提供恢复性医疗服务，规定初诊制度、基本医疗服务的范围和公共医疗服务的领域。1997 年，世界银行支持的"医院基本服务项目"（Essential Hospital Service Project）启动，这一项目的目标是在波黑联邦的 3 个转诊医疗中心和 8 个州医院加强医疗的基本服务。这一项目由 4 部分组成：建设基本医疗设施，购买医疗设备和药物，人员培训，医疗财政改革。

在世界卫生组织欧洲区办公室、世界银行和欧盟的"对中东欧国家共同体援助项目"支持下，1998 年，波黑联邦制定了《波黑联邦医疗卫生计划战略》。这一计划勾画了改革的政策方向，确定了重建波黑联邦医疗系统和发展医疗系统的一系列目标，如医疗体系的可持续性、平等和团结、效率，提高医疗工作者和病人的满意度等。这一计划在执行上涉及三个层面：联邦层面、州层面和机构层面。在法律和规则制定方面的目标如下：在联邦和州层面建立合适的分权制度；通过强制性保险方案发展对所有人都能提供的"基本一揽子服务"；培育多种所有制的医疗卫生服务机构；在公民和专业人员之间建立权责平衡。世界银行单独援助的"基本医疗计划"（Bacic Health Project），提供 1200 万美元，资助波黑联邦的初诊服务、公共卫生和疾病控制项目。因此，波黑共和国的医疗改革是在双边或者多边协定下接受资助进行的，医疗改革方案的选择是在接受双边或者多边协定的规定下采取的方案。这些方案规划是由借贷机构或者双边和多边协定规定的。另外，世界银行的"基本医疗计划"建立了医疗管理中心，这个中心规范了培训管理经理人制度，经理人能在国家的任何地方灵活地进行管理。这一培训是在全国建立统一课程的基础上进行的。

由于经历了战争之后的医疗系统危机，波黑联邦决定重建医疗财政。波黑联邦继承沿用了独立之前就有的具有俾斯麦模式特征的强制性医疗保险制度。在保持强制性医疗保险制度的基础上，医疗财政改革的目标如下：为所有人提供最基本的医疗服务，仍在强制性医疗保险的范围内筹集资金；通过制定特定用途的资金保障资源；在自愿的基础上引入补充医疗保险；引入补充财政，如编制预算补充，引入捐献和医疗服务共付制度等。

波黑医疗保险基金使用规定，40% 的资金由初级卫生医疗部门使用，60% 的资金归二、三级医疗机构，此规定于 2001 年 4 月开始执行。波黑联邦的各州及塞族共和国都建立了医疗保险基金。2000 年，在世界银行贷款资助下，州卫生保险基金建立。州层面的医疗缴费归入保险基金，这一制度在于提高资金管理的透明度和可计算性。波黑联邦建立了联邦卫生保险基金，州层面 8% 的缴费转移到联邦卫生保险基金。联邦卫生保险基金主要为三级医疗机构和一些昂贵的医疗服务提供资金，如血液透析治疗。同时，联邦保险基金的服务范围和州的基金转移比例将根据需要进行每年的调整。联邦卫生保险基金一部分来自工资税。工资税一直都是来源较少的渠道，一是由于存在大量的灰色工作和灰色收入，税基较少；二是政府没有能力界定农村地区的税基；三是一部分国有企业和私人企业自己收税；四是有大量被豁免缴税的人群。此外，2001年12月，波黑联邦签订了实体之间和各州之间的协定。通过这一协定，医疗服务是由病人所缴纳医疗税的居住所在地提供。但实际上，往往是一个人居住在一个实体中，却在另一个实体工作，但仍必须在居住地接受医疗服务。

在医疗资源分配领域，波黑联邦提出了许多新的措施，如引入在医疗服务者和医疗保险基金间订立合同的方式，再如从医务工作者的基本工资制度过渡到收费服务和与绩效相关的收入制度。在医疗服务制度方面，波黑联邦确立了初诊制度，建立初诊制度的目的是给病人更多的自由选择，加强医疗服务的持续性，建立有效的初诊服务守门人制度，更新初诊服务的医疗基础设施。针对初级诊疗的出诊，波黑联邦强调增加家庭医疗团队并对团队进行再培训，家庭医疗团队将对一定数量的家庭负责。波黑联邦的《医疗保护法》规定，允许初诊医疗机构私有化，但是还没有对医院和其他机构进行大规模私有化的考虑。

在发展家庭医生制度方面，波黑联邦在整合社区卫生服务功能方面做出了大量的努力。可以预见，家庭医生制度并不能保证充分实行社区医院初诊制度，但是对转诊到专科医院起到了守门人的作用。另外，改革制药行业的计划方案和活动也正在两个实体进行，具体的方案通过国际援助进行，但公共部门在执行方面效率低下。

在医疗组织的管理方面，世界银行提供的项目建议，必须在现代医疗服务管理原则的基础上建立医疗服务管理中心。波黑联邦未来的改革将直接关系到牙医服务和建立完善的医药信息系统，改革强调与医药相关的立法，以规范药物支出、药物价格、药物供应，并建立和完善合理的处方与信息管理，同时建立良好的医药管理机制。由于政府对私人医疗机构提供的服务质量缺乏监督的措施，私人医疗服务提供者也没有被归入国家的整个医疗信息系统中，所以这一领域的数据还不存在。

另外，国家医疗账户正在形成（National Health Account），这一账户提供每年的收入信息、来源和基金应用、支出情况。通过NHA，政府能知道整体的医疗资源分配和总体医疗政策执行情况。财政/账户信息电子化也在发展中，在两个实体和一些州层面正在试点电子账户，账户电子化方案是由世界银行的"基本医疗服务计划"支持进行的。但是，执行中仍有很多问题。信息制度的进一步发展需要医疗卫生体系具备高效的功能，卫生系统必须提高效率。医疗卫生基金仍然沿着个人缴费和服务提供者寻求保险偿付的道路在发展。高效的信息管理制度可以系统性地监控资源的使用和病案，对两者的监控是能够在医疗财政预算范围内提供特定医疗服务并在此基础上管理医疗服务合同的先决条件。

虽然波黑联邦多年致力于改革和改进医疗卫生制度，但公众要求提高和改善卫生系统的声音仍不绝于耳。通过调查，发现大多数人对医疗系统的服务并不满意：55%~73%的人表达了"卫生系统需要彻底重组"的观点。[①]

总的来看，波黑联邦在许多方面取得了显著的进步，如在医药领域和家庭医疗方面、医疗服务制度的改进方面等。但波黑联邦在推进改革时面临许多困难，如卫生部、联邦卫生保险基金和卫生服务提供者之间缺乏协作机制。另外，各个卫生部门没有足够的行政执行能力来执行既定的改革目标，如医院在增加基本药物的供给上缺少实质性的举措。波黑联邦当局不能在地方和中央层面界定权限，甚至即使在中央、州和地方之间进行了划分，在进行决策时候仍然有很多困难。在财政上，波黑联邦接受的国际技术合作和支持是相当可观的，但也受制于制度层面上缺少跨部门的合作。在技术层面，波黑医疗服务体系缺少完善的基本信息，如缺少财政和人力资源方面的基本信息，这阻碍了科学规划医疗战略和改革。

波黑战争结束后，塞族共和国也进行了医疗服务制度的改革。1997年，塞族共和国批准了《1997~2000年塞族共和国医疗服务改革和重建的战略规划》。卫生部和欧盟PHARE的专家联合制订的医疗财政改革计划如下：按照三级诊疗服务模式重建医疗卫生服务网络；为医务人员提供充足的教育和培训；成立"塞族共和国公共卫生学院"，建立管理培训课程；改进公共医疗体系的信息和统计能力。塞族共和国还建立了药物管理局来负责药物注册和认证；制定规范资本投资的准法规；建立对公共医院和私人医院的认证程序。

如同波黑联邦的做法，塞族共和国决定继续采用强制性的医疗保险模式。塞

① Jennifer Cain, Antonio Duran, Amya Fortis and Elke Jakubowski, Health Care Systems in Transition—Bosnia and Herzegovina, 2002, p. 95, http: //stats. oecd. org/Index. aspx? datasetcode.

族共和国在对医疗服务提供者支付方面进行改革，朝着预期的预算方向推进改革。在医疗服务提供者和保险基金之间签订医疗服务合同，合同目标按照实际医疗服务的花费、转到初级卫生保健处的人均数、医院住院人数等决定。塞族共和国每年都要对合同进行审核，在来年的 1 月之前签订新的医疗服务支付合同。塞族共和国注重加强信息系统和医疗管理方面的培训，这有利于进一步精确地制定合同，在混合支付方面对每一个人的偿付金额进行精确估算。塞族共和国卫生部医疗卫生服务制度的目标是提高医疗服务的成本效率；加强执业家庭医生的守门人作用；维护病人自由选择家庭医生的权利；改善和协调初级医疗机构、二级医疗机构、三级医疗机构之间的协作。对于签订合同的病人来说，家庭医生是合同的第一服务人。

塞族共和国也得到了大量的外国援助，但总体医疗改革进展缓慢。当前，卫生部、社会福利部门和世界银行联合解决不缴纳医疗保险费用和医疗不公平问题。塞族共和国政府开始采取措施确保弱势群体也向医疗基金常规性地缴费，采取措施减少预算支出，恢复保险基金的审计和计划功能，重建信息技术部门。塞族共和国还推进了医疗卫生基金信息的电子化，这样就能够有效地监测缴费情况。为配合世界卫生组织和 PHARE 的计划，2000 年初，塞族共和国在卫生和社会福利部下建立了"医药部"，主要负责医药管理，包括注册药物、认证药物、麻醉品管理、保证药品质量等。

2014 年，波黑医疗卫生费用占 GDP 的比例为 9.57%（见表 8-4），从医疗总筹资的历史变化来看，从 2000 年以来，医疗卫生支出占 GDP 的比例总体是上升的，2002 年最低，为 7.01%，近些年都高于 9%。从政府筹资力看，2011~2014 年政府医疗支出占政府总支出的比例都超过 14%，比 20 世纪末 21 世纪初都有所增长。政府支出占医疗总支出的比例则大幅增长，2014 年占 71.18%，是历史最高点，20 世纪 90 年代占到 40% 以上，这说明波黑政府对医疗卫生服务的重视，但资金主要来自社会保险支出，2014 年社会保险支出占政府医疗总支出的 97.52%。从个人负担来看，2014 年波黑医疗总支出中个人支出比例为 28.82%，从历史数据看，波黑医疗个人支出的负担是呈减轻趋势的，1998 年个人负担曾达 59.14%，2005 年达 42.73%，以后逐年下降。个人支出在私人医疗总支出中的比例 2014 年为 96.9%，在 2008 年以前一直是 100%。

波黑是中东欧国家中经济最落后的几个国家之一，得益于政府对医疗服务的重视和支持，卫生总费用占 GDP 比例和政府卫生支出占政府总支出的比例处于中东欧 16 国的领先水平。除了提升卫生总体筹资水平，政府还尽力降低了卫生总费用中个人支出的比例来减少居民的经济负担。然而，波黑战争对国民健康状况的不利影响依然存在，尤其是对传染病的影响最为严重。

表 8-4　波黑卫生总费用相关指标

单位：%

年份	医疗卫生支出占 GDP 的比例	政府支出占医疗总支出的比例	个人支出占医疗总支出的比例	政府医疗支出占政府总支出的比例	外部医疗资源占医疗总支出的比例	社会保险支出占政府医疗总支出的比例	个人支出在私人医疗总支出中的比例
2014	9.57	71.18	28.82	14.11	1.34	97.52	96.9
2013	9.46	70.05	29.95	14.11	1.54	97.52	96.96
2012	9.94	71.23	28.77	14.71	1.65	91.02	96.66
2011	9.71	71.28	28.72	14.43	2.59	90.11	96.85
2010	9.58	70.88	29.12	13.67	1.36	90.02	97.17
2009	9.64	70.57	29.43	13.73	1.13	88.44	97.3
2008	8.58	67.73	32.27	11.48	1.51	95.08	100
2007	8.37	63.73	36.27	10.97	2.07	96.54	100
2006	8.28	60.12	39.88	11.11	1.02	93.4	100
2005	8.5	57.27	42.73	10.54	0.73	94.11	100
2004	9.04	57.2	42.8	10.31	1.59	95.34	100
2003	7.94	68.99	31.01	10.08	1.88	97.77	100
2002	7.01	63.08	36.92	8.58	1.79	97.51	100
2001	7.16	60.23	39.77	9.4	2.02	97.73	100
2000	7.09	56.88	43.12	11.33	9.07	98.11	100
1999	8.91	53.1	46.9	10.38	2.17	97.94	100
1998	8.15	40.86	59.14	7.79	9.65	97.26	100
1997	8.13	43.05	56.95	9.12	20.26	97.66	100
1996	10.22	46.99	53.01	9.12	0.05	97.66	100
1995	9.03	37.1	62.9	9.12	0.75	97.66	100

资料来源：http：//apps.who.int/gho/data/view.main.HEALTHEXPRATIOBIH？lang＝en。

五 北马其顿共和国福利制度转型

北马其顿共和国简称北马其顿，位于东南欧地区的巴尔干半岛中部，国土面积共计 2.57 万平方公里，人口约 208 万。1991 年 9 月，马其顿与南联盟和平分离并独立，2019 年 2 月 11 日，马其顿议会通过宪法修正案，将国名改为"北马其顿共和国"。2017 年，北马其顿人均 GDP 为 5483 美元。整体看，北马其顿在欧洲还属于相对落后的国家之一。

（一）北马其顿养老制度改革

1991 年独立后，北马其顿进入了政治经济转型期。转型后，北马其顿整体经济倒退，进出口贸易失衡，国民失业率攀高，各种社会问题凸显。为了降低失业率和防止老年人陷入贫困，北马其顿境内提前退休现象盛行。这导致在转型初期养老保险领取者的数量急剧增长，给养老保险制度带来了新的财务压力。独立以前，北马其顿养老保险制度属于南斯拉夫现收现付制和待遇确定型模式。由于北马其顿的经济社会发展相对落后，其养老保险制度改革进程也滞后于本地区其他国家。

1994 年，北马其顿通过养老与残疾保险法案，这次改革主要围绕第一支柱进行参数改革。主要做法有：把养老保险缴费率从改革前的 18% 提高到 20%；严格养老金领取资格条件，将最低缴费期限从改革前的 15 年延长到 20 年，将男性的法定退休年龄从 60 岁提高到 63 岁，女性则从 55 岁提高到 60 岁；严格限制提前退休，并削减提前退休人员的养老金待遇。随着人口老龄化程度逐渐加深、失业率居高不下、逃避缴费现象增加以及养老金领取人数不断增长，北马其顿养老保险制度抚养比持续恶化，赤字也相应扩大，亟须进行新一轮改革。

1996 年，北马其顿提出通过建立新的养老保险模式来促进整个养老保险制度的长期财务稳定性。2000 年，北马其顿通过了关于养老与残疾保险的新法案，新法案明确北马其顿将建立三支柱养老保险制度，其中，第一支柱为强制性的待遇确定型现收现付养老金计划，第二支柱为强制性的全积累制养老保险计划，第三支柱为自愿性的全积累制养老保险计划。具体的改革内容及措施如下：针对现收现付第一支柱的改革规定，养老金领取资格条件为男/女性必须年满 64/62 岁，且缴费期限满 15 年，总缴费率提高到 21.2%。如果参保人同时还参加了第二支柱，就将总缴费中的 7 个百分点转入第二支柱，剩余的 14.2 个百分点则保留在第一支柱。缴费完全由雇主负责。公共养老与残疾保险基金承担第二支柱养老保险的征缴和发放工作，同时还负责将第二支柱的缴费收入划转给私有养老保险公司。私有养老保险公司将为参保人建立个人投资账户，并接受政府监管。

2002 年，北马其顿通过了强制性、全积累制养老保险法案。到 2006 年，第二支柱养老保险计划才正式启动，这大大滞后于最初的设想，也明显晚于大多数中东欧国家。改革规定，所有 2003 年以后参加工作的人员，必须强制性加入第二支柱。2003 年以前参加工作的人员，可以自主选择是否加入第二支柱。缴费率如前文所述，第二支柱养老金的缴费率为 7%，由第一支柱缴费予以划拨。由于投资市场有限，第二支柱养老保险基金回报率低，影响了就业人员的参保意愿。

2008 年，北马其顿通过了自愿性、积累制养老保险法案，为引入第三支柱养老保险奠定了法律基础。2009 年，正式引入第三支柱，第三支柱的缴费比例不受限制，所有年龄在 18~70 岁的北马其顿公民都可以自愿加入或者退出第三支柱，鼓励雇主以职业年金计划进入第三支柱，到 2012 年底，有 74.3% 的参保人员加入了第三支柱的职业年金计划。

虽然私有养老金支柱尤其是第三支柱引入较晚，北马其顿还是基本建立了三支柱养老保险制度。其中第一支柱为强制性的、待遇确定型的现收现付计划，覆盖全部劳动人口；第二支柱为强制性的、缴费确定型的私有积累制计划，强制性覆盖 2003 年以后参加工作的人员，2003 年以前参加工作的人员可以自主选择是否加入；第三支柱为自愿性的私有积累制计划，面向所有年龄在 18~70 岁的国民。目前，北马其顿养老保险制度覆盖了 85.7% 的劳动人口。缴费收入是强制性养老保险计划的主要收入来源，占总收入的比重接近 60%。在北马其顿，雇主负责缴费，雇员不用缴费。关于退休年龄，法律规定，男/女性的法定退休年龄分别为 64 岁和 62 岁且工作年满 15 年，有残疾除外。目前，所有养老金的替代率约为平均工资的 51.3%。

（二）北马其顿医疗卫生制度改革

独立后，北马其顿建立起覆盖全民的强制健康保险系统。1991 年以前，北马其顿卫生系统的筹资管理工作主要在市一级进行，中央筹资基金为那些收入不足以提供卫生服务的公民提供资金补助。1991 年 8 月的卫生保健法，奠定了该国卫生系统的基本政策和原则。政府和卫生部负责卫生政策的制定和执行，健康保险基金负责保费的筹集和管理，卫生保健机构负责提供服务。卫生保健机构的范围包括了初级卫生保健的卫生站和卫生中心、二级的专科咨询门诊和住院部、三级的大学门诊和学院。依据卫生保健法和健康保险法，该国建立起以平等、团结、互惠和覆盖全民为核心的强制健康保险系统。社会强制医疗保险的保险费是卫生部门的主要资金来源，但卫生筹资总额并不是很充足。保费主要支出项目为支付医疗卫生服务费用，一小部分用于用现金偿付参保人，还有极小部分用于健康保险基金的管理费用和对卫生部门的投资。

据 WHO 数据显示，2014 年，北马其顿医疗卫生支出占 GDP 的 12.89%（见表 8-5）。2002～2014 年该指标一直在 12.89%～15.50% 波动，较为稳定。1998 年曾达到 19%，为历史最高年份。2012 年，政府医疗支出占政府总支出的比例达到了 13.6%，2002～2012 年指标总体起伏波动，最大值为 2006 年的 15.4%，最小值为 2010 年的 13.5%。医疗总支出中个人支出比例虽有起伏波动，但总体上呈现下降的趋势。从 2002 年的 41.0% 下降到 2008 年的最低值 31.0%。随后几年又有所增长，2012 年数值达 35.9%。可以看出，北马其顿居民个人自付的医疗支出较高，自 2002 年以来的 10 年间，随着政府支出比例有所增长，个人支出比例略有下降，但是下降幅度不大。

表 8-5 2002～2014 年北马其顿卫生总费用相关指标

单位：%

年份	医疗卫生支出占 GDP 的比例	政府支出占医疗总支出的比例	私人支出占医疗总支出的比例	政府医疗支出占政府总支出的比例
2014	12.89	—	—	—
2013	13.21	—	—	—
2012	13.31	64.1	35.9	13.6
2011	13.41	63.6	36.4	13.7
2010	13.20	63.8	36.2	13.5
2009	13.28	66.9	33.1	13.6
2008	14.06	69.0	31.0	14.0
2007	14.14	65.1	34.9	14.1

年份	医疗卫生支出占GDP 的比例	政府支出占医疗总支出的比例	私人支出占医疗总支出的比例	政府医疗支出占政府总支出的比例
2006	15. 50	65. 1	34. 9	15. 4
2005	14. 72	61. 9	38. 1	13. 7
2004	14. 77	59. 7	40. 3	14. 8
2003	14. 52	58. 7	41. 3	14. 5
2002	13. 59	59. 0	41. 0	13. 6

资料来源：http：//apps. who. int/gho/data/view. main. HEALTHEXPRATIOBIH？ lang＝en。

卫生系统需要克服的问题主要集中在财政赤字问题上，卫生部门和健康保险基金偿付能力十分有限，存在大量财政赤字问题。北马其顿对卫生保健机构进行私有化改革过程中，私立初级卫生保健诊所的数量有所增加，所有牙科诊所都已私有化，药房也处于私有化进程中。北马其顿启动有关补偿机制的改革，已在初级卫生保健中引入了按人头付费制、对住院保健采用年总额预算分配制度。北马其顿面临解决因初级卫生保健服务质量差导致患者满意程度低而向上级医疗机构转诊比例高的问题。近些年，北马其顿医疗卫生制度改革的主要目标是提高医疗资源利用的效率，改革途径是初级诊疗服务的私有化和按人头收费的薪酬体系。同时，在初级诊疗中引入预防性医疗服务，实行药物的参考价格制度。北马其顿还引入 E 医疗系统（e-health system），提高了医疗服务的效率，加强了专家之间的协调和合作，减少了向较高医疗层次转诊率。2013 年，在卫生部的倡议下，实行"我的预约"（My appointments）计划，这一计划实施扩大了包括预约、发布处方、转诊和医疗技术使用、床位的实时公布。国家医疗保险基金也为医疗参保者实施了 E 服务（e-services），如建立电子医疗卡，服务包括电子处方服务、转诊服务、电子报告、电子发票等，基于电子服务建立了更快更可靠的数据库。

六　阿尔巴尼亚福利制度转型

阿尔巴尼亚国土面积为 2.87 万平方公里，人口 288 万，平均预期寿命为 77.41 岁，已经迈入老龄化国家。阿尔巴尼亚是欧洲经济最不发达的国家之一，全国有近一半的人口从事农业生产。1991 年起改国名为阿尔巴尼亚共和国。

2014 年 6 月，欧盟接纳阿尔巴尼亚为欧盟候选国。2016 年，阿尔巴尼亚人均 GDP 约为 4125 美元。

自 20 世纪 90 年代以来，与其他中东欧国家相比，阿尔巴尼亚经历较长的政治经济转型期。与捷克斯洛伐克、波兰和匈牙利等国的"天鹅绒革命"不同，阿尔巴尼亚的剧变具有破坏性。自 1990 年剧变以来，阿尔巴尼亚国内多次发生动荡，主要政党之间的竞争常常诉诸武力。主要有 1991~1992 年阿尔巴尼亚民主党为推翻阿尔巴尼亚劳动党掀起的暴力动乱、1997 年社会党执政后民主党发动的政变和动乱、1999 年科索沃战争期间阿尔巴尼亚的间接参与等。不稳定的政治和社会局势导致阿尔巴尼亚人不能享有基本的社会保障，福利供给受到严重影响，1991~1992 年的暴力动乱，使阿尔巴尼亚的医疗服务系统进一步倒退，1/4 的城市医疗中心和 1/3 的农村医疗站遭到破坏。1997 年全国性的武装暴力动乱导致国家的医疗设备和药物遭到抢劫，30% 的医疗人员离开了岗位。在科索沃危机期间，大量患有疾病和营养不良的难民的涌入对阿尔巴尼亚的医疗服务造成更大挑战。据统计，1990~1999 年，有大约 75 万名阿尔巴尼亚人出国另寻生路。由于政党政治不成熟，时至今日，阿尔巴尼亚政党之间竞争导致的抗议和暴力事件仍时有发生，因而，阿尔巴尼亚的首要任务主要是保持政治稳定和恢复社会治安，发展经济和改革完善社会福利保障制度要比其他中东欧国家滞后许多。随着国内政治逐步走向稳定，2000 年以来，阿尔巴尼亚人民生活水平不断提高。受国际金融危机和欧洲债务危机的冲击，2011 年阿侨汇收入略有下降，为 6.92 亿欧元。2011 年阿登记失业人数约为 14.3 万人，失业率为 13.3%。公共部门平均月薪为 46665 列克，约合 462.5 美元。阿尔巴尼亚最低工资标准为 20000 列克，约合 198.2 美元。

（一）阿尔巴尼亚养老制度改革

1991 年，阿尔巴尼亚进入了转型期并对其养老保险制度进行了多次改革。就养老模式转型来说，目前，阿尔巴尼亚初步建立了双支柱养老保险模式，即只有第一支柱和第三支柱养老保险。在中东欧国家中，塞尔维亚和黑山也推行了类似的双支柱模式。阿尔巴尼亚养老制度改革是在参数改革和模式改革中渐进发展的。

1991 年，剧变后的阿尔巴尼亚 GDP 比 1990 年下降 27%。1992 年，货币急剧贬值，通货膨胀率达到 237%，养老保险制度受到冲击，养老金的实际价值急剧下降。1992 年，农业合作社宣布解体，造成养老保险制度的农村缴费人口剧减。1993 年，阿尔巴尼亚开始实行新的社会保险法案。剧变之后，大量国有企业停产和农业合作社解体，失业率上升，养老金缴费人口减少，1994 年的缴费人口仅相当于 1990 年的 1/3，农村的社会保险缴费人口仅为 1990 年的 7.6%。1993 年，阿尔巴尼亚正式启动养老保险制度改革。5 月 11 日，政府通过了《阿尔巴尼亚共和国社会保险法》以取代旧的养老金法案。该法案提出，养老金计划由独立的公共机构管理，根据市场需求，实行缴费、收益与工资相关联。从本质看，这个法案明确的改革没有改变原有的养老模式，仍然实行现收现付原则，通过向在职人员收取缴费，来支付已经退休一代的养老金，属于强制性的待遇确定型养老金计划。1993 年法案还规定，养老金缴费率为总薪酬的 31.7%，由雇主和雇员共同缴费。最高养老金额度为固定养老金的 2 倍或者为本人在最后 10 年工作期限内连续 3 年平均收入的 75%，取这二者中数额更低者。1993 年，只有 35.3 万人向养老保险制度缴费，城市地区平均月养老金数额为 1740 列克，农村地区平均月养老金数额仅为 538 列克。① 这一法案还修改了农村养老金计划、提高退休年龄、扩大最高工资与最低工资差距、减少养老金缴费数额、将 1993 年前和 1993 年后的养老金计划并轨。同时，还通过了有关就业和家庭福利的相关法案。

1995 年 6 月，政府出台法律允许设立第三支柱私有养老基金，并决定成立私有补充养老保险的督查机构。第三支柱的设立主要是为参保人提供补充养老金，提高养老金替代率。根据法律规定，第三支柱的养老保险基金积累和养老金免予征税。这是改革第一次提出养老保险制度应该包括两个支柱——强制性的社会保险（第一支柱）和自愿的、私有的社会保险（第三支柱）。但由于阿尔巴尼亚国内金融市场不完善，其第三支柱养老保险一直没有付诸实施。1996 年，针对高级公务员和军队人员制订了特殊的养老金计划。5 月，颁布了关于社会保障号码的实施条例。由于条件受限，该条例于 1998 年初才得以实行。1996 年，养老金缴费率降到 30%，其中 20% 由雇主缴费，10% 由雇员缴费。

---

① 张水辉：《中东欧国家养老保险制度改革的回顾与展望》，上海人民出版社、格致出版社，2016，第 18 页。

在改革数年之后，1997 年国内政治动荡，再加上农业私有化的影响，1999
年阿尔巴尼亚养老金缴费人数比 1989 年下降了 60%，就业人口和退休人口比例
达到 1∶1。同时，由于参保人要缴纳工资的 30%，缴费压力加大，但养老金赤
字也加大，2001 年达到 GDP 的 1%。到 2002 年，缴费人口从 2001 年的 50.3 万
人下降到 47.4 万人。在此背景下，2002 年，阿尔巴尼亚通过法律，进一步启动
养老制度改革。这次改革主要包括以下几点。一是逐渐提高退休年龄并限制提前
退休。2002 年，退休年龄是男 60 岁，女 55 岁，以后每年提高 6 个月。在提高退
休年龄的同时，允许参保人提前领取部分养老金，但禁止提前 3 年以上退休。二
是严格规定养老金领取者家属的条件，以减少领取的家属人数，从而削减养老金
开支。三是调整养老保险制度的缴费率。其中，城市地区的养老保险缴费率减少
4%，降至薪酬的 29.9%，同时，将最高缴费工资的基数从最低工资的 3 倍扩大到 5
倍。2002 年以后，渐进提高了农村就业人员的缴费率。2005 年底，阿尔巴尼亚社
会保险缴费率为 38.5%，其中养老保险缴费率已经降为 29.9%。2003 年，阿尔巴
尼亚大约有 85.2 万人参保并缴费，同时有 58.5 万名养老金领取者。鉴于养老保
险制度缴费率过高，根据世界银行建议，阿尔巴尼亚在 2006 年决定将养老金缴
费率下调 6 个百分点，于是在职员工的养老金缴费率就降至 23.9%。[①]

这次参数改革比较完整地保留了养老保险制度的整体架构。从相关数据来
看，这次改革取得了一定成效。缴费率的降低以及最高缴费工资基数的扩大，吸
引了更多人参与缴费或提高本人的缴费数额。尤其是在农村地区，农民每月自我
缴费额增长了 2.4 倍。但这次改革也削弱了缴费与收益之间的关联度，并影响了
养老保险制度的财务稳定性和养老金的充足性。

2008 年，席卷全球的金融危机给阿尔巴尼亚的养老保险制度带来了巨大影
响，为了扩大养老保险制度的覆盖面，削减城乡养老保险待遇差距，促进养老保
险制度的财政平衡性和养老保险待遇的充足性以应对经济危机，阿尔巴尼亚决定
启动养老保险制度的新一轮改革。这次改革的主要做法有：一是降低缴费率，将
养老保险的缴费率进一步调低至总薪酬的 21.6%，这与其他中东欧国家平均水平
接近；二是调整替代率，调整后，新领取者的养老金初始替代率为计缴总工资基

---

① 张水辉：《中东欧国家养老保险制度改革的回顾与展望》，上海人民出版社、格致出版社，
2016，第 21 页。

数的 38%；三是促进缴费公平，继续提高农村地区的养老金缴费标准，争取实现城乡养老金缴费标准一致；四是推动第三支柱养老保险计划发展，将第三支柱养老金的运作和监管与国际组织和经合组织的标准对应起来。这次改革效果并不明显，相对有成绩的一点是缩小了城乡养老保险待遇差距。

总之，转型后的阿尔巴尼亚经历了多次参数改革，力图平衡养老金财政赤字，增加养老金制度的公平性，缓解财政赤字。在中东欧国家普遍建立三支柱养老模式的改革中，阿尔巴尼亚只建立了双支柱的养老制度，即强制性的公共养老计划和自愿性的私有养老计划，但缺少世界银行推行的第二支柱，即强制性的养老保险基金支柱。政府官员和军队人员有特殊的养老金法规，对矿工、飞行员和海员也有单独的规定。达到养老金领取年龄但没有资格领取养老金的人群，可以享受由国家预算拨付的社会补助津贴。阿尔巴尼亚没有建立第二支柱养老计划，与其落后的经济和捉襟见肘的财政有关，建立第二支柱需要从第一支柱转移缴费，其改革成本会暂时削弱第一支柱，全球金融危机之后，一些中东欧国家的第二支柱养老金计划出现了倒退现象，阿尔巴尼亚暂时也不会启动建立第二支柱养老计划的改革。

（二）阿尔巴尼亚医疗制度改革

阿尔巴尼亚的经济发展相对较为落后，由于国内动乱和战争的打击，包括医疗保健服务在内的政府公共卫生服务都经历了数次倒退。国家对医疗卫生支出投入和支持不足。20 世纪 90 年代早期，阿尔巴尼亚政府设立的医疗制度改革最重要的两个目标为：一是防止医疗服务系统进一步退化；二是努力保持医疗体系财政实现可持续性。为实现这两个目标，努力发展医疗首诊服务制度（PHC），从市场引入额外的医疗财政来源（如社会医疗保险），实现医疗管理制度的分权化。

2000 年，阿尔巴尼亚医疗支出占 GDP 总额的 3%，低于中东欧国家和欧盟的平均水平。受制于落后的经济，阿尔巴尼亚在医疗卫生制度上投入较少。要想提高医疗卫生服务，必须提高医疗卫生支出。

多党民主制度建立后，阿尔巴尼亚公共行政的基本结构没有发生变化，医疗系统也是如此。但是，1993 年，两个公共行政改革影响了医疗服务制度。第一，创立了 12 个地方县，分担中央行政的职能。第二，加强地区政府的作用，把一些医疗首诊服务（PHC）的责任转到农村。

1995 年，阿尔巴尼亚引入了医疗卫生保险改革，建立了国家法定提供资金的医疗保险协会，逐步在医疗服务体系推进改革。医疗保险制度虽已在形式上建立，但实际上大多数人并不缴费。药品供应的私有运营抬高了药品的可及性，低收入人群很少自费购买药品和医疗服务。近些年，不论在财政上还是管理上，阿尔巴尼亚的医疗制度逐步走向稳定。20 世纪 90 年代早期阿尔巴尼亚也允许私人行医，国家立法为私人提供各种医疗服务铺平了道路，如药品的私营，牙科的私人运营及医学检验中心和一些专科门诊。[①]

总的来说，医疗卫生制度仍然是高度集中和分为层级管理的。卫生部仍然是医疗服务最主要的出资者和提供者。2000 年，成立了"地拉那地区健康局"，作为一个示范性的组织，"地拉那地区健康局"整合了首诊服务和公共医疗服务体系。这个组织受英国国际发展部门和世界银行的援助，帮助阿尔巴尼亚卫生部把权力逐步下放到地区部门。

2014 年，阿尔巴尼亚医疗卫生支出占 GDP 的比例为 8.18%（见表 8-6），在中东欧国家处于较低的比例水平，政府医疗支出占政府总支出的比例为 12%，是中东欧国家支出比例最低的国家之一。2010 年，该比例曾占到 14.4%，这是转型后政府医疗支出比例最高的年份。从政府支出占医疗总支出的比例看，阿尔巴尼亚仍落后中东欧大多数国家，2014 年，这一比例只占到了 35.84%，但这与2002 年的 7.09% 相比，已经有了很大的提高。

由于经济落后，阿尔巴尼亚政府对医疗卫生服务投入不足，从私人医疗支出占医疗总支出的比例看，2014 年比 2002 年有了很大的进步，从 92.91% 下降到64.16%。但从个人支出占私人医疗总支出的比例看，阿尔巴尼亚人近些年始终没有摆脱医疗支出负担过重的状况，个人支出始终在 99% 以上，基本上属于看病自费。

总之，阿尔巴尼亚医疗卫生支出占 GDP 比例、政府医疗支出占政府总支出比例、医疗总支出中政府支出的比例均较低，而个人卫生支出比例高，导致居民个人筹资压力增大，就医经济负担沉重。

---

① Ellie Tragakes, Besim Nuri, "Health Care System in Transition", 2003, *European Observatory on Health Systems*, http：//www. Observatory. dk.

表 8-6 阿尔巴尼亚医疗卫生总费用相关指标

单位：%

年份	医疗卫生支出占GDP的比例	政府支出占医疗总支出的比例	私人医疗支出占医疗总支出的比例	政府医疗支出占政府总支出的比例	外部资源占医疗总支出的比例	社会保险支出占政府医疗总支出的比例	个人支出在私人医疗总支出中的比例	个人支出在医疗总支出中的比例
2014	8.18	35.84	64.16	12	23		99.56	63.88
2013	8.13	32.58	67.42	10.59	19.35		99.56	67.13
2012	8.52	34.28	65.72	11.67	21.65		99.56	65.43
2011	7.87	26.42	73.58	10.17	20.82	0	99.56	73.26
2010	9.2	31.04	68.96	14.4	25.54	0	99.63	68.7
2009	9.42	27.46	72.54	12.73	21.12	0	99.68	72.31
2008	8.33	16.64	83.36	6.93	21.08	0	99.71	83.12
2007	6.73	7.76	92.24	2.95	21.26	0	99.49	91.77
2006	7.43	14.29	85.71	6.3	24.61	0	99.45	85.23
2005	8.07	9.94	90.06	5.49	13.37	0	99.52	89.63
2004	8.79	11.03	88.97	6.98	6.23	0	99.54	88.56
2003	8.82	6.9	93.1	5.58	4.28	0	99.55	92.69
2002	7.76	7.09	92.91	8.99		0	99.53	92.47

资料来源：http://apps.who.int/gho/data/node.main.75? lang=en。

此外，阿尔巴尼亚的医疗体系严重依赖人道主义援助和移民外国的家人汇款，同时，医疗人才外流使得这个国家失去最为宝贵的人力资源。许多非政府组织的医疗服务在阿尔巴尼亚的活动非常活跃并组织良好，如红十字会。今后医疗体系改革能否成功取决于阿尔巴尼亚能否实现经济复苏和经济政治稳定。

七 西巴尔干国家福利制度转型比较及前景

从目前来看，西巴尔干国家普遍存在人口老龄化现象，由于人均预期寿命延长，人口老龄化程度继续加深。同时，由于经济增长乏力，就业率和缴费人数难以增长，养老保障资金的投资回报率也难以保障。养老金资金的充足性一直是西巴尔干国家面临的问题。从养老制度的模式看，西巴尔干地区国家的养老制度可以分为三类，第一类采取世界银行主张的三支柱模式的国家，包括克罗地亚和北马其顿。第二类是实行两支柱模式的国家，包括塞尔维亚和黑山、阿尔巴尼亚，这三个国家的养老保险制度只包括两个支柱，即基于现收现付制原则的公共养老保险计划（第一支柱）和自愿的私有养老保险计划（第三支柱）。第三类指的是波黑，只实行现收现付制。当前，不少中东欧国家和拉美国家的第二支柱养老保险计划运行效果不佳，并没有实现引入前的预期目标，甚至还适得其反，加大了国家的财政赤字。如波兰和斯洛伐克采取措施缩减第二支柱计划缴费率的做法来缓解财政压力和减轻参保人缴费负担；匈牙利停止了第二支柱，并将第二支柱缴费全部转回第一支柱。从大多数中东欧国家养老保险制度的改革情况看，单纯引入"三支柱"养老保险模式并不能很好地解决养老问题。此外，这些国家的第三支柱普遍发展缓慢，拉低了整个养老保险制度的回报率，由于经济落后和金融市场的回报率低，影响了加入第三支柱养老金计划参保人员的信心，许多国家出现退保现象。此外，一些国家存在特权养老金问题，如克罗地亚和阿尔巴尼亚，2013 年克罗地亚领取特殊养老金的人数（主要是退伍军人、警察以及议会议员等）已经占到所有领取养老金人数的 15%，国家预算用于这一部分人员的支出已经占到整个养老金制度总支出的 19%。这一问题经过数次改革都没有得到很好解决。相比之下，捷克就做得很成功，解决这一问题既能缓解养老金财政危机，也能促进福利的社会公平性。

从医疗制度的改革看，西巴尔干地区卫生体系的主要资金来自社会医疗保险强制缴费和个人医疗支出。这些国家的卫生服务网中包含了初级、二级以及三级卫生保健，卫生服务供应者分为公立与私有的不同机构，但大部分卫生服务的提供由公共机构承担。总体来看，西巴尔干地区国家的医疗制度在未来应更注重医疗服务的公平和质量，由于一些国家地区发展不平衡，导致国民接受医疗服务存在不平等现象，这方面在北马其顿和黑山显得尤为突出。北马其顿不同地区之间在医疗服务的可及性和服务质量上存在严重不平等，同时，个人自费支出也比较高，因此，医疗政策应该保障公平和国民整体得到不同层次的服务，提高医疗服务治理，特别是公共医疗机构的医疗服务质量。此外，西巴尔干地区国家医疗服务中个人自费逐年增加的现象也值得注意，这与国家投入医疗费用比例和医疗费用普遍增长较快有关。

另外，从转型国家的经验来看，强有力的政府是社会福利制度改革的重要保障，在西巴尔干国家中，波黑是一个特例，波黑严重缺乏高效政府方面的优势。

波黑是由两个实体、三个民族组成的主权国家，过于分化的政治体制导致缺乏有力的中央政府，也就缺少国家层面上的统一机构来关注、设计和整体推进福利制度改革，并且不同政治实体的社会政策不能同步推进。养老保险制度的分裂，导致制度本身的社会统筹能力降低和制度的覆盖面收窄，也不利于国民的跨地域就业、迁徙和养老，从而造成一系列社会问题。目前，波黑各个政治实体的养老保险制度并轨问题已经引起波黑社会各界的关注。就医疗服务制度来说，波黑共和国的两个实体间要在公共领域实行合作还有不可跨越的困难。实际上，波黑国家的医疗卫生改革完全具备良好的条件，如资金、技术知识、信息和人力及其他资源都具备，但就是两个实体的不合作和医疗体系的分立导致进展很慢。国际社会希望两个实体间在"一个国家"层面上合作，把波黑整合为一个有效行使职能的国家，要求地方政治家有更透明的行为。国际社会期望两个实体的医疗部门建立联系，包括建立一个能把波黑医疗体系整合为一个体系机构的计划。尽管国际社会认为波黑国家在医疗体系上实现两个实体间的有效合作已迫在眉睫，但两个实体并没有在整个国家层面上整合医疗卫生体系并进行实体间合作的意愿。目前初步取得进步的是两个实体的卫生部门建立了正式的论坛，来促进医疗改革的实行和相互间的协作。波黑未来的医疗卫生制度改革将取决于外部援助者、波黑国家层面和地方政府层面推进改革的意愿及各个层面职能的整合和权责界定。如学者所说："根据协议建立的波黑国家是一个统治机构极端松散的弱功能性国家，每个实体都有自己的议会、政府、警察和军队，行使其领土权限内一个国家所具有的大多数功能。……这就造就了一个规模庞大而效率低下的国家行政管理体系，决策过程异常拖沓和低效，在遇到涉及各民族和实体核心利益的问题时往往会陷入无法运转的境地。"① 长远看，波黑还有可能采取多支柱养老保险模式，尤其是波黑还正处于积极申请加入欧盟的进程当中。为此，波黑的养老保险制度以至整个社会保障制度必然要更多地受到欧盟以及世界银行等国际组织的影响并与欧盟进一步接轨。

---

① 刘作奎：《国家构建的"欧洲方式"——欧盟对西巴尔干政策研究（1991-2014）》，社会科学文献出版社，2015，第112页。

第九章
波罗的海三国福利制度转型

波罗的海三国指的是位于波罗的海沿岸的爱沙尼亚、拉脱维亚和立陶宛,三国总面积为 17.52 万平方公里,其中,爱沙尼亚 4.53 万平方公里,拉脱维亚 6.46 万平方公里,立陶宛 6.53 万平方公里。1990 年 3 月,立陶宛宣布脱离苏联独立,1991 年 8 月,爱沙尼亚和拉脱维亚宣布脱离苏联独立。波罗的海三国均已加入欧盟、欧元区、申根区和北约。

一 爱沙尼亚福利制度转型

在 20 世纪的社会主义时期,爱沙尼亚的福利制度采取了国家保险模式,主要特点有:全面强制就业,国家供款为主,实行全覆盖等。爱沙尼亚开始政治经济转型之后,奉行西方的自由经济政策,大力推行私有化,实行自由贸易政策,经济发展迅速,在此背景下于 20 世纪 90 年代末开启了养老、医疗等制度改革。

(一) 爱沙尼亚养老制度改革

爱沙尼亚养老保险制度改革分为三个阶段。第一阶段是 1998 年引入第三支柱,即私有养老保险基金。1998 年,爱沙尼亚议会通过了公共养老保险法案和养老保险基金法案。在法案的推动下,爱沙尼亚建立了私有养老保险基金,私有养老保险的运行原则是自愿参加、全额积累制。第三支柱面向所有在职人员,参保人可选择两种方式加入第三支柱:一是选择获得政府许可的私有养老保险公司提供的养老保险基金;二是选择由私人资产管理公司管理的养老保险基金。为鼓励国民积极参加第三支柱，爱沙尼亚规定第三支柱的缴费额可以享受免税待遇，但缴费额最高不得超过总工资的15%。

第二个阶段是在1999~2000年改革第一支柱。第一支柱的养老保险基金实行现收现付，通过在职雇员和自雇者缴费来支付当前已经退休人员的养老金。第一支柱养老金继承了转型之前的养老制度。根据规定，第一支柱养老保险计划由社会事务部和国家社会保险委员会管理。税务机构负责有关社会保险的缴费以及其他相关税收征缴，国家社会保险委员会还成立了国家养老保险登记中心，负责第一支柱养老保险的缴费记录、待遇记入和待遇调整等日常事务。1999年以后，雇主必须逐月向税务机构提供雇员社会保障税的缴费情况，然后税务机构再将雇主提供的信息转给社会保障机构。第一支柱包括两类养老金，一是与就业相关的老年、工伤残疾和遗属养老金，覆盖全体雇员和自雇者，以缴费为前提；二是国民养老金，覆盖所有国民和居民，无须缴费。根据规定，参保人年满63岁且在申请养老金之前已经在爱沙尼亚居住满5年以上，如果不符合领取任何其他养老金的法定条件，就可以领取国民养老金。国民养老金待遇由国家养老保险法案规定，实行指数化原则，等同于老年养老金。2003年，国民养老金数额约为每月60欧元。第一支柱养老金的缴费率仍维持在个人月收入的20%，如果缴费人已经参加了第二支柱，第一支柱的缴费率下降为16%，剩余的4%则进入第二支柱。爱沙尼亚第一支柱缴费责任全部由雇主负担，从1999年1月开始，自雇者必须缴费。这次改革规定女性法定退休年龄为58岁，男性为60岁。根据世界银行专家组的意见，第一支柱养老金按照消费者价格指数增长情况（占50%）和养老保险税缴费增长情况（占50%）进行综合指数化调整。2002年，第一支柱养老金大约增长了8.4%。总体来看，第一支柱养老金替代率不算高，一般为平均总工资的30%~40%。

第三个阶段是2002年引入第二支柱。第二支柱是缴费确定、全额累积型养老保险。法律规定，1983年1月1日及以后出生的人员，必须加入第二支柱。1983年1月1日以前出生的人员可以自愿选择加入，但一旦选择加入后就不能退出，必须一直缴费至退休为止。第二支柱养老保险由私有部门进行日常管理，国家相关机构进行监管。养老保险缴费由税务机构负责征缴和转移支付。为鼓励国民积极参保，爱沙尼亚规定每个参保人的缴费率为本人工资总额的2%（由雇员自身负担），另外政府为其缴纳4%。2009~2010年，受经济危机影响，爱沙尼亚冻结了第二支柱缴费。2011 年，缴费率逐渐恢复到 3%。2012 年，缴费率再次回到经济危机之前的 6%。针对第二支柱养老保险基金的管理、运营与投资，爱沙尼亚出台了养老保险基金法案和投资基金法案。参加第二支柱的人员可以自由选择或更换基金。金融监督管理局依法负责全面监管养老保险公司的运营与投资活动。根据投资基金法案，养老保险基金可以投资于公司的股票、债券（包括可转换债务）、金融衍生品、银行存款和房地产。由于深受经济自由主义影响，爱沙尼亚政府对养老保险基金的最低投资回报率以及国内国外投资比例分割等问题不做任何要求。

总的来说，通过养老保险制度改革，爱沙尼亚建立起了三支柱的养老保险制度。第一支柱养老金属于现收现付的待遇确定型，国家预算为其兜底负责。国家社会保障机构负责养老金的日常管理，劳工与社会政策部门负责制定和实施相关政策，税务机构负责收缴费。第一支柱缴费率分为两种，如果只参加第一支柱，缴费额为本人总工资的 20%，如果参保人同时参加第一支柱和第二支柱，则须缴纳本人工资的 16%，雇主完全负责第一支柱的缴费。第一支柱养老金分为国民养老金和老年养老金，只要具备国民资格条件且达到养老金领取年龄就可以享受国民养老金，缴费满 15 年且达到养老金领取年龄，则可以享受老年养老金，老年养老金覆盖全体就业者。第二支柱养老金属于强制参加、完全积累的缴费确定型，第二支柱养老金待遇取决于缴费总额以及养老保险基金的投资收益，但不享受税收优惠政策，主要领取方式为年金，超出法律规定的部分可以一次性领取。参保人在符合领取第二支柱养老金的资格条件前死亡，其第二支柱积累额度可以被继承。爱沙尼亚现有 6 家私有养老保险基金管理公司，其中最有影响力的是来自芬兰等北欧国家的银行，占据了 60% ~ 70% 的市场份额。第三支柱养老保险是自愿参加的全额累积私有保险，目前发展缓慢。

（二）爱沙尼亚医疗制度改革

就医疗制度的改革来说，爱沙尼亚现有卫生体系的形成，经历了多次的改革与创新。20 世纪 90 年代初医疗改革之前，爱沙尼亚的医疗体系实行苏联式的集权化筹资和集中管理制度，90 年代开始实行目标为分权化的筹资和社会管理模式改革。爱沙尼亚的卫生体系由社会事务部及其附属机构负责监管。相关的主要国家机构包括国家医药局、健康委员会和国家卫生发展研究院。通过全国电子健康体系这一信息平台，爱沙尼亚连接了所有服务提供者的信息，每位患者都可以通过该平台访问自己的健康数据。该数据平台运行等相关事务主要由电子卫生保健基金会负责。

医疗卫生保健筹资主要通过独立的爱沙尼亚医疗保险基金进行。爱沙尼亚的主要筹资渠道是收取专门的社会工资税。通过强制收取社会工资税，建立社会互济式医疗保险。该渠道下的筹资总额约占卫生总费用的2/3。除此之外，社会事务部还通过一般税收，为无保险者的急诊保健、门诊服务和公共卫生项目进行筹资。地方政府对卫生筹资的贡献相对较小，法律并没有明确规定地方政府提供卫生费用的筹资责任，因此地方政府筹资的卫生资金仅占卫生总费用的1%左右，且各地方之间存在较大差异。个人支出占卫生总费用的20%以上，主要支付药品和牙科保健。欧盟基金作为卫生筹资的外部来源，约占爱沙尼亚卫生总费用的1%，但是对资本投资和公共卫生活动起着至关重要的作用。医疗保险制度约覆盖总人口的95%。医疗保险相关支付与就业挂钩，无须支付保险的人，如儿童和退休人员，几乎占投保者的半数之多。从长远来看，狭窄的税基渠道势必会威胁卫生系统资金的可持续性。因此，拓宽卫生系统的税基渠道已被提上了议事日程。

医疗服务的主要购买者是医疗保险基金。2004年，医院开始实施按病种付费（DRGs）制度，用以补充现有的按服务项目付费及按床日付费等支付方式。初级保健服务方面，2006年起实施按年龄调整的人头付费方式、针对相关特定领域的按服务项目付费方式，以及基本补贴的方式等，其目的是促进慢性病的预防和管理。初级保健服务是人们接触卫生系统的第一环节，由独立的家庭医生单独提供或以团队形式提供。尽管初级保健医生或家庭医生为二级卫生保健充当了看门人的角色，患者仍可以直接访问妇科医生、心理医生等部分专科医生。二级卫生保健服务由公有或私有的医院、门诊医疗机构等卫生保健服务提供者提供。药品则是通过私人药店向市民提供。自2013年4月起，国家开始允许互联网药店销售药品。由于门诊服务的筹资来自国家层面，因此爱沙尼亚的每个人都能获得急诊医疗服务。

在卫生资源配置方面，爱沙尼亚所有的医疗卫生机构均自负盈亏，包括管理债务和制定投资决策。2004~2008年，爱沙尼亚的经济较为繁荣，爱沙尼亚医疗保险预算加倍，医保资金除了用于提高卫生人员的工资，还用于投资医疗设备。

自 2008 年全球金融危机后，由于经济衰退，爱沙尼亚的卫生保健预算没有得到有效增加。在 2012 年医护人员大罢工之后，爱沙尼亚首先考虑提高卫生专业人员的工资和待遇，但未能有效地提高医疗技术、增加投资和加快卫生机构设备的现代化。爱沙尼亚的高移民率、医学院校毕业生不足、年龄结构老化等问题，导致其医生数量每年减少 1%~2%，而护士数量的减少比之快一倍。

在波罗的海三国中，爱沙尼亚总体卫生筹资水平相对较高。2017 年卫生总支出占 GDP 的比例为 6.4%，从 2000~2017 年的趋势来看，卫生总支出占 GDP 的比重总体变化不大，基本维持在 5%~6.5%（详见表 9-1）。2017 年，政府总支出中政府卫生支出的比例为 12.2%。2002~2017 年，这一比例基本呈增长趋势。2017 年政府卫生支出占卫生总支出的比例为 74.7%，这一比例在波罗的海三国中是最高的，而且从历年的数据看，政府支出占卫生总支出的比例是稳定的。相反，爱沙尼亚个人卫生支出比例相对较低，历年保持在 19%~24%。可以看出，由于政府支出较多，减少了个人购买医疗服务的负担。

表 9-1 爱沙尼亚卫生总费用相关数据　　　　　单位：（%）

年份	卫生总支出占 GDP 比例	政府卫生支出占政府总支出的比例	卫生总支出中政府支出的比例	卫生总支出中个人支出比例
2017	6.4	12.2	74.7	23.7
2016	6.5	12.4	75.4	22.7
2015	6.4	12.1	75.3	22.8
2014	6.1	12.2	75.4	22.6
2013	6.0	11.8	75.5	22.6
2012	5.8	11.3	76.1	21.5
2011	5.8	11.7	75.0	21.6
2010	6.3	11.6	74.2	21.9
2009	6.5	11.0	77.2	20.3
2008	5.8	11.0	76.2	20.7
2007	5.0	11.1	75.0	22.7
2006	4.8	10.6	74.7	23.2

年份	卫生总支出占 GDP 比例	政府卫生支出占政府总支出的比例	卫生总支出中政府支出的比例	卫生总支出中个人支出比例
2005	5.1	11.1	74.0	22.6
2004	5.2	11.1	73.9	22.4
2003	4.9	10.5	76.0	20.5
2002	4.7	10.0	76.1	20.6
2001	4.8	10.7	78.1	19.2
2000	5.2	10.8	75.9	20.4

资料来源：https：//apps. who. int/gho/data/node. main。

二　拉脱维亚福利制度转型

1991 年，拉脱维亚脱离苏联宣布独立，在转型时期，全国 GDP 陡降，通货膨胀严重。独立后，拉脱维亚人口开始外流。1991~1993 年，因生育率持续走低和外迁人口增多，拉脱维亚人口出现负增长，平均每年减少近 1%。1991 年，退休年龄以上人口占比已经达到 20.8%，这明显高于大多数中东欧国家。为了应对经济危机、就业率下降、通货膨胀和人口老龄化加深等带来的严峻挑战，拉脱维亚政府决定改革苏联模式的社会保障制度。

（一）拉脱维亚养老制度改革

在转型前的社会主义时期，拉脱维亚养老保险制度采取苏联的国家保险模式，实行全民就业，强调养老金的再分配功能，退休年龄较低，其中男性为 60 岁，女性为 55 岁，养老金替代率相对较高，低收入者的养老金替代率高达 100%，高收入的养老金替代率也在 50% 以上，养老保险制度二元化，工人和农民分别参加不同的养老保险制度，养老保险制度供款全部来自国家预算，在职人员无须个人缴费。独立以后，拉脱维亚的养老保险制度先后经历了四个阶段的改革。

第一阶段是在 1991~1993 年，改革第一支柱的相关参数。1991 年，拉脱维亚通过关于国家养老金和社会保障税方面的两部新法，明确社会保障制度要与国家预算脱钩，养老保险制度应推行俾斯麦模式并最终建立缴费确定型（且国家不提供养老保险权益承诺）的养老保险制度。改革的主要措施是，根据改革方案，第一支柱将提供两类养老金。其中，老年养老金采取收益与在职期间收入相关联的做法，实行全覆盖。如果参保人没有足够的工作缴费记录，则可以享受第一支柱提供的社会救助养老金。社会保障总缴费率为38%，其中养老保险的总缴费率为工资的20%。养老保险全部由雇主缴费，雇员不承担缴费责任。这在中东欧国家中并不多见。1993年，拉脱维亚国会对养老金法案进行了修正并出台了关于养老金计算的暂行规定。新规定明确，计算养老金数额时只计算工作年数，不再计算个人收入。新的养老金包括两部分，即国家承诺的统一利率的最低基本养老金（相当于国家平均工资的30%）和与工龄相关的浮动养老金（即每工作1年，最低基本养老金增长0.4%）。这次改革之后，拉脱维亚的老年人养老待遇仍然不尽如人意，养老金替代率过低，据相关专家测定，拉脱维亚国内55岁退休人员的养老金替代率仅为44%，即使严格按照规定满60岁退休，养老金替代率也不过是46%。虽然当局也曾对养老金实行了多次指数化调整，但受高通货膨胀和整体经济下滑的影响，很多养老金领取者的生活还是较为贫困。另外，养老金开支越来越大，与国家预算难以脱钩。1991～1994年，高失业率、老龄化加剧导致养老保险制度缴费人口缩减和养老金领取人口增长。于是，养老保险制度开支占GDP的比重不断上升，从1991年的7.8%提高到1994年的10.2%。养老保险体系无法保证收支平衡，需要国家预算给予大额补贴。

第二阶段是在1996～1998年，除了第一支柱的参数改革外，这次改革建立了第三支柱，可以说，改革相对比较成功，但由于国内阻力较大，没有建立第二支柱养老保险。

第三阶段是在2001～2004年，改革成功引入第二支柱，因此基本建成了三支柱养老保险模式，但没有解决养老金的充足性问题。2001年12月，拉脱维亚修订了国家养老金法案。2002年1月，这一新修订法案开始施行，根据法案，这次改革的主要内容及措施如下。第一，继续对第一支柱——名义缴费确定型养老保险计划进行参数改革。第一支柱强制性覆盖所有雇员和自雇者，没有工作的人员，如家庭主妇、学生以及失业人员可以自愿选择加入。提高法定退休年龄，女性从1997年开始，每年提高6个月，男性从2000年开始，每年提高6个月。到2003年，男性退休年龄提高到62岁；到2008年，女性退休年龄也提高到62

岁。2003 年，整个社会保险缴费从 1996 年的 38% 降低到 2003 年的 33%。其中，养老保险总缴费率为 20%。如果参保人同时还加入第二支柱，第一支柱缴费率则为 18%。雇员缴费率为 9%。这次改革还第一次推出了最低养老金，并规定最低养老金数额根据参保人的投保期限而进行相应浮动。第二，改革引入了强制性的缴费确定型养老保险计划，即第二支柱养老保险。根据法律规定，年龄在 30 岁以下的拉脱维亚国民必须加入第二支柱，年龄在 31~49 岁的人员可以选择自愿加入，年龄在 50 岁以上的人员不加入第二支柱。2001 年，第二支柱的缴费率为 2%，由第一支柱进行拨付。如果同时参加第二支柱，第一支柱的缴费率就从 20% 降到 18%。2007 年，第二支柱的缴费率提高到 4%；2008 年，又进一步增至 8%。根据规定，第二支柱养老金的领取年龄等同于第一支柱。2014 年，拉脱维亚退休人员第一次领取了第二支柱养老金。与大多数中东欧国家的第二支柱养老保险相比，拉脱维亚的第二支柱颇具特色，即没有最低投资回报率的承诺。拉脱维亚所有养老保险基金投资公司都不提供最低收益回报率承诺，国家对此也不提供任何保证。总体而言，这一次养老保险制度改革基本达到了预期目的，提高了制度供款的稳定性。虽然养老金待遇相对较低，但拉脱维亚养老保险制度的运行还是比较平稳。

第四个阶段是在 2011 年，拉脱维亚再一次启动了新的养老保险制度改革。与前几次改革相比，这次改革的力度及深度都很有限。主要内容及措施有：在第一支柱方面，这次改革加强了第一支柱养老金的激励因素，从 2012 年开始，养老金数额直接与缴费情况相关联；在第二支柱方面，将缴费率从 2009 年的 2% 重新调高至 6%，但还是低于 2008 年的 8%，同时，放宽了更换基金公司和投资计划的相关限制，另外，还放松了对养老保险基金投资方面的管制；在第三支柱方面，缴费数额和缴费时间更为灵活且完全由参保人自行决定，没有超过个人总收入 20% 的缴费部分，免征个人所得税，领取第三支柱养老金的年龄仍为 55 岁，相关积累可以继承。这次改革之后，拉脱维亚养老金的替代率有所上升，达到 50% 或者更高一点。加入第二支柱的参保人增多，在整个养老保险制度的参保人中，有 57.9% 的人同时加入了第二支柱。

（二）拉脱维亚医疗制度改革

与爱沙尼亚和立陶宛相类似，拉脱维亚医疗制度改革的总特点是从集权到分权。苏联模式下医疗卫生系统的典型特点是高度集权化，体现为垂直管理和大型医院。20世纪90年代早期，拉脱维亚卫生系统的改革重点是改集权管理为分权管理。拉脱维亚首先把一些管理权力授权给地方政府，把一些低效的卫生服务部门私有化。从90年代末开始大致到21世纪的最初10年，拉脱维亚都在持续实行政策的转变和管理的分权化。1993年，提供初级诊疗和二级诊疗的大部分责任都转交给了地方政府，在地方政府建立了"疾病基金"（每一个地方政府有一个"疾病基金"）。对医疗保险制度来说，国民医疗系统（NHS）是医疗保险的唯一支付者。

2017年，拉脱维亚卫生总支出占GDP的比例为6.0%，这一比例在波罗的海三国中是最低的，与2000年相比，增长的比例不到1%。总的来说，近些年，拉脱维亚卫生总支出占GDP的比例波动不大，2016年为最高，也仅为6.2%。（详见表9-2）。2017年，政府卫生支出占政府总支出的比例为9%，2004~2008年这一比例较其他年份高，最低也达到了9%，最高年份为2004年的10.1%。政府支出和个人支出是卫生总支出的主要来源，数据显示，拉脱维亚的卫生总支出中个人支出比例从2000年至2017年呈现先逐年下降，后又有所回升的趋势。2017年，卫生总支出中个人支出的比例为42%，与2011年的34.3%相比，个人支出着实增长了不少，医疗卫生服务费用和药品费用的增长是近些年全球的普遍趋势，拉脱维亚个人支出的增长也与此相关。2017年，卫生总支出中政府支出的比例是57.1%，与个人支出相类似，这一比例在2000~2017年的趋势也是先逐步增长，随后有所下降。总的来说，与2011年的63.5%相比，2017年政府支出还是下降了不少。政府投入不足，也必然加重个人支付医疗卫生服务的负担。

表9-2　2000~2017年拉脱维亚卫生总费用相关指标　单位：（%）

年份	卫生总支出占GDP比例	政府卫生支出占政府总支出的比例	卫生总支出中政府支出的比例	卫生总支出中个人支出比例
2017	6.0	9.0	57.1	42.0
2016	6.2	9.4	55.8	43.4
2015	5.7	8.8	58.7	40.5
2014	5.5	8.6	59.7	39.1

续表

年份	卫生总支出占 GDP 比例	政府卫生支出占政府总支出的比例	卫生总支出中政府支出的比例	卫生总支出中个人支出比例
2013	5.4	8.6	60.0	38.5
2012	5.4	8.6	60.3	37.8
2011	5.6	8.7	63.5	34.3
2010	6.1	8.1	60.2	37.2
2009	6.2	8.2	59.6	38.8
2008	5.6	9.0	60.3	37.3
2007	5.8	9.9	58.5	39.3
2006	5.7	9.8	61.5	35.6
2005	5.9	9.6	55.7	41.7
2004	6.2	10.1	56.2	40.6
2003	5.5	8.2	49.8	48.6
2002	5.8	8.1	49.6	47.6
2001	5.4	8.1	48.7	48.9
2000	5.2	7.4	50.8	47.7

资料来源：https://apps.who.int/gho/data/node.main。

三 立陶宛福利制度转型

1990 年独立以后，立陶宛经济进入转型期，出现了高失业率、经济萎缩、收入下降、非正式经济凸显、企业破产以及货币实际购买力下降等现象。受此影响，立陶宛国家财政收入锐减，各项社会保险供款收入下降，因此，社会福利制度的改革被提上了议事日程。

（一）立陶宛养老制度改革

早在 1990 年，立陶宛就在中东欧国家中第一个制定并推行了新的养老保险法案，掀起了中东欧国家养老保险制度改革的第一次浪潮。自 20 世纪 90 年代以来，立陶宛的养老保险制度改革大致可以分为三个阶段。

第一阶段是 20 世纪 90 年代脱离苏联模式的改革。1990 年 2 月，在独立前夕，立陶宛最高法院通过了关于改革社会保险制度的法案。该法案提出，将养老保险事宜与苏联工会脱钩，转由立陶宛境内的相关部门负责。1990 年 3 月，独立伊始的立陶宛在劳工与福利部下设了国家社会保障总局，并设立国家社会保险基金。国家社会保险基金成员由雇主代表、雇员代表和政府代表组成。国家社会保障总局及其地区分支机构严格执行国家社会保险预算，全权负责社会保障的权利登记、缴费以及支付等相关事务。1991 年 5 月，立陶宛通过了国家社会保险法案，决定社会保险实行独立融资和独立管理，由国家社会保障总局及其地方分支机构管理社会保险基金，负责养老金缴费和发放等具体工作。法案还规定，社会保险总缴费率为 31%，其中雇主缴费为 30%，雇员为 1%。在总缴费中，养老保险的缴费率为 23.5%，其中雇主缴费为 22.5%，雇员为 1%。与拉脱维亚相似，雇主在养老保险事务中承担了绝大部分责任，这一点也符合立陶宛国内的传统。1991 年和 1992 年，立陶宛国内的通货膨胀率分别高达 400% 和 1000%。因此，国家社会保障总局的首要任务就是调整养老金待遇以减少养老金领取人口的贫困率，同时调整了养老金指数。由于受到国内经济社会形势尤其是居高不下的通货膨胀的影响，改革后的养老金实际购买力还是急剧下降。转型以来，立陶宛经济陷入困境，失业率走高，企业破产，非正式经济凸显，导致养老保险制度缴费以及财政的转移支付难以保证。欧盟、国际货币基金组织、国际劳工组织、联合国开发计划署、世界银行以及国际贸易组织等国际组织也相继推动立陶宛社会领域的改革，这些国际组织派出专家直接介入立陶宛养老保险制度改革的方案设计和模式选择。1995 年，立陶宛国会通过了一系列关于养老保险改革的相关法案，这些法案的改革目标主要是提高养老金和缴费关联度，减少政府支出，提高养老金透明度。

第二个阶段是 2003~2004 年的结构性改革，立陶宛建立了养老保险三支柱模式，引入半自愿的第二支柱和自愿加入的第三支柱。这次养老保险的私有化改革受到世界银行和欧盟的深刻影响。对于第一支柱，为了鼓励国民积极参保，立陶宛规定参保者向基本养老金的缴费额度也享受免税待遇。如果雇主负担大部分缴费责任，其缴费数额可以从应税所得中予以扣除，但雇员的缴费数额则不再享受税收优惠。这次改革积极引入半强制性的、全额积累的第二支柱养老金，并交由私有养老基金公司和寿险公司进行运作。早在 2000 年，立陶宛就允许设立私有养老基金。2004 年，全额积累的第二支柱养老保险正式启动。立陶宛政府允许参保人自行决定是否加入且没有时间限制。但一旦决定加入，在退休年龄之前，就不允许退出。因此，第二支柱可以看作半强制性的。根据规定，第二支柱养老保险基金由养老保险基金管理公司和寿险公司运营和管理，主要投资于金融市场。法律还规定，第二支柱养老基金公司的管理费最高不能超过第二支柱总缴费率的 10% 和该公司资产的 1%。每年，养老基金公司都必须告知参保人其本人的积累情况。缴费满 3 年以后，第二支柱参保人就有权更换养老保险基金。在更换时，参保人可以申请税收减免。改革还建立了补充的、自愿的、私有积累制的第三支柱养老保险，并交由私有养老保险基金公司或寿险公司运营。与第二支柱一样，立陶宛在 2000 年就允许设立第三支柱养老基金，但由于旷日持久的争议，第三支柱一直没有启动。直到 2004 年，立陶宛重新启动了基于职业养老金计划基础上的第三支柱养老保险基金。受政府优惠政策鼓励，2004 年正式启动的第二支柱发展较为顺利，大部分 45 岁以上人口加入了第二支柱。2010 年，第二支柱的覆盖率达到 85% 左右。这在中东欧国家当中并不多见。

第三阶段是 2009～2012 年的权宜性改革，目标是采取一些应急措施以确保养老保险度过经济危机。2008 年的经济危机重创了立陶宛经济，其养老保险基金投资受到严重影响，很多养老保险基金不但投资回报率为负数，甚至基金公司自身的资产都开始出现缩水。经济危机还导致立陶宛国内经济萎缩，失业率尤其是老年人口失业率攀高，政府财政困难并难以弥补第一支柱养老保险的赤字。为解决养老保险赤字问题，立陶宛政府决定削减养老金支出，但这又面临巨大的社会压力。2009 年 7 月，立陶宛通过了养老保险制度改革法案的修正案，决定 2009～2011 年将第二支柱的划拨缴费率从以前的 5.5% 下降到 2%。2010～2011 年，立陶宛又全面下调社会保险（含养老保险）缴费率，其中雇员的养老金缴费率为 3%，雇主 23.3%。2011 年 6 月，立陶宛通过了国家社会保险养老金法案修正案，决定收紧公共养老金领取条件。修正案规定从 2012 年 1 月开始逐渐提高退休年龄，其中女性每年提高 4 个月，男性每年提高 2 个月。预计到 2026 年，男性和女性的退休年龄将统一提高到 65 岁。同时，限制提前退休，收紧残疾养老金的审核条件。这次改革没有涉及第三支柱。

（二）立陶宛医疗制度改革

立陶宛医疗制度改革首先从管理体制入手，主要表现为从集权管理到分权管理。卫生部是立陶宛卫生保健体系管理的主要参与者，承担着制定卫生服务标准和审批卫生保健提供者及专业人士资质审核和注册等职责。从 20 世纪 90 年代起，卫生部将很多卫生管理职能下放到地方监管当局。立陶宛 60 个自治市虽在人口规模上差别迥异，既有少于 5000 人的，也有多于 50 万人的，但均负责组织提供辖区内的初级卫生保健工作，并开展地区水平的公共卫生活动。各自治市兼有管理辖区内重点综合性医院以及中小型医院的权力。政府管辖之外的私有医疗机构多提供口腔保健、整形手术、心理治疗、专科门诊及初级保健服务。

就立陶宛卫生保健体系的资金筹集看，20 世纪 90 年代后期，国民医疗保险金成为主要的资金来源，在此之前卫生系统主要以地方和国家的预算拨款为主。《医疗保险法》强制国民参与国民医疗保险制度，法律规定，所有永久居住在立陶宛的居民，以及合法受聘的非永久居民必须参与强制的医疗保险，国民通常支付的医疗保险税为纳税收入的 6%~9%。强制医疗保险为所有受益方提供一个标准的一揽子福利计划，如无论其是否缴纳保险费，都可以得到免费的紧急救助服务。在药品方面，对于医师开出的处方药物，特定的人群如儿童、退休人员及残障人士，以及某些特定疾病患者都拥有特殊的报销资格。其他所有缴纳保险的成年人必须依靠个人现金支出支付所有处方药及非处方药。国民医疗保险基金的一半来自国家预算，享受国家投保的特定人群，包括领取退休金或福利金的人群、儿童和老年人、产假期间的妇女及单身父母，约占总人口 60% 的比例。此外，政府预算还覆盖了长期家庭保健、卫生管理、教育及培训、资本投资及公共卫生服务等。由于经济危机，21 世纪以来，政府削减了一些医疗服务支出和药品支出，以期降低公共支出赤字，这导致个人支出相应增多。

就提供服务方面来说，立陶宛的公共卫生系统由隶属于卫生部的 10 个公共卫生中心及一系列具有不同服务功能的专业机构组成，如放射保护、紧急救助、卫生教育、疾病预防、传染病控制、精神卫生、健康监督及公共卫生研究与培训机构等。市属公共卫生局负责公共卫生监控、卫生促进及疾病预防。与中东欧其他国家相类似，立陶宛也实行分级诊疗服务。初级卫生保健改革的主要目标是培养守门员式的全科医师。1995 年，立陶宛的初级卫生保健发展策略主要是增强及扩展全科医师的服务和提高预防服务。此外，启动了全科医师培训项目及发展公共基础医疗设施。

立陶宛卫生体系的医疗服务付费方式为组合式的付费方式。初级保健主要按人头付费，部分按服务项目付费。门诊服务按病例、诊断性检查服务收取费用，住院病人按病例计付费的方式，公共卫生则主要通过基于历史的预算进行筹资。大多数卫生服务领域存在费用分担机制。自愿医疗保险的作用可以说是微不足道的。从卫生总支出占 GDP 比例来看，2017 年卫生总支出占 GDP 的比例为 6.5%。2000~2017 年，该比例有一定的起伏变动，2004 年最小值达到了 5.5%，2009 年的最大值为 7.4%。但总的来说，从 2010 年至今，政府支出比例较为稳定，都在 6% 以上（见表 9-3）。从政府卫生支出占政府总支出的比例来看政府对卫生筹资的力度，2017 年该比例为 12.8%，从历史纵向看，这一比例自 2000 年以来稳步趋升，比最低年份提高了近 3%。从卫生总支出中，政府支出的比例看，近些年，这一比例有所下降，这说明社会筹资和个人比例有所提高。卫生总支出中，2017 年个人支出比例为 32.3%，比 2000 年的比例提高了 5%。从这些数据看，政府虽然也适当提高了卫生支出在政府总支出中的比例，但个人支出比例仍然有所提高，这些都说明了医疗费用逐年增加的趋势。这一趋势值得政府关注。

表 9-3　立陶宛卫生总费用相关数据　　　　　单位：（%）

年份	卫生总支出占 GDP 比例	政府卫生支出占政府总支出的比例	卫生总支出中政府支出的比例	卫生总支出中个人支出比例
2017	6.5	12.8	65.5	32.3
2016	6.6	12.8	65.8	32.3
2015	6.5	12.3	66.1	31.8
2014	6.2	11.9	66.6	31.5
2013	6.1	11.3	65.6	32.8
2012	6.3	11.6	66.6	31.8
2011	6.5	10.8	70.3	28.2
2010	6.8	11.5	71.1	27.6

续表

年份	卫生总支出占 GDP 比例	政府卫生支出占政府总支出的比例	卫生总支出中政府支出的比例	卫生总支出中个人支出比例
2009	7.4	11.8	71.9	26.8
2008	6.3	11.7	70.7	28.2
2007	5.8	10.8	65.8	28.4
2006	5.8	10.6	62.4	31.9
2005	5.6	10.1	60.7	32.8
2004	5.5	10.1	62.6	32.9
2003	6.2	13.7	74.3	24.2
2002	6.1	12.7	72.8	25.6
2001	6.0	11.4	70.2	27.6
2000	6.2	10.6	67.3	27.2

资料来源：https：//apps.who.int/gho/data/node.main。

四　波罗的海三国福利制度转型比较及前景

波罗的海三国福利制度改革有诸多共通之处。首先，三国的改革深受世界银行、国际货币基金组织、国际劳工协会以及欧盟的影响。如三国在养老制度改革中都采纳了世界银行主张的三支柱养老模式，这与西巴尔干地区有所区别。西巴尔干地区六个国家中仅有两个国家采取了三支柱模式。其次，三国的养老保险制度都面临人口老龄化带来的挑战。人口老龄化趋势的加重，表明养老金领取人口不断增加，而同期的劳动年龄人口相对萎缩，这进一步恶化了养老保险制度的抚养比，给养老保险制度供款的充足性和稳定性带来了挑战。再次，三国都出现了第二支柱的养老金投资回报率较低甚至受损现象。爱沙尼亚养老保险基金投资自由化程度更高，政府对养老保险基金投资的绝对回报率及相对回报率不做任何硬性要求，投资风险完全由参保人自己承担。爱沙尼亚第二支柱养老保险基金的投资回报情况也远逊于预期，尤其是在金融危机时，养老保险基金资产损失惨重，老年人的养老保险收益也因此严重受损。拉脱维亚第二支柱养老保险基金投资回报远逊于公众的预期，不少基金公司的投资计划回报率甚至是负数，这极大地挫伤了国民参保的积极性。立陶宛第二支柱的投资回报率也令人失望。因此，波罗的海三国在未来应注重继续改革第二支柱养老金制度，如可放宽对第二支柱的养老保险投资限制，降低养老保险基金的资产管理费用和投资手续费用，降低第二支柱参保人的市场投资风险，规范第二支柱年金的发放和领取过程。最后，波罗的海三国在政府、雇主和雇员之间养老保险缴费责任分摊问题上，雇主压力相对较大，个人责任较轻。爱沙尼亚、拉脱维亚第一支柱缴费责任全部由雇主负担，雇员不承担缴费责任。立陶宛也与两国相似，养老保险的缴费率为23.5%，其中雇主缴费为22.5%，雇员为1%，雇主承担了绝大部分责任。为鼓励雇主的积极性和减轻企业负担，波罗的海三国在缴费比例上有待改革。波罗的海三国也存在养老金替代率相对过低的状况（为40%~50%），老年人口有贫富差距乃至老年贫困等问题。

就医疗保险制度改革来说，首先，三国普遍存在医疗保险资金可持续来源风险。爱沙尼亚社会医疗保险的主要筹资渠道是工资税，相比之下，地方政府对卫生筹资的贡献相对较小。爱沙尼亚医疗保险制度总人口覆盖率约达95%。由于医疗保险相关支付与就业挂钩，参保者中超过半数是无须支付保险的人，这将威胁卫生系统资金来源的可持续性。拉脱维亚政府对卫生医疗体系的投资有限，医疗卫生系统的筹资力度也不足。其次，三国都存在医护人员外流和短缺的现象。如拉脱维亚社会存在高移民率、医学院校毕业生不足、年龄结构老化等问题，导致其医护人员的配置严重不足。立陶宛卫生人员不断移民或因其他问题而流失，同时，卫生从业人员也存在老龄化问题。从改革前景看，在未来，波罗的海国家应重视政府对医疗领域的投资，提高医务卫生人员的待遇，提升卫生人员队伍数量和质量，防止卫生领域人力资源进一步流失。

第十章
中东欧国家福利制度转型背景及状况评估

一　中东欧国家福利转型的背景

（一）社会主义时期福利支出困境

在社会主义时期，社会主义国家曾一度回避"社会政策"一词，主要原因是社会主义国家认为，社会主义是比资本主义更先进的社会类型，由于消灭了剥削阶级，"社会问题"是不存在的。实际上，任何国家都存在社会治理模式问题，社会主义国家也始终存在社会政策。在冷战结束之前，从福利支出规模上讲，苏联和中东欧国家的福利在一些领域甚至超出了与其毗邻的西欧国家。这一地区中大多数国家的福利依赖国家占主导地位的三个福利支柱，即有保证的就业，通过补贴价格实现社会保护，以及大多以实物和服务供给形式出现的、以企业为基础的社会福利津贴。对于这一福利制度的某些缺陷，学者有诸多描述和评价，"可以说，在'苏联式'体制下，社会保护的主要形式是普遍化的、与就业相关的。它可能被描述为'重服务、轻转移'的形式。容易被人们忽视的是，全体人口都获益于消费价格补贴的系统性政策，而把生活消费水平控制得相当低"[1]。20 世纪 70~80 年代以来，苏联及中东欧国家的工业长期缺乏竞争力，技术陈旧、劳动生产力低下，因此，福利支出逐渐成为政府支出的巨大负担。社会主义时期的中央计划经济对经济资源有非常高的财政协调能力，福利支出甚至可

---

[1] 〔丹麦〕戈斯塔·埃斯平-安德森编《转型中的福利国家》，杨刚译，商务印书馆，2010，第 337 页。

达到 GDP 的 50%，如匈牙利。在转轨之前，社会保障在财政预算支出的比重不断上升，补贴逐年增加，储备基金入不敷出，这已成为各国普遍的现象。各国已经面临着社会保障制度的改革。中东欧国家开始政治转型之后，它们自成体系的经济猛然间被抛入全球经济之中。经济下滑导致原有的福利支柱再难以发挥作用，因此，20 世纪 90 年代，这些国家的福利改革势在必行。随着中东欧国家开始政治经济转型，"苏联式的福利制度转向'西方式'的福利制度。……不仅结束了特殊的政治和经济制度，同时也是一种特殊类型福利制度的结束"①。

（二）原有的福利制度对经济稳定和增长已造成阻碍

在社会主义时期，中东欧各国的保障具有普遍性，其保障范围包括养老、医疗、失业、伤残、优抚、居住、服务、职业培训、家庭补助等多种项目。各国的社会保障均由国家集中统一管理，实施的各类项目主要由政府兴办和经营。老年退休保险是各国社会保障项目中最重要和花费最大的项目。1989 年之后，中东欧国家养老制度的运行已经严重影响到这些国家经济的稳定和增长。如同大多数西方工业化国家，在近些年，养老支出在 GDP 中的比例不断增长。随着 1989~1991 年政治和经济改革的开始，养老金支出费用加速增长，中东欧一些国家的养老金支出平均水平在 1995 年达到了 GDP 的 10%。这样一种支出水平也达到了欧盟中较为富裕国家的支出水平（这一水平在 1995 年上升为 12%）。② 这种将经济资源高比例地转移支付给退休人群的情况影响了整个经济的稳定性和经济增长。

原则上，社会支出有社会保险的缴费作为支持，社会保险缴费在这些国家达到了很高的水平（各种保险的缴费率达到 50%~70%，大部分用来支持养老金支出），即使如此，养老金主要的和经常增长的部分仍需要国家财政资源来解决，这就扩大了政府财政赤字。而处于经济转型期的中东欧国家都把控制财政赤字作为稳定宏观经济的措施，高养老支出威胁到了宏观经济的稳定性，除非限制其他的公共支出，或者提高税收，但提高税收和削减财政赤字一样困难，这样做也会危及经济增长。

---

① Jolanta Aidukaite, "Old Welfare State Theories and New Welfare Regimes in Esatern Europe: Challenges and Implications", *Communist and Post-Communist Studies*, 42 (2009), p33.

② Robert Holzmann, "Staring over in Pensions: The Challenges Facing Central and Eastern Europe", *Journal of Public Policy*, Vol. 17, No. 2 (May-Aug, 1997), p198.

（三）转型期迫切需要建立社会安全网

中东欧国家在向市场经济体制转型的过程中，经济一度出现大幅度衰退，贫困居民和失业人数迅速增长。据统计，转型初期，大多数中东欧国家中15%有劳动能力的居民成为失业者，1/4～1/3的居民被甩到贫困线以下。为维持社会稳定，中东欧国家利用西欧国家的经验，很快就建立起对贫困居民和失业者的社会保障制度，在短期内成功地为社会上最容易受伤害的群体提供了可以接受的社会救助。社会救助主要体现在建立失业保险制度和健全家庭津贴制度方面。

二　中东欧国家福利转型状况评估

（一）从社会支出占财政支出的比例看福利水平

社会保障的支出能说明一个国家的福利成绩，许多研究已经说明，社会保障支出更多一些的国家有较低的不平等和贫困率，社会福利和社会服务质量较高，人口寿命就较长，人的健康水平也高。虽然有其他的因素影响社会的不平等程度，如，宏观经济状况，包括经济增长和就业的增长，较高的社会支出仍能显示出并影响一个社会的平等状况。欧盟老成员国15国社会支出占财政支出比例的平均水平是27%，中东欧国家在社会保障上的支出比例总体小于西欧国家。中东欧国家中社会支出较高的有斯洛文尼亚，为21%，匈牙利，为22%，波兰，为18%，捷克，为19%。

（二）从养老金支出规模和替代率看福利水平

"从养老金支出占GDP的比例可以观察一国社会政策的倾向和福利水平。据统计，2004年，中东欧部分国家首次加入欧盟，波兰养老金支出占GDP的比例为13.9%，斯洛伐克为7.2%，捷克为8.5%，匈牙利为10.4%。部分西欧国家的比例为：丹麦为9.5%，芬兰为10.7%，法国为12.8%，德国为11.4%，意大利为14.2%。"[①] 欧盟老成员国普遍要高于中东欧国家。

[①]　Hana Peroutkova, *Pension Reforms in the European Union—What Can We Learn?* Lap Lambert Academic Publishing, U. K., 2010, p46.

替代率，指老年人平均收入占同期社会平均收入的比例。欧盟成员国养老金的平均替代率是 70.1%，对于低收入者来说，替代率超过了 75%。在葡萄牙和卢森堡，低收入者的替代率达到了 100%。在大多数国家，低收入者的替代率普遍高于高收入者。就普通水平的收入者来说，中东欧国家较好水平的替代率是波、匈、捷、斯洛伐克、斯洛文尼亚，它们的普遍水平在 50%~90%，捷克为 58.2%，匈牙利为 90.5%，波兰为 69.7%，斯洛伐克为 60.2%。其他中东欧国家大多在 50% 以下。老成员国的替代率水平不一，较高的有奥地利，为 93.2%，希腊，为 99.9%，卢森堡，为 109.8%，法国和德国处于平均水平，法国为 68.7%，德国为 71.8%。[①]

中东欧国家的福利制度水平和模式并不一致。这些国家养老金占 GDP 的比例普遍低于西欧发达国家，显示出国家对福利投入较少，当然在有些国家，福利水平高是与高税收联系在一起的。从养老金的替代率看，波、匈、捷、斯洛伐克和斯洛文尼亚并不逊于西欧老成员国，但也应注意到，西欧国家和中东欧国家工资水平的差异，所以老年人的实际收入还是较西欧国家少，那些替代率特别低的国家，如罗马尼亚、保加利亚等国，老年人的纯收入就更少了。

（三）从最低工资看福利水平

在福利制度中，最低工资水平是一项重要的指标。最低工资在每一个国家都不一样，如保加利亚最低月工资为 112 欧元，卢森堡的最低工资标准最高，每月为 1610 欧元。就最低工资来说，除斯洛文尼亚外，中东欧新成员国的水平都低于西欧发达的老成员国。罗马尼亚、保加利亚在最低工资、人均 GDP 方面位列十个新成员国的最后两位。

显然，中东欧国家在福利制度转型上显示出了多元化，但是它们有许多共同之处，如社会保险制度占主体、高覆盖率，相对低的收益水平、带有苏联式的社会保障制度特征等。捷克、波兰、匈牙利和斯洛文尼亚转型最为成功，在许多指标上与西方接近，有的指标甚至超过，如斯洛文尼亚。由于各项社会指标和经济发展水平有所差异，中东欧国家的社会保障和社会福利水平总体偏低于欧盟老成员国。

---

① Hana Peroutkova, *Pension Reforms in the European Union—What Can We Learn?* Lap Lambert Academic Publishing, U.K., 2010, p40.

三 福利国家的类型及中东欧国家福利模式探析

(一) 福利国家的类型

二战后，"福利国家"概念被广泛使用。"福利国家"是指为了弥补社会分化、减少社会不平等或为了经济的可持续发展，政府采取社会保险、津贴、补助等政策对社会成员产生影响，最终的结果或是固化了社会分层，或是弥补了社会不公，或是加剧了社会分化。福利国家是资本对劳动力再生产要求的结果。在学术研究和实践语境中，福利国家通常指欧美富裕国家，把发展中国家排除在外。对于"福利国家"的分类研究，前人已经做出诸多界定，被学者广为采用的观点认为，每一种福利国家都是意识形态冲突并最终出现制度化的主流意识形态后的产物。这一分析方法可以简单归纳为"政治因素"分析方法，从这一方法出发，产生了关于福利国家或福利思想的类型学。

埃斯平-安德森就从"政治分析"出发，使用7项定量指标来衡量福利制度的可及性、涉及范围和再分配效果，使用4项与福利体制相关的定量指标来衡量福利国家的政治经济特征。将这些指标运用到对经济合作与发展组织成员国的分析上，最后发现福利制度的特征与政治体制模式之间存在明显的密切关系。因此，埃斯平-安德森把福利国家分为"自由主义""保守主义""社会民主主义"三种类型。在他看来，自由主义福利国家的福利制度具有以下特征：以家计调查为基础的救助扮演着核心角色，适度的社会保险福利以及由国家提供的个人福利。自由主义政治制度的特征在于以工人阶级为代表的左翼和以天主教、专制主义为代表的右翼力量交替出现。美国、加拿大和澳大利亚为此类型的典型。日本和英国也较为吻合。保守主义福利国家通过家计调查和私人福利强调社会保险，但是在形式上倾向于维持固化的阶层与社会地位分化，因此通过福利制度起到收入再分配的作用很小。这些政体在其政治史上具有天主教保守主义的传统和专制主义的倾向。意大利、法国、德国还有奥地利在某种程度上都属于这种类型。社会主义或者说社会民主主义国家实现了最广泛的以及具有阶级再分配功能的福利制度，改变阶级结构，但并不是要消除阶级差异。与其说是福利不如说是在劳动力市场上采取种种措施以培训和支持失业者以及那些受失业困扰的人。政治体制的特征不仅在于政府内部明显的工人阶级动员措施，还在于社会民主主义政党与诸如农民这样的其他群体形成阶级联盟的能力。荷兰、丹麦、瑞典为这一类型的典型。

金斯伯格也从政治或意识形态的角度出发，把福利国家划分为四类：社会民主主义福利国家、社会市场经济福利国家、法人市场经济福利国家、自由集体主义福利国家。当然，福利国家是多样性的，埃斯平－安德森和金斯伯格虽然是具有一定影响的学者，但大多研究者也经常根据自己的知识、经验和观察视角来评价福利国家的内在相似性和差异性。因为，谁都不能否认，福利国家的多样性是由种族、阶级、性别分化以及资本主义经济发展的特征所结构化的。

还有一种被较为广泛采纳的分类标准是用经济分析方法来界定福利国家。从经济发展的视角出发，社会政策被视为经济政策的一部分，并且社会政策能够对经济影响力的执行和经济政策的制定起到有利作用。在绝大多数西方国家政府眼里，这是对社会政策的主流看法。自20世纪30年代以来，对社会政策的经济分析由两种思想流派左右，通常我们称其为新古典主义经济学和凯恩斯主义宏观经济学。凯恩斯主义在战后繁荣时期处于支配地位，而从20世纪70年代中期经济发展进入滞胀和衰退以来，新古典主义经济理论重新复苏，代表性的现代模式有货币主义和供给理论。当然古典主义经济理论仍然对社会政策制定产生着巨大影响。新古典主义基于这样的假设，即除了在一些"外部性"（自由市场竞争对自身的负面影响）介入或者"公共产品"（比如国防）是首要的特殊环境中，自由市场能够使福利最大化。因此，新古典主义的经济学家根据实际政策通过限制"外部性"和提供"公共产品"对私人企业经济效率贡献或危害的程度来对其进行分析。凯恩斯主义本质上更加倾向于福利国家。社会政策被视为财政政策的一部分，由政府税收、支出和贷款组成的财政政策是管理国家经济以实现控制通货膨胀与失业、促进经济增长目标的核心手段。因此，福利国家无论是实施扩张政策还是收缩政策，其目的都在于稳定经济。凯恩斯主义根据社会政策到底是危害还是提升了宏观经济平衡来对其进行分析。降低福利开支可以给膨胀的经济需求和经济过热降温。凯恩斯主义者认为20世纪40~70年代福利国家的发展体现了成功的扩张性宏观经济管理，从70年代以后对福利国家增长的限制也有助于降低通货膨胀。新古典主义者则对这些说法提出了广泛质疑。当然，两个思想流派之间的隔阂很深，特别是当这些观念被运用到政府的实际操作中时。

20 世纪 70~80 年代，福利国家都面临日益增长的压力，受困于日益增长的福利与服务需求和日益减少的资源供给的钳制。在劳动力市场上，充分就业的终结颠覆了福利制度的社会保险基础。失业人群中的贫困现象卷土而来。福利国家的扩张走向了终结，福利国家向何处去？这既是现实问题，也是学术最为关注的问题。这种福利国家的发展方向，不仅涉及福利思想的变迁，在操作层面，也直接涉及福利支出是要扩张还是缩减。

在福利国家呈现多元化的情况下，在福利发展方向上也自然呈现多元的探讨和趋势。但普遍出现的情况是，虽然福利需求日益增长，但是对福利收益和服务直接性公共供给的资助都削减了，削减程度较强的是英国和美国，程度较轻的是德国和瑞典。受到新自由主义思潮的影响，由保守政党执政的福利国家更倾向于削减福利，并使福利服务和收益都走向私有化。自 20 世纪 80 年代以来，有学者认为，福利提供的私有化是必然的趋势，在美国，自里根时代开始，"私有化不仅是即将进行的问题，而是一个已经进行的过程"[①]。这不仅是因为财政支出的困难，也是全球化竞争压力所导致的。尽管这条道路困难重重，但保守主义政党和政治家普遍认为，福利投资是资本发展可以卸掉的成本因素。如约什卡·费舍所说："全球化对于西欧劳动力市场的压力导致长期失业者的数目持续上升，它又加重了对社会保障体系财政资源的压力。由此产生的资金筹措问题加剧了涉及社会福利国家成本日益严重的合法性危机。在同共产主义进行制度竞争的时代，为了保障西方工业社会的内部稳定而作为社会福利投资被接受的那些内容，今天则越来越多地被看作单纯的成本因素，因此日益被人们所拒绝。"[②] 在全球自由主义放任的今天，世界范围内的多数国家，尤其是富裕国家，把竞争作为最重要的经济和政治目标，在发达国家的领导层看来，维持社会福利国家意味着经济竞争力的丧失。新自由主义追求的放松国家干预和控制，以此为促进经济增长的手段，实际上也是对国际资本自由流动在政治上的回应，民族国家努力使自己成为资本全球化流动的回应者。

欧债危机以来，西方各国纷纷削减社会福利，尤其是失业救济和养老金福利，劳工组织和其他社会利益团体日益掀起了激烈的社会抗议运动，罢工、游行

---

① Samuel Krislov, "Can the Welfare State Survive in a Globalized Legal Order?" *Annal of the American Academy of Political and Social Science*, Vol. 603, Law, p55.

② 转引自张世鹏《二十世纪末西欧资本主义研究》，中国国际广播出版社，2003，第 260~261 页。

时有发生。但是，总的来说，当前福利制度的改革仅仅是福利结构的改革，虽然减少了某些社会支出，但不是要颠覆福利国家的基础。二战以后，福利国家一直是西方国家文明进步的象征，尽管自 20 世纪 80 年代以来社会福利不断得到削减，福利国家的社会保障制度仍然发挥着重要的作用，西欧社会的一体化和社会的团结合作正是通过福利制度达成的。福利国家面临的共同挑战就是如何解决财政紧缩、经济增长与福利制度的矛盾和冲突。至于 20 世纪 80 年代之后削减福利产生的社会影响，金斯伯格认为："福利国家变得更加不公正，同时也没有明显变得更具经济效率。……自由民主主义政体完全依赖于福利国家实现经济和政治延续。然而在一定程度上，福利国家的意识形态和经济成本是在逐渐耗尽竞争性法人资本主义经济活动的精神动力。这是一把双刃剑，至少在资本主义背景下，只要你愿意，这一矛盾将永远存在。"[①]

（二）正在探索新模式的中东欧新型福利国家

埃斯平-安德森把富裕国家的福利体制划分为三个类型，即自由主义福利国家体制、保守主义福利国家体制和社会民主主义国家体制，这一理论产生了广泛的影响。但因他未提及苏东等社会主义国家及发展中国家的福利体制应划入哪一种，后来的学者对其理论有所争议，并且一些学者试图去归纳苏东国家的福利体制属于哪一种类型或归纳为一种新的类型。

中东欧国家福利制度改革遵循了这样一种路线，即从原有的计划经济和国家集中化管理、分配福利的制度转向社会参与的分散化管理和分配福利制度。社会参与是建立在私有的和竞争的分散化投资福利基础上的。国家在福利部门的主要功能是提供法律框架，监管非国有机构，并提供最后的救助与保险。转型后的中东欧国家显然是一种新型福利模式国家。之所以说它们是新型的，一是因为其从原有苏联式的旧的福利保险制度转型而来，"在东欧，维持福利国家的政治压力要大于拉丁美洲，尽管这两个地区都存在经济和财政压力，但统一的中央集权的共产主义福利国家造成大量的强有力的福利遗产的支持者"[②]。除个别国家外，

---

① 〔英〕诺尔曼·金斯伯格：《福利分化——比较社会政策批判导论》，姚俊　张丽译，浙江大学出版社，2009，第 193 页。

② Linda J. Cook, *Postcommunist Welfare States—Reform Politics in Russia and Eastern Europe*, Cornell University Press, Ithaca and London, 2007, p248.

中东欧国家在福利水平上普遍低于西方发达国家的福利水平，带有浓厚的基本福利保障的特征。二是中东欧国家的福利模式并不能与自由主义的、保守主义的、社会民主主义形式的西方福利制度重合。"这种新型福利国家不同程度带有国家主导特征，同时又带有了市场竞争、私人分散投资参与的特征。中东欧新型福利国家既具有共产主义时期官僚管理特征，又具有市场化的特征。从政府职能角度看，将社会福利的管理职能从政府分离，由统一的社会保障基金理事会按照市场的原则进行管理。从资金来源看，鼓励私人资本参与社会福利领域的投资，通过市场增加社会保障资金的来源，从社会福利支出的承担主体看，由国家（包括中央和地方政府）、社会、企业和个人共同承担福利支出。"如琳达·库克在对波兰和匈牙利的福利模式特征评价时所说："波兰和匈牙利形成了'社会-自由'福利制度类型，这一福利类型混合了国家机制和市场机制，……'社会-自由'式福利国家维持了公共部门供应福利占主导地位和广泛的社会安全范畴。"①

"中东欧新型福利国家在国内因素和国际因素影响下，正处于不断改进和完善的过程。在未来，随着这一地区民主化的发展，这一地区的国家社会福利政策的方向和内容还会发展变化。"② 有学者在谈到中东欧国家的社会政策时，认为当前福利体制最根本的难题是：怎样才能为不断增多的、陷入困境的人们提供更好的社会保护，同时又要减少总的社会支出，因为实际拥有的或者可以获得的资源是有限的。这恐怕也是欧洲福利国家，不论是老成员国，还是新成员国将要共同面对的难题。

---

① Linda J. Cook, *Postcommunist Welfare States—Reform Politics in Russia and Eastern Europe*, Cornell University Press, Ithaca and London, 2007, pp. 249-250.

② 盖伊·斯坦丁：《中东欧的社会保护：一个滑行的锚和破裂的安全网的故事》，见〔丹麦〕戈斯塔·埃斯平-安德森《转型中的福利国家》，商务印书馆，2010，第336页。

第十一章
中东欧国家福利制度转型的路径及复杂性

一 养老制度转型的路径依赖及私有化探讨

在社会主义时期，中东欧和苏联国家的福利模式尤其是养老制度类似于17世纪俾斯麦式的福利模式。养老计划被整体纳入国家财政中，个人或者缴费，或者不缴费，但雇主的缴费是国家养老金重要来源，同时国家财政补贴也是最重要的一部分来源。在中东欧国家，从二战后人民政权建立到20世纪60~70年代，福利制度普遍的成就是覆盖率的提高，尤其是在波兰、匈牙利、南斯拉夫等国家，农民也被纳入国家养老和社会救济范畴。但社会主义时期福利制度普遍的缺陷是平均主义严重，缴费和受益之间的联系较弱，养老金的多少在很大程度上取决于服务年限，而不是缴费多少。一些国家存在行业特权的现象，国家对某些行业人员降低退休年龄或提高福利水平，这影响了养老制度内在的公平性问题。

1989年中东欧国家开始政治和经济转型，国家实行价格自由化，缩减在基本服务上的津贴，国有企业的重组对于国家财政收入和公共养老金支出两方面都有影响。国有企业或私有化或缩减规模或倒闭，国企部分工人或提前退休，或领取伤残养老金，或加入失业队伍。养老金领取者人数持续上升，缴费人数下降，引起了公共养老金财政的不稳定，正规工作队伍人数骤然减少也导致了社会保障覆盖率的降低。失业率上升，从事灰色工作的人增多，增加了贫困的风险，也不能为非正式部门工作的老年人带来保障。由于转型中的劳动力市场状况，社会抚养比遭到了侵蚀。到了20世纪90年代中期，中东欧国家的政府普遍认识到一个事实，那就是旧的养老制度亟待改革。中东欧地区的这一改革包括两种方案，参数改革和养老保险制度的部分私有化。参数改革包括提高退休年龄，取消行业养老特权，严格限制提前退休，对伤残养老金领取者的资格进行严格审查，引入养老金指数化的规则来应对通货膨胀，等等。从 20 世纪 90 年代晚期开始，匈牙利、波兰、斯洛伐克，保加利亚，克罗地亚，北马其顿和罗马尼亚都采取了多支柱的养老制度，实现了部分养老保险私营化制度。一些国家则引入生存期缴费与养老金收益相联系的名义账户制度（NDC），如波兰，在名义账户下，所有的缴费都被记入个人账户，但账户资金的积累只是虚拟的。个人收益水平实际上取决于个人缴费，同时个人受益也与退休时的预期寿命和退休年龄的选择相关。截至2008 年，加入欧盟的中东欧十个国家，除了捷克和斯洛文尼亚，都采取了混合制度。关于第二支柱的私有养老保险制度，中东欧国家规定养老基金收缴缴费率从 2% 到 10% 不等，从第一支柱中转入。私有养老基金意味着参保者的缴费进入了新创立的个人账户，这个账户中的资金完全是由参保者资金缴纳的，因此加强了个人对自我养老的责任感，如表 11-1 所示。但是，在个别国家，如保加利亚规定了第二支柱由雇主和雇员共同缴费，在斯洛伐克，雇主甚至完全为雇员在第二支柱的账户缴费。

表 11-1 中东欧国家建立养老金第二支柱的改革

国家	第一支柱	第二支柱的工资缴费比例（%）	缴费占第二支柱筹资的比例（%）	建立第二支柱的年份（年）	第二支柱的覆盖率（%）
保加利亚	PAYG	5	21.7	2002	强制性，42
克罗地亚	PAYG	5	25.0	2002	强制性，40；自愿性，40~50
匈牙利	PAYG	8	23.9	1998	新入职人员属于强制性，其他人自愿
马其顿	PAYG	7.42	35	2006	新入职人员属强制性

国家	第一支柱	第二支柱的工资缴费比例（％）	缴费占第二支柱筹资的比例（％）	建立第二支柱的年份（年）	第二支柱的覆盖率（％）
波兰	名义账号制（NDC）	7.30	26.1	1999	强制性 0；自愿性 30~50
罗马尼亚	PAYG	2，后增长到 6	6.7	2008	强制性 35；自愿性 36~45
斯洛伐克	PAYG	9	31.3	2005	自愿性（最初是强制性的）
捷克	自愿参加第三支柱，由国家财政补贴（1999 年）				
斯洛文尼亚	参加自愿的职业年金计划（2000 年）				

资料来源：作者根据资料整理。

从历史的角度看，中东欧国家福利制度的转型严重依赖于社会主义时期的历史遗产，民众应该享有社会福利是社会主义时期形成的被广泛认同的观念。观察中东欧国家的养老金改革，可以看到国家仍然承担着满足基本生活需求的社会保障支出。从这点上看，民众的基本福利得到了保障。

自 20 世纪 90 年代世界银行在世界范围内推荐多支柱养老计划方案以来，对于南美、中东欧国家引入多支柱养老的改革实践，全球学者有着广泛的分歧和争论。引入养老金私有化方案，一度被叫作"新的养老正统"（new pension orthodoxy），但也持续处于广泛讨论和批评中。有的社会保障专家认为，养老制度改革如果出于宏观经济的考虑来排挤社会政策目标，这是一种危险的做法。早在 1995 年，就有学者批评说："老龄化不能成为用来怀疑和取消现有社会保障的借口，并用一种服务于其他目的的制度来取代现有制度。" 1998 年奎赛尔（Queisser）指出："养老金改革，不管是什么模式的，其最优先目标，应该是改善提高老年人的生活保障……政策措施应有积极的影响……其他不能提高老年人养老金的方案都不能贴以养老金改革的标签。"① 联合国社会发展研究院也指出："把社会政策作为一种手段是不可接受的，因为它贬低了社会目标的重要性，而不是社会政策和经济政策目标一致促进社会经济进步。"②

但值得注意的是，2008 年之后，一些国家逐步弱化养老金私有化改革方案。2008 年的经济危机沉重打击了所有转型国家的经济，由于不同国家有不同的增长模式，它们受经济危机的影响是不均衡的。最受严重打击的国家是依赖于金融增长的国家，最明显的是波罗的海国家、斯洛伐克、匈牙利和东南欧国家。经济危机影响不仅仅是国外投资急剧减少，而且这些国家的出口规模也大大缩减，生产萎缩，财政收入下降，财政支出则或增长或稳定不变，导致这些国家的财政赤字上涨普遍超过了 GDP 的 5%。斯洛伐克的劳动力市场受到了沉重打击，从2008 年 10 月至 2009 年 12 月，失业率增长了 50%，同一时期，年轻人的失业率增长了 14%，这是欧盟 27 国中失业率最为迅猛的增长。经济危机暴露出匈牙利经常账户赤字和政府债务方面的结构性问题，这意味着政府财政没有能力腾挪出资金来应对和缓和经济危机产生的社会影响。表 11-2 列出了波兰、匈牙利、斯洛伐克、捷克、斯洛文尼亚经受经济危机打击的状况。

表 11-2　中东欧部分国家的在经济危机中的状况

国家	捷克	斯洛文尼亚	波兰	匈牙利	斯洛伐克
实际 GDP 降幅	-4.8%（2009 年）	-7.4%（2009 年）	+1.2%（2009 年）	-6.5%（2009 年）；-0.5%（2010 年）	-5.8%（2009 年）；+1.9%（2010 年）
就业萎缩		-2.6%（2009 年）	-0.7%（2009 年）	-3%（2009 年）；-0.8%（20 10 年）	-3.8%（2009 年）；0%（20 10 年）

① The United Nations Research Institute for Social Development, *Pension Privatizations in Poland and Hungarian*, p. 8, http://www.unrisd.org.

② The United Nations Research Institute for Social Development, *Pension Privatizations in Poland and Hungarian*, p. 8, http://www.unrisd.org.

续表

国家	捷克	斯洛文尼亚	波兰	匈牙利	斯洛伐克
失业率	7.4% （2010年）	6.7% （2009年）； 8.3% （2010年）	8.4% （2009年）	9.5% （2009年）； 10%以上 （2010年）	13.6% （2009年）
年轻人就业率（2009年）	16%	16%	20.5%	24.9%	32.9%
应对政策		实施"促进发展一揽子计划"，推进积极的劳动力市场政策；终生教育和社会保障	2009年财政赤字上升到GDP的6.4%，2010年上升到7.5%	从社会领域重组结构基金；从国际货币基金组织贷款200亿欧元	

资料来源：作者根据有关数据整理。

  各个国家开始采取积极应对之策。偿还债务问题使得许多国家向国际货币基金组织借贷，接受国际货币基金组织限制财政和货币节流的要求。如匈牙利同意接受国际货币基金组织200亿欧元的贷款，贷款的条件是要求匈牙利在养老金和生育福利上削减过于慷慨的支出。波兰却想方设法进行公共项目的投资，增加最低工资，降低个人所得税，实行弹性工作时间。斯洛文尼亚采取"促进发展一揽子计划"，在这一计划中，推进积极的劳动力市场。

  除调整经济结构、实行一定的扩张性财政政策外，中东欧国家的养老制度改革出现了新举措。波兰和斯洛伐克采取措施缩减第二支柱计划缴费率，以此来缓解财政压力和减轻参保人缴费负担。匈牙利停止了第二支柱，并将第二支柱缴费全部转回第一支柱。关于三支柱养老保险模式，世界银行认为，与现收现付制相比，三支柱模式对缴费人口和总人口增长的依赖程度低，能更好地应对老龄化以及人口减少带来的挑战。同时，三支柱模式通过建立养老基金可以提高缴费与收益之间的关联度，激励在职人员进行缴费。此外，养老保险基金还可以促进市场投资，增加经济发展。目前，大多数中东欧国家在福利转型改革中都采取了三支柱模式。引入这一模式的最大问题是转轨成本，尤其是第二支柱的成本问题。建立第二支柱，就意味着将现收现付养老金的部分资金转移到私有养老保险基金。

要弥补这一转移数额，就必须提高缴费率，或者降低养老金数额，抑或通过其他方式征集缴费。但也有一些国家例外，如塞尔维亚只建立了两个支柱的养老制度，即只有建立在现收现付制原则上的公共养老保险计划（第一支柱）和自愿的私有养老保险计划（第三支柱），并不存在任何强制性的私有养老保险计划（第二支柱）。从实践看，不少中东欧国家和拉美国家的第二支柱养老保险计划运行效果不佳，并没有实现引入前的预期目标，甚至还适得其反，加大了国家的财政赤字。中东欧国家的改革实践也证明，在推进福利制度私有化改革中，一个非常重要的方面就是需要政府出台相关配套措施，如为降低私有基金运营成本，需要政府放宽对基金运营的投资限制，允许基金对外投资，以切实提高基金的收益率，更好地回报参保人。政府也要注意出台相关的优惠政策，比如税收减免、税前列支等，以此来鼓励在职员工和雇主积极向私有基金缴费。总之，时至今日，中东欧国家的改革实践说明，养老金私有化改革并不能从根本上解决养老金财政危机问题，一些国家也并没有因引入私有化养老方案而缓解养老金赤字危机。因此，通过对中东欧国家福利转型的研究可以看出，世界上没有放之四海而皆准的养老保险模式，也没有完全应对人口老龄化的完美养老保险制度。每个国家和地区都应根据自身的实际经济社会情况和历史文化传统来选择适合自己的制度建设和改革之路。

二 中东欧国家医疗保险及卫生部门改革的复杂性

在全球经济复苏乏力、各国政府公共债务频增的背景下，改革和完善医药卫生体制、提高筹资能力、提高医疗卫生服务能力、为国民提供更可靠的医疗保障是转型国家面临的共同难题。中东欧国家医疗保险制度改革的基础是社会主义时期中东欧国家统一管理经营的医疗保险机构及国家承担绝大多数医疗费用的制度。在转型之前，国家或国家所属的社会保险机构垄断了医疗保险业务和医疗服务，在医疗保险领域，国家没有竞争者。医疗卫生制度改革比养老制度的改革更为复杂，就养老保险而言，可以简化为支付者和领取者。但在人们所需要的医疗服务中，存在三方关系，服务供给方，服务需求（出资）方和被保险人即病人。在医疗保健领域，供给方指的是将保健服务提供给病人的个人和组织；需求方指的是为医疗保健服务融资的一方以及代表消费者购买保健服务的组织，就是医疗保险商或者保险计划。三方关系成立的基础是个人参与保险计划，个人参保的形式主要是参与强制性保险或自愿的商业性医疗保险。强制保险是由一个国有垄断机构作为社会保险组织，或者有地区的垄断保险商业公司，或者分散化的保险机构竞争投保人，以便消费者可以选择其强制保险的机构。

在医疗保险改革之前，服务方和出资方都是国家，因此，改革的方向就是在服务供给方和出资方两方面引入竞争。在服务供应方来说，获得资金的形式有国家出资、个人缴纳的强制保险金、个人购买的自愿商业性保险金（或者本人购买，或者由雇主购买）和个人直接支付的现金部分。付给方，即服务的需求方（出资方）的资金来自国家出资、个人缴纳的强制保险金、个人或雇主缴纳的自愿保险金。总的来说，这些资金来源、资金收取形式并不矛盾。一个病人可以采取多种形式，如，他在看病时可以获得国家支付的服务，可以有自愿保险和强制保险，也可以自己支付一些医疗服务费用。总之，不管是私有医院还是私有保险机构都加入了医疗保险服务的竞争。

医疗制度改革的复杂性也在于涉及三方和多边关系中服务提供、接受服务、监管服务、为服务定价、服务体验、制定服务标准等不同方面带来的牵制和制约，因而要求不断完善相关机制。

中东欧国家的医疗卫生体制改革已有 20 多年，从三边关系和多方制约关系中制定法规和制度，往往会出现改革方向和改革措施之间的相互掣肘。如建立强制医疗保险、公立医院改革、按病种付费的改革，就涉及分级诊疗制度及私有医院发展、政府在公立医院和私有医院之间恰当分配投资等问题。这些问题也是中国医改面临的难题和正在探索的问题，因此中东欧国家的改革实践可以为中国的改革提供经验和借鉴。

首先，中东欧国家在普遍实行的分级诊疗制度实践中取得了一些经验和教训。就当前来看，分诊医疗制度最大的问题是频繁地向上级医院转诊导致的医疗服务效率不高和医疗资源得不到充分利用。中东欧国家建立的分诊医疗制度普遍遇到了这种困境，如罗马尼亚和塞尔维亚，塞尔维亚初级卫生保健服务主要由分布在各市和直辖市的社区卫生服务中心负责提供，不同社区的卫生服务中心提供的服务质量差别很大，初级卫生保健医生频繁地将患者转诊至二级和三级医院，自身能力逐渐弱化，以至于有些医师已经无法为患者提供较需要复杂操作的服务。罗马尼亚过度依赖住院治疗，医疗保障制度中的初级治疗和保健服务模式没有起到什么作用，这说明必须对初级卫生诊疗制度加强监管和进一步规定住院治疗的条件。罗马尼亚人还过度依赖急诊治疗，接受门诊和初级卫生诊疗的人数比例在欧盟国家中处于较低水平，这种情况是由初级卫生诊疗和门诊的质量较低引起的，特别是在农村地区，虽然有初级卫生诊疗和门诊服务可以提供，但人们往往直接寻求急诊或住院治疗。一些国家则积累了有益的经验，如 2004 年以来，波兰通过立法要求国家健康基金负责最大限度地收集、监测、公布病人等候入院的信息，提高了分级诊疗的效率；北马其顿则引入 E 医疗系统（e-health system），极大地提高了医疗服务效率，加强了专家之间的协调和合作，减少了向较高医疗层次转诊率。2013 年以来，北马其顿实施的"我的预约"计划提高了包括预约、发布处方、转诊和医疗技术使用的效率。北马其顿国家医疗保险基金也为医疗参保者实施了 E 服务（e-services），如建立电子医疗卡，其服务包括电子处方服务、转诊服务、电子报告、电子发票等，同时也建立了更快更可靠的数据库。

其次，中东欧国家改革公立医院的举措和效果也是值得关注的，科学稳妥地推进公立医院改革也是当前中国医改最重要的任务。众所周知，我国公立医院改革的目标是解决"看病难、看病贵"的问题，解决此问题的关键又在于抑制公立医院的逐利性问题，在取消药品加成和按病种收付费之后，要建立科学合理的公立医院补偿机制，补偿机制的建立需要财政投入、改进医疗支付方式、调整医疗服务价格等相关配套措施，以避免公立医院负债过多。在中东欧国家的公立医院改革中，出现了医院负债运行的状况，如波兰由于保险费用控制较紧等，医院所负债务逐步增加，约 65% 的公立医院负债。债务影响了医院的正常运行，医生工作条件差，士气低落，医疗水平受到影响，医务人员外流现象严重。

最后，私立医院发展及准确界定私立医疗机构在整个医疗服务中的位置一向是医疗改革共同面临的问题。中东欧国家的经验是在初级卫生保健领域积极规范地发展私立部门，支持民间资本进入初级医疗机构，满足国民初级医疗需求，缓解二级和三级医疗机构人满为患的现象。中东欧国家的医疗立法普遍允许私人开业行医，可以开个体普通诊所、个体专业诊所以及联合诊所。如波兰有 58% 的初级卫生保健服务由私立部门提供，初级牙科服务都是由私人牙科诊所提供的，除牙科外，一般私人诊所公共保险基金不予支付。波兰中小城市的专科门诊也主要是由私人开业医生运营，大城市专科门诊是在以前的专业医疗保健中心基础上发展起来的，现在作为独立的机构运营。克罗地亚的卫生服务网中包含了初级、二级以及三级卫生保健，卫生服务供应者分为公立与私营，大部分卫生服务的提供由公共机构承担，但初级医疗保健全科医师办公室大部分已被私有化，其余归县级所有。北马其顿启动卫生保健机构私有化改革后，私立初级卫生保健诊所的数量日益增加，所有牙科诊所都已经私有化，药房也处于私有化进程中，在初级卫生保健中引入了按人头付费制，对住院保健采用年总额预算分配制度。在这些经验的基础上，应注意推进有关立法，以监管私立医疗机构的服务收费和医疗服务的规范性操作。目前我国公立医院体系几乎垄断了从高端、专科到综合医院以及基层医疗卫生服务的所有领域。政府的医疗投入和医院的运行费用庞杂巨大，根据中东欧国家的经验，可以对现行的公立医院实行分类定位和改革，通过立法促进各级医疗机构之间分工合作，明确权责。

三 国际组织对中东欧福利转型的影响

中东欧国家先后转型后，政治学者特别是社会政策学者和分析家特别感兴趣的问题是，何种社会福利制度将会代替原有的社会主义福利制度？带有社会主义意识形态的福利制度被一些西方学者称作"国家式官僚集体制度"，这种"国家式官僚集体制度"被认为是一种全民性的、基于工作的福利支付与服务享受制度，是共产主义意识形态的平等主义和将福利制度与工资体系相结合的产物。[①]

剧变之后，中东欧各国政府首先关心的是经济转型和政治转型问题，即政治、经济和法律制度的改革，而不是社会福利制度的改革，也就是说，转型初期政府的议事日程中基本忽略了社会福利制度的改革。大致从 1989~1995 年，原有的社会保障制度遭到了破坏，人们收入降低、失业增加、死亡率上升，同时凶杀案增加、房租和交通费猛涨，养老金和其他津贴水平也受到严重影响。到1995 年，这一地区原共产党的后继党纷纷胜选，这些政党较为关注民生问题。因此 1995 年之后，中东欧国家开始初步筹划未来的社会政策发展方向。当中东

---

① 〔英〕鲍勃·迪肯、米歇尔·何尔斯、保罗·斯塔布斯：《全球社会政策——国际组织与未来福利》，苗正民译，商务出版社，2013，第 145 页。

欧国家没有过多关注社会政策和没有成熟的福利制度改革方案时，国际组织的干预应运而生。参与和影响中东欧国家社会福利政策制定的国际组织主要有以下几个：欧洲理事会、经合组织（经合组织有一个转型期经济社会合作中心，即Centre for Cooperation with the Economies in Transition）、国际货币基金组织、世界银行、国际劳工组织、联合国开发计划署、联合国儿童基金会。这些国际组织干预中东欧国家社会政策的手段主要有：带有社会条件的贷款、带有经济条件的贷款、额外款项激励、法律性管理、技术援助培训、签订政治协议、资源再分配、协作性会议与相关出版物、提供工作场所或资金支持等。

欧洲理事会建立了德摩斯梯尼项目，其正式目标是"确保在转型国家内实施民主制"。德摩斯梯尼项目的一小部分，也是其重要的一部分内容是"社会性事物"，占项目内容的12.4%。欧盟中东欧国家援助项目 PHARE 和独立国家联合体技术援助项目 TACIS 已经成为西方最大的资金援助项目。经合组织的转型期经济社会合作中心是 1990 年由美国出资建立的，该中心的主要任务是设计和监督年度工作项目，其内容包括政策建议、技术帮助和培训等。总体工作项目有四个关键主题，其中之一就是"重建相关的社会问题"。经合组织与国际货币基金组织经常在中东欧国家经济和社会问题上进行合作，其形式是二者经常召开联合会议。世界银行与国际货币基金组织的运作不同，世界银行在各国寻求一个合作伙伴，把钱贷给合作伙伴，同时促进所在国政策转变。所谓转变，就是各国不再试图维持传统的养老金和其他社会保险津贴，转而实施有针对性的政策，推出一个社会保险体系，即只保留统一费率的养老金，限制对其他津贴的享受权利，同时创建一个个人账户式的、私人管理的养老金第二支柱。当然，中东欧国家在不同程度上吸收了世界银行的意见，事实上世界银行内部也存在分歧。与国际货币基金组织和世界银行相比，其他国际组织的作用要逊色许多。国际劳工组织稍具影响力，它采取的措施是保存或建立三方管理形式，以此来向那些受到国际货币基金组织影响的政府施加压力，要求维持社会支出。欧洲理事会一直争取中东欧各国对欧盟社会宪章的认可，影响力稍逊一筹。经合组织的影响也较为薄弱。国际组织对于中东欧国家在社会领域中应该采取的社会政策发表了不同意见，也引发了它们之间的争论。这些组织干预的首要动机是使中东欧国家成为资本的安全场所，要保障转型后建立的市场机制平稳运转。如欧盟委员会有关人士曾说过："欧盟与中欧和东欧国家在转型期社会内容方面的合作是至关重要的，这样可以降低人们拒绝接受民主制和市场经济的风险，因为这两者的社会与人力成本太高了。"①

在不同国家有具体不同的国际组织发挥作用。在匈牙利，国际货币基金组织和世界银行一直是主要的运作者，其目的是影响匈牙利政府的收入维持和其他社会政策。总的来说，国际货币基金组织和世界银行在中东欧所起的作用范围较广，在很多国家都能看到它们的身影。国际货币基金组织总是提醒各国政府：向资本主义转变要求减少公共部门的借贷行为，而如果难以增加收入，就意味着需要减少社会保护部门的支出。至于国际货币基金组织向政府提出了哪些具体建议，使政府既可以做到这一点，又可以提供一个安全网，这通常是保密的。那么，国际组织对中东欧国家福利制度的塑造究竟有多大影响呢？若说国际组织起到决定性的作用是不可能的。首先，对于中东欧国家应实施何种社会政策，各种国际组织之间存在分歧，这些组织拥有能够影响这些国家的不同机构，在不同的国家有不同的效应。如欧盟 PHARE 项目内部有各种不同竞争性意见，再加上中东欧各国政府在多大程度上接受建议都会影响该建议的后果，因此，PHARE 项目在中东欧国家的活动十分有限。在欧洲理事会内部，社会事务处更愿意考虑社会政策领域里的社会宪章或法定权利内容，努力将工作收入与救济金收入区别开来。该组织在这一地区的工作一直是鼓励各国签署现行的社会宪章。经合组织的社会政策倾向一直在变化，它的政策建议也只是体现在匈牙利。世界银行内部也有分歧，但它的身影无处不在，总的来说，世界银行在引导福利制度改革方面取得了一定的成果。国际劳工组织更加支持传统的欧洲保守做法，同时支持带有全民性质的国家保障和由三方管理形式支撑的安全网式以及基于生计调查的社会救助。国际货币基金组织一直迫使该地区向建立一种社会安全网式的政策转变。同世界银行一样，它的作用取决于有关国家的政府是否愿意合作，也取决于该国的政治与社会现状。联合国开发计划署更倾向于支持国际劳工组织的政策倾向，在多个国家抵制国际货币基金组织和世界银行的政策。所以，在这一地区，存在着纵横交错的全球性对话，存在着各种西方福利思潮之间的斗争——自由主义的、保守主义的和社会民主主义的。世界银行和国际货币基金组织倾向于新自由主义

---

① 〔英〕鲍勃·迪肯、米歇尔·何尔斯、保罗·斯塔布斯：《全球社会政策——国际组织与未来福利》，苗正民译，商务出版社，2013，第148页。

思潮，但两者之间也有分歧。国际劳工组织可以说是倾向保守主义，倾向于欧洲保守性法团主义观点。各组织内部和组织之间的冲突反映了全球资本主义派别之间的竞争，如美国和欧盟。因此，来自西方的建议并不是一致的。国际组织和它们所属机构的建议具有一定的随意性和无控制性。不同的国际组织影响社会政策的能力不同，也对不同国家产生了不同的效应。

另外，国际组织的观念冲突也反映在各个国家内部冲突中，如财政部和劳工部之间，通常情况下，财政部更为反映国家货币基金组织的影响，劳工部更为反映国际劳工组织或联合国儿童基金会的主张。政府、社会和工会运动也可以产生影响力，欢迎或者阻拦来自不同组织的建议。由于西方的介入，该地区的社会政策和福利改革出现了不同的轨迹，如匈牙利、波兰部分采取了国际货币基金组织和世界银行鼓励的自由主义，保加利亚则采取了国际劳工组织和联合国儿童基金会鼓励的欧洲福利保守主义。

总之，在中东欧，关于与福利相关的社会政策的内容和目标应该采取什么样的治理模式更为恰当是一个非常有争论性的话题，到目前为止还没有明确的答案。一种观点认为，无论福利国家具有怎样的局限性，西欧的社会保险模式始终是中东欧国家福利转型的最好选择，因此，与就业相关的社会保障制度可以应对各种突发事件，而普遍津贴则可以应对与就业无关的任何风险，另外，社会救助制度可以防止或补偿贫困。另外一种观点认为，走西欧福利国家走过的道路注定要失败，因为它适用于走下坡路的工业就业模式，由于来自保险型定期缴款（insurance style contributions）的财力减少，要获取更多资源，只有通过一般税收才能实现。持这一观点的人倾向于选择目标对准型，他们越来越赞成实行更为严格的享受条件和富于指导性的、积极的社会政策，并与社会政策部分私有化联系起来，这种观点看起来更具有学习英国 20 世纪 80 年代以来福利制度改革的倾向。就目前看，中东欧国家福利制度改革面临的问题主要体现在以下三方面。一是社会福利的私有化应该达到什么样的程度。无论争论如何，自 20 世纪 90 年代以来，中东欧大多数国家把社会主义时期与就业相连的福利制度转向与市场相关的社会保险，其中，养老、医疗特别是医疗部分走向私有化，而以社会津贴、价格补助等为特征的社会保护也更具有针对性，这意味着享受已有补贴和新的补贴的权利会受到新条件的制约。在 20 世纪 70 年代，蒂特马斯在谈及社会服务"私营化"的时候，显然持不首肯的态度。"我行我素地生活、支用自己的货币及放弃责任的政府，其后果甚难估量。英美两国的中等及高等收入人士，在订合同包或使用私营医疗服务或私有退休金计划的时候，极有可能受人剥削，因为私营市场的行政、广告和营销成本均较高昂。……私营服务企业的原则是，排除'不良保险对象'和变迁的社会事故。"① 然而，转型国家受到西方国家私有化经验的影响是显而易见的，在这些国家，"改革的准备和讨论与两个问题密切相关，一个是市场化，一个是宏观经济的稳定"② 但社会福利的私有化应该达到什么样的程度，仍是转型国家正在探讨和实践的问题。二是受益者是否能在决策中起到作用，20 世纪 90 年代以来制定社会政策或者福利保障制度的"专家""专业委员会"在很大程度上主宰了社会治理的趋势，专家们的想法即是一国目前社会政策的发展方向，那么，这种趋势是否会延续下去，这种趋势是不是代表了社会决策的"民主化"？有许多"专家知识"的表述规则，可能最终成为指导原则。一般来说，社会协商是三方在起作用，政府、企业和个人。中东欧国家的工会力量日益衰弱，个人在社会政策的决策中还看不出能起到有分量的作用，这与民主化进程和民主治理模式的发展相联系。在对中东欧社会政策的重塑进行评估时，可以发现，在相互竞争的利益群体之间达成一致的机会是相当有限和脆弱的。三是地方分权在社会政策制定和执行中所起的作用。在这些国家，政治民主化往往伴随着地方分权和地方自治。地方政府在福利再分配中的作用也要依国情和具体地区而定。这一问题日益引起关注，因为在中东欧大多数人口密集的国家，如波兰，社会政策的区域性特征越来越明显，但分权化也可能导致重大的财政危机，特别是当失业和贫穷地区的差异走向极端时。再比如，波黑共和国医疗卫生制度改革就是一个国家不成熟的分权化治理方面的典型案例，这种分权化现象在冷战后的中东欧国家经常出现。波黑的改革既有行政分权化方面的创新经验，也有政治和行政机构方面对创新的抵制导致的效率低下及难以推进改革的教训。波黑共和国的两个实体间要在公共领域实行合作还有难以跨越的困难。实际上，波黑国家的医疗卫生改革具备良好的条件，如资金、技术知识、信息和人力及其他资源都具备，但就是因为两个实体的不合作和医疗体系的分立导致改革进

---

① 〔英〕理查德·蒂特马斯：《社会政策十讲》，江绍康译，吉林出版集团有限公司，2011，第 23~24 页。

② Robert Holzmann, "Starting over in Pensions: The Challenges Facing Central and Eastern Europe", *Journal of Public Policy*, Vol. 17, No. 2 (May-Aug, 1997): 205.

展很慢。国际社会希望两个实体间在"一个国家"层面上合作，把波黑整合为政府能有效行使职能的国家，要求地方政治家有更透明的行为。国际社会期望两个实体在医疗部门建立联系，包括把波黑的医疗体系整合为一个体系机构的计划。尽管国际社会认为把波黑整合为一个国家，并使波黑在医疗体系上实现两个实体有效合作的问题已经迫在眉睫，但两个实体并没有在整个国家层面上运行医疗卫生体系并进行实体间合作的意愿。可以说，达到国家治理以及次级国家治理平衡所面临的挑战，就是要找到多种办法，实现国家控制，以确保再分配功能发挥作用，确保充分考虑到地方需要和集团利益。

结　语

　　20 世纪 90 年代，在走入转型道路之后，中东欧国家都先后选择通过改革政治制度、经济体制以及社会政策来加入欧盟并重新回到欧洲。迄今为止，中东欧国家中已经有 11 国成功加入欧盟，东南欧的 5 个国家也正在积极申请入盟。在全面转型以及入盟的过程中，养老制度因涉及政治、经济、文化以及社会传统的复杂性，成为中东欧各国转型改革的重要内容或首要选择。在世界银行、国际货币基金组织、国际劳工组织以及欧盟的影响、介入乃至指导下，在人口危机、经济停滞以及社会动荡的压力和挑战下，中东欧国家纷纷对自身的养老保险制度进行了参数改革、结构性改革等多轮改革。由于各国国情不同，中东欧国家养老保险制度改革的方案设计、进程及成效不一。中东欧国家的各项改革一直受到国内学者的高度关注。20 世纪 90 年代，关于中东欧国家转型的研究主要集中在政治经济领域，直接研究其社会保障制度尤其是养老保险制度改革的成果并不多见。21 世纪以来，一些学者开始涉及中东欧国家养老保险制度改革研究，但往往以简要介绍为主，涉及福利类型、福利模式的理论探讨以及比较分析研究相对滞后。这在一定程度上造成了对整个中东欧国家养老制度转型的总体认识和整体评价还存在一定空白或偏差。研究中东欧国家的福利类型、福利模式、福利水平、福利制度的共性与差异性，可以进一步加强认识转型社会以及新欧洲的发展机制和规律，也有利于深刻认识养老保险制度改革与整体社会转型相互之间的关系，并通过借鉴、吸取中东欧国家福利制度转型的经验教训来推进我国的养老制度改革。这也是本课题研究的理论与现实意义之所在。再有，当前中国经济发展进入新常态，医改步入攻坚期。尽管深化医药卫生体制改革业已取得重大阶段性成效，但体制性矛盾和深层次问题仍不断显现。老龄化给医疗、医保和护理服务带来巨大压力，城镇化对卫生资源配置产生综合影响，医改之路任重而道远。中国与中东欧国家虽然国情不同，却在经济、社会转型过程中面临相似的挑战。在全球经济复苏乏力的背景下，如何改革和完善医药卫生体制，使之更有效率和效益，进一步提高筹资能力，为居民提供更可靠的医疗保障是转型国家面临的共同难题。了解中东欧国家的卫生体制改革，可以与中国现状进行横向对比，为进一步的学术研究和社会改革实践提供学术基础。此外，失业补贴、社会救助等社会安全网的重建也是中东欧国家福利制度转型的必要内容，由于本课题重点研究养老和医疗，对于广泛社会安全网的建立的研究仍非常欠缺，希冀在今后的研究中进一步充实。

在当代欧洲，政治发展和演变必然对福利国家造成直接和间接的影响，如极右翼势力的抬头、传统主流政党的衰弱，本课题对这些因素的及时跟踪研究还有所欠缺。由于中东欧国家都属于小语种国家，课题在收集原始资料方面遇到不少困难，也影响了研究的精确性和科学性。尤其是巴尔干国家的福利制度改革研究资料相对较少，但本课题的研究结果也显示出这一地区的福利改革更具有多元化的特征，因此，坚持追踪现实改革发展进程并对所有国家进行个案研究和分析比较，这对于丰富研究成果和完善研究观点将有极大的意义。

参考文献

中文著作

1. 丁纯：《世界主要医疗保障制度模式绩效比较》，复旦大学出版社，2009。

2. 金雁、秦晖：《十年沧桑——东欧诸国的经济社会转轨与思想变迁》，东方出版社，2012。

3. 金雁：《从"东欧"到"新欧洲"——20年转轨再回首》，北京大学出版社，2011。

4. 景天魁、毕天云、高和荣等：《当代中国社会福利思想与制度——从小福利迈向大福利》，中国社会出版社，2011。

5. 姜俐编著《列国志——斯洛伐克》，社会科学文献出版社，2006。

6. 孔寒冰等：《原苏东地区社会主义运动现状研究》，上海人民出版社，2010。

7. 刘作奎：《国家构建的"欧洲方式"——欧盟对西巴尔干政策研究》，社会科学文献出版社，2015。

8. 马晓强、雷钰等：《欧洲一体化与欧盟国家社会政策》，中国社会科学出版社，2008。

9. 彭华民等：《西方社会福利理论前沿——论国家、社会、体制与政策》，中国社会出版社，2009。

10. 任明辉、王颖主编《中东欧国家卫生体制研究》，人民卫生出版社，2015。

11. 朱晓中：《中东欧转型20年》，社会科学文献出版社，2013。

12. 周弘：《福利国家向何处去》，社会科学文献出版社，2006。

13. 朱传一、沈佩容主编《苏联东欧社会保障制度》，华夏出版社，1991。

14. 张永辉：《中东欧国家养老保险制度改革的回顾与展望》，上海人民出版社、格致出版社，2016。

15. 〔英〕彼得·泰勒-顾柏编著《新风险，新福利——欧洲福利国家的转变》，马继森译，中国劳动社会保障出版社，2010。

16. 〔英〕鲍勃·迪肯、米歇尔·何尔斯、保罗·斯塔布斯：《全球社会政策——国际组织与未来福利》，商务出版社，2013。

17. 〔英〕保罗·皮尔逊编《福利制度的新政治学》，汪淳波、苗正民译，商务印书馆，2005。

18. 〔英〕保罗·皮尔逊：《拆散福利国家——里根、撒切尔和紧缩政治学》，舒绍福译，吉林出版集团有限公司，2007。

19. 〔法〕弗朗索瓦·巴富瓦尔：《从"休克"到重建——东欧的社会转型与全球化·欧洲化》，陆象恰、王淑英译，社会科学文献出版社，2010。

20. 〔德〕弗兰茨-克萨韦尔·考夫曼：《社会福利国家面临的挑战》，王学东译，商务印书馆，2004。

21. 〔丹麦〕戈斯塔·埃斯平-安德森编《转型中的福利国家》，杨刚译，商务印书馆，2010。

22. 〔丹麦〕戈斯塔·埃斯平-安德森：《福利资本主义的三个世界》，苗正民、腾玉英译，商务印书馆，2010。

23. 〔英〕哈特利·迪安：《社会政策学十讲》，岳经纶、温卓毅、庄文嘉译，格致出版社、上海人民出版社，2009。

24. 〔英〕简·米勒编《解析社会政策》，郑飞北、杨慧译，格致出版社、上海人民出版社，2012。

25. 〔英〕贾森·安奈兹等：《解析社会福利运动》，王星译，格致出版社、上海人民出版社，2011。

26. 〔英〕理查德·蒂特马斯：《蒂特马斯社会政策十讲》，江绍康译，吉林出版集团有限公司，2011。

27. 〔英〕罗布·巴戈特：《解析医疗卫生政策》，赵万里等译，格致出版社、上海人民出版社，2012。

28. 〔英〕迈克尔·希尔：《理解社会政策》，刘升华译，商务印书馆，2005。

29. 〔英〕诺尔曼·金斯伯格：《福利分化——比较社会政策批判导论》，姚俊、张丽译，浙江大学出版社，2009。

30. 〔加拿大〕R. 米什拉：《社会政策与福利政策——全球化视角》，郑秉文译，中国劳动社会保障出版社，2007。

31. 〔日〕武川正吾：《福利国家的社会学——全球化、个体化与社会政策》，李莲花、李永晶、朱珉译，商务印书馆，2011。

32. 〔匈〕雅诺什·科尔奈：《思想的力量》，安佳、张涵译，上海人民出版社，2013。

33. 〔匈〕雅诺什·科尔奈、翁笙和：《转轨中的福利、选择和一致性——东欧国家卫生部门改革》，罗淑锦译，中信出版社，2003。

34. 〔美〕詹姆斯·米奇利：《社会发展——社会福利视角下的发展观》，苗正民译，格致出版社、上海人民出版社，2009。

中文论文

1. 卞暮东：《论九十年代东欧养老保险模式及其借鉴意义》，《今日东欧中亚》1999 年第 6 期。

2. 郭翠萍：《波、匈、捷福利制度转型比较评析》，《欧亚经济》2016 年第 6 期。

3. 郭翠萍：《论我国养老金制度存在问题及改革建议——基于与波兰养老金制度比较的研究》，《忻州师范学院学报》2015 年第 2 期。

4. 郭翠萍：《捷克社会民主党的历史及现状研究》，《科学社会主义》2013 年第 4 期。

5. 郭翠萍：《从福利国家的视角看欧债危机的根源》，《当代世界与社会主义》2012 年第 6 期。

6. 姬文刚：《欧盟对中东欧政党政治的塑造作用评估》，《当代世界与社会主义》2015 年第 5 期。

7. 纪军：《中东欧社会保障制度的重建》，《新视野》2006 年第 6 期。

8. 纪军：《匈牙利的社会保障制度及其改革》，《天津市工会管理干部学院学报》2000 年第 8 卷第 2 期。

9. 郭鹏：《捷克福利制度变迁的历史考察与趋势分析》，《俄罗斯中亚东欧研究》2010 年第 4 期。

10. 高明非：《原苏东国家社会保障制度改革及其借鉴作用》，《世界经济与政治》1996 年第 10 期。

11. 葛霖生：《论原苏联东欧社会保障制度的改革》，《世界经济与政治》1995 年第 5 期。

12. 林义：《东欧国家养老保险基金管理的启示》，《经济学家》1999 年第 3 期。

13. 徐刚：《欧洲新民粹主义的政治实践：一项比较研究》，《欧洲研究》2013 年第 5 期。

14. 徐刚：《西巴尔干国家社会福利制度转型评析》，《欧亚经济》2014 年第 5 期。

15. 项佐涛：《中东欧共产党与社会民主党党章内容异同比较》，《社会主义研究》2013 年第 3 期。

16. 项佐涛：《中东欧政党政治的"欧洲化"程度研究》，《当代世界与社会主义》2013 年第 2 期。

17. 项佐涛：《欧洲化进程中的"逆流"——中东欧的欧洲怀疑主义评析》，《当代世界与社会主义》2014 年第 4 期。

18. 广军、马强：《处于转型中的波兰医疗卫生制度》，《中国卫生资源》2007 年 5 月第 10 卷第 3 期。

19. 叶欣：《东欧的社会保障制度转型》，《世界博览》2009 年第 5 期。

20. 忆湘：《东欧社会保障体制的改革》，《今日东欧中亚》1998 年第 1 期。

21. 童伟：《东欧社会保障体制的改革及借鉴》，《税务与经济》1998 年第 5 期。

22. 王岐山：《经济转轨中的东欧社会保障体制》，《当代世界》1996 年第 12 期。

23. 郑秉文、陆渝梅：《名义账户制：波兰社会保障改革的有益尝试》，《俄罗斯中亚东欧研究》2005 年第 3 期。

24. 郑秉文、陆渝梅：《波兰：转型国家社会保障改革的一个成功案例》，《中国改革》2006 年第 7 期。

25. 张昱琨：《东欧国家对社会保障制度的改革》，《西伯利亚研究》1997 年

第 24 卷第 6 期。

26. 豪尔斯·加尔塞斯等：《匈牙利、波兰和捷克的福利国家建设》，王新颖编译，《当代世界与社会主义》2004 年第 5 期。

27. 尤兰塔·埃杜凯特：《福利国家理论与东欧新福利国家比较研究》，门小军译，《国外社会科学文摘》2009 年第 11 期。

英文著作

1. Andreas Hoff ed., *Population Ageing in Central and Eastern Europe—Societal and Policy Implication*, Zittau/Görlitz University of Applied Sciences, Germany Oxford Institude of Ageing, University of Oxford, UK, Ashgate Publishing Limited, 2011.

2. Attila Agh, *Emerging Democracies in East Central Europe and the Balkans*, Edward Elgar Publishing, 1998.

3. Andreas Hoff, eds., *Population Ageing in Central and Eastern Europe*, MPG Books Group, UK, 2010.

4. Bogdan Szajkowski, *New Political Parties of Eastern Europe and the Soviet Union*, Longman Group UK Ltd, 1991.

5. Claus Wendt, Monika Mischke, Michaela Pfeifer, *Welfare States and Public Opinion*: *Perceptions of Healthcare Systems*, *Family Policy and Benefits for Unemployed and Poor in Europe*, Edward Elgar Publishing, Inc. USA, 2011.

6. Christian W. Haerpfer, *Democracy and Enlargement in Post-Communist Europe*: *The Democratization of the General Public in Fifteen Central and Eastern European Countries*, 1991—1998, Routledge, 2002.

7. Detlef Pollack, Jörg Jacobs, Olaf Müller and Gert Pickel, *Poltical Culture in Post-Communist Europe*: *Attitudes in New Democracies*, Ashgate, 2003.

8. Dana R. Gordon and David C. Durst, *Civil Society in Southeast Europe*, Rodopi B. V., 2004.

9. Enrico Marelli and Marcello Signorelli ed., *Economic Growth and Structural Features of Transition* Basingstoke, England; New York: Palgrave Macmillan, c2010.

10. Frances Millard, *Elections*, *Parties*, *and Representation in Post-communist Europe*, Palgrave Macmillan, 2004.

11. Giuliano Bonoli edited, *Ageing and Pension Reform Around the World：Evidence from Eleven Countries*, Edward Elgar Publishing Limited, UK, USA, 2005.

12. Geert-Hinrich Ahrens, *Diplomacy on the Edge：Containment of Ethnic Conflict and the Minorities Working Groug of the Conferences on Yugoslavia*, The Johns Hopkins Unicersity Press, 2007.

13. Grzegorz Ekiert and Stephen E. Hanson ed., *Capitalism and Democracy in Central and Eastern Europe：Assessing the Legacy of Communist Rule*, Cambridge University Press, 2003.

14. Geoffrey Swain and Nigel Swain, *Eastern Europe since 1945*, PALGRAVE MACMILLAN, 2003.

15. Grzegorz W. Kolodko, *Post-Communist Transition：The Thorny Road*, University of Rochester Press, 2000.

16. Hana Peroutkova, *Pension Reforms in the European Union—What Can We Learn?* Lap Lambert Academic Publishing, U. K., 2010.

17. Henry F. Carey, *Romania since 1989：Polices Economics and Society*, Lexington Books, 2004.

18. Igor Guardiancich, *Pension Reforms in Central, Eastern and Southeastern Europe：From Post-socialist Transition to the Global Financial Crisis*, Routledge, in USA and Canada, 2013.

19. Ipek Eren Vural ed., *Converging Europe：Transformation of Social Policy in the Enlarged European Union and in Turkey*, Ashgate Publishing Company, 2011.

20. John Löwenhardt, *Party Politics in Post-Communist Russia*, Frank Cass & Co. Ltd, 1998.

21. János Kornai and Susan Rose-Ackerman, *Building a Trustworthy State in Post-Socialist Transition*, Palgrave, 2004.

22. John T. Ishiyama ed., *Communist Successor Parties in Post-communist Politics*, Nova Science Publishers, Inc. 1999.

23. John D. Nagle and Alison Mahr, *Democracy and democratization*, SAGE Publications Ltd. , 1999.

24. Kay Lawson, Andrea Rommele, and Georgi Karasimeonov, *Cleavages,*

Parties, *and Voters*: *Studies from Bulgaria*, *the Czech Republic*, *Hungary*, *Poland*, *and Romania*, Praeger Publishers, 1999.

25. Kate Hudson, *Breaking the South Slav Dream*: *The Rise and Fall of Yugoslavia*, Pluto Press, 2003.

26. Linda J. Cook, *Postcommunist Welfare States*: *Reform Politics in Russia and Easern Europe*, Cornell University Press, Ithaca and London, 2007.

27. Linda J. Cook, Mitchell A. Orenstein, and Marilyn Rueschemeyer ed., *Left Parties and Social Policy in Post-communist Europe*, Westview Press, 1999.

28. Lene Bogh Sorensen and Leslie C. Eliason ed., Forward to the Past? *Continuity and Change in Political Development in Hungary*, *Austria*, *and the Czech and Slovak Republics*, Aarhus University Press, 1997.

29. Leater H. Brune, *The United States& The Balkan Crisis*, 1990–2005: *Conflict in Bosnia& Kosovo*, Regina Books, 2005.

30. Nicola Yeates, *Globalization and Social Policy*, London: Sage, 2001.

31. P. Pierson ed., *The New Politics of the Welfare State*, Oxford: Oxford University Press, 2001.

32. Paul G. Lewis, *Party Structure and Organization in East-Central Europe*, Edward Elgar, 1996.

33. Pradeep Mitra, Marcelo Selowsky, and Juan Zalduendo, *Turmoil at Twenty*: *Recession*, *Recovery*, *and Reform in Central and Eastern Europe and the former Soviet Union*, [foreign government document] Washington, DC: World Bank, c2010.

34. Richard Rose and Neil Munro, *Elections and Parties in New European Democracies*, A Division of Congressional Quarterly, Inc., 2003.

35. Roberto Belloni, *State Building and International Intercention in Bosnia*, Routledge, 2007.

36. Stefan Svallfors eds., *The Political Sociology of the Welfare State*: *Institutions*, *Social Cleavages*, *and Orientations*, Stanford University Press, Stanford, California, USA, 2007.

37. Stephen White Judy Batt and Paul G., Lewis ed., *Developments in Central and East European Rolitics*, Palgrave Macmillan, 2003.

38. Sharon Fisher, *Political Change in Post-Communist Slovakia and Croatia*: *From Nationalist to Europeanist*, Palgrave, 2006.

39. Sten Berglund, Frank H. Aarebrot, Henri Vogt, Georgi Karasimeonov, *Challenges to democracy*: *Eastern Europe Ten Years after the Collapse of Communism*, Edward Elgar, 2001.

40. Sharon L. Wolchik and Jane L. Curry ed. , *Central and East European Politics*, Rowman & Littlefield Publishers, Inc., 2011.

41. Susanne Jungerstam-Mulders, *Post-Communist EU Member States*: *Parties and Part Systems*, Ashgate, 2006.

42. Tomasz Inglot, *Welfare States in Central Europe*, 1919—2004, Cambridge University Press, 2008.

43. Zoltan Barany and Robert G. Moser, *Ethnic Politics After Communism*, Cornell University Press, 2005.

英文论文

1. Alexander Afonso and Yannis Papadopoulos, Europeanization or Party Politics? Explaining Government Choice for Corporatist Concertation, *Governance*, Vol. 26, No. 1, January 2013.

2. Attila Ágh, *The Europeanization of Social Democracy in East Central Europe*, ECPR 2004 Joint Session of Workshops at Uppsala University.

3. Balazs Egert, The Impact of Changes in Second Pension Pillars on Public Finances in Central and Eastern Europe: The Case of Poland, *Economic Systems* 37, 2013.

4. Cristina Hernández-Quevedo and Anna Sagan eds., Romania Health System Review, *Health Systems in Transition*, Vol. 18 No. 4, 2016, http://www. euro. who. int/en/countries/romania/publications2/romania-hit-2016.

5. Cain, J. et al. , In Cain, J. and Jakubowski, E., eds. Heath Care Systems in Transition: Bosnia and Herzegovina. *Copenhagen*, *European Observatory on Health Care Systems*, 4 (7), 2002.

6. Dimitra Panteli and Anna Sagan ed., Health Systems in Transition——Poland

Health system review, 2011, http: //www. euro. who. int/en/countries.

7. Danica Fink-Hafner, Europeanization in Managing EU Affairs: Between Divergence and Convergence, A Comparative Study of Estonia, Hungary and Slovenia, *Public Administration* Vol. 85, No. 3, 2007.

8. Ellie Tragakes, Besim Nuri, Health Care System in Transition, 2003, *European Observatory on Health Systems*, http: //www. Observatory. dk.

9. Elaine Fultz, Recent Trends in Pension Reform and Implementation in the EU Accession Countries, *International Labour Office*, May 2003.

10. Enyedi, Zsolt, *"Europeanisation" of Central Eastern European Party Systems*, Paper prepared for the POLIS Plenary Conference 2005, Workshop 8: Party Systems and European Integration, Sciences Po. , Paris, 17 – 18 June 2005, http: //www. epsnet. org/2005/pps/Enyedi. pdf.

11. Frank Schimmelfennig, Europeanization beyond Europe, *Living Reviews in European Governance*, Vol. 7, 2012.

12. Fiona Coulter, Christopher Heady, Colin Lawson, Stephen Smith, Social Security Reform for Economic Transition: The Case of the Czech Republic, *Journal of Public Economics*, 66, 1997.

13. Geoffrey Pridham, The European Union's Democratic Conditionality and Domestic Politics in Slovakia: The Mečiar and Dzurinda Governments Compared, *Europe-Asia Studies*, 54: 2, 2002.

14. *Health Systems in Transition—Slovakia*, Social Expenditure—Aggregated data, http: //stats. oecd. org/Index. aspx? datasetcode = SOCX_AGG.

15. Hlousek, V. & Lubomir, K, Cleavages in the contemporary Czech and Slovak Politics: Between Persistence and Change, *East European Politics and Societies*, Vol. 22, No. 3, 2008.

16. Haughton, T. Explaining the Limited Success of the Communist-Successor Left in Slovakia: The Case of the Party of the Democratic Left, *Party Politics*, Vol. 10, No. 2, 2004.

17. Helmut Wagner, Pension Reform in the New EU Members States: Will a Three-Pillar Pension System Work? *Eastern European Economics*, Vol. 43, No. 4,

July-August 2005.

18. H. J. M. Fenger, Welfare Regimes in Central and Eastern Europe: Incorporating Post-communist Countries in a Welfare Regime Typology, *Contemporary Issues and Ideas in Social Sciences*, August 2007.

19. Herbert Kitschelt, Regina Smyth, Programmatic Party Cohesion in Emerging Postcommunist Democracies, *Comparative Political Studies*, Vol. 35, No. 10, 1228 – 1256, 2002.

20. I. Iwasaki-k. Sato, Private Pension Funds in Hungary: Politics, Institutions, and Performance, *Acta Oeconomica*, Vol. 55 (3), 2005.

21. Imre Boncz, Julia Nagy, Andor Sebestyen, Laszlo Korosi, Financing of Health Care Services in Hungary, *Eur J Health Econom*, 3, 2004.

22. Janos Kornai, Eeitorial: Reforming the Welfare State in Postsocialist Societies, *World Development*, Vol. 25, No. 8, 1997.

23. Jolanta Aidukaite, Welfare Reforms and Socio-economic Trends in the 10 New EU Member States of Central and Eastern Europe, *Communist and Post-Communist Studies* (44), 2011.

24. Jennifer Cain, Antonio Duran, Amya Fortis and Elke Jakubowski, eds. , Heath Care Systems in Transition: Bosnia and Herzegovina, Copenhagen, *European Observatory on Health Care Systems*, 4 (7), 2002.

25. Jolanta Aidukaite, Old Welfare State Theories and New Welfare Regimes in Esatern Europe: Challenges and Implications, *Communist and Post-Communist Studies* 42, 2009.

26. Jan Molek, Development of the State-contributory Supplementary Pension insurance in the Czech Republic, *Legal and Economic Issues in Medicine and Social Sciences*, Kontakt 16, 2014.

27. Jennifer Cain, Antonio Duran, Amya Fortis and Elke Jakubowski, *Health Care Systems in Transition—Bosnia and Herzegovina*, 2002, http: //stats. oecd. org/ Index. aspx? datasetcode.

28. James W. Dean, Eva Muchova, Jan Lisy, How Slovakia has the Confidence Fairy, *Joural of policy Modeling*, 35, 2013.

29. John T. Ishiyama, Strange Bedfellows: Explaining Political Cooperation between Communist Successor Parties and Nationalists in Eastern Europe, *Nations and Nationalism*, Volume 4, Issue 1, January 1998.

30. Klaus H. Goetz and Jan-Hinrik Meyer-Sahling, The Europeanisation of National Political Systems: Parliaments and Executives, *Living Reviews in European Governance*, Vol. 3 (2008), No. 2.

31. Katharina Muller, Pension Reform Paths in comparison: The Case of Central-Eastern Europe, *Czech Sociological Review*, 1999, Vol. 7, No. 1: 51–66.

32. Krzysztof Jasiewicz, The New Populism in Poland: The Usual Suspects? *Problems of Post-Communism*, Volume 55, No. 3, May-June 2008.

33. Kristen Ghodsee, Left Wing, Right Wing, Everything: Xenophobia, Neo-totalitarianism, and Populist Politics in Bulgaria, *Problems of Post-Communism*, Volume 55, Number 3/May-June 2008.

34. Lubomir Kopecek, The Slovak Party of the Democratic Left: A Successful Post-Communist Party? *German Policy Studies*, Vol. 2, 2002.

35. Lewis, Paul, The European Union and party politics in Central Europe, In: International Studies Association, 28 February – 3 March 2007, Chicago, http://oro. open. ac. uk/11066/1/EUpolitics. pdf.

36. Mitchell Orenstein, Transitional Social Policy in the Czech Republic and Poland, *Czech Sociological Review*, 1995, Vol. 3 No. 2.

37. Mitchell A. Orenstein, Poverty, Inequality, and Democracy: Postcommunist Welfare States, *Joural of Democracy*, Volume 19, No. 4, October 2008.

38. Mitchell Orenstein, Transitional Social Policy in the Czech Republic and Poland, *Czech Sociological Review*, III, 2, 1995.

39. Marketa Ruzickova, Sarka Hubackova, The Main Differences between Czech and Slovak Compulsory Premium, *Procedia-Social Behevioral Sciences*, 109, 2014.

40. Maxmilian Strmiska, The Communist Party of Bohemia and Moravia: A Post-Communist Socialist or a Neo-Communist Party? *German Policy Studies*, Vol. 2, 2002.

41. Nicole Satterley ed., *National strategy of Sustainable Development of Montenegro*, Podogorica: Ministry of Tourism and Environmental Protection of the

Republic of Montenegro; 2007, http：//www. kor. gov. me/ files/1207655097. pdf.

42. Robert Holzmann, Staring over in Pensions: The Challenges Facing Central and Eastern Europe, *Journal o Ronald H. Linden*, The New Populism in Central and Southeastern Europe, *Problems of Post-Communism*, Volume 55, Number 3/May-June 2008.

43. Stepen Jurajda and Katherine Terrell, Job Reallocation in Two Cases of Massive Adjustment in Eastern Europe, *World Development*, Vol. 36, No. 11, 2008.

44. Samuel Krislov, Can the Welfare State Survive in a Globalized Legal Order? *Annal of the American Academy of Political and Social Science*, Vol. 603, Law, 2010.

45. *The Jobs Crisis: Household and Government Responses to the Great Recession in Eastern Europe and Central Asia.* [foreign government document]. Washington, D. C.: World Bank, c2011.

46. *The United Nations Research Institute for Social Development: Pension privatizations in Poland and Hungarian*, http：//www. unrisd. org.

47. Ulrich Sedelmeier, Europeanisation in New Member and Candidate States, *Living Reviews in European Governance*, Vol. 6, 2011.

48. Vera Stojarová, Jakub Šedo, Lubomír Kopecek and Roman Chytilek, Political Parties in Central and Eastern Europe: In Search of Consolidation, *IDEA*, 2007.

49. Vera Prazmova, Eva Talpova, Health Financing and Regulatory Fees in the Czech Republic, Legal and Economic in Medicine and Social Sciences, *Kontakt* 16, 2014.

50. Zuzana Kusá, Daniel Gerbery, *Europeanization of Slovak Social Policy*, ESPAnet Conference 2007 20-22 September 2007 Vienna.

后 记

　　2020 年全球新冠疫情爆发期间，德国多家肉联厂发生群体新冠病毒感染事件，来自罗马尼亚、保加利亚和波兰等东欧国家的工人聚集性居住是引发此次疫情感染的一个重要原因。2020 年初，英国宣布正式脱欧，在脱欧过程中，积极主张脱欧的利益集团在列举脱欧必要性的论据时强调，包括中东欧国家劳工涌入英国并抢占了英国超市、农业种植等领域的工作岗位。除了下层劳工，中东欧国家医生和护士等专业人员也不断流入欧盟老成员国，导致中东欧国家医护人员的短缺。中东欧国家社会公众对西欧式美好生活的向往引发了欧洲从东到西的移民流动。西欧老成员国一向被称为福利国家，但中东欧国家人民是否在西欧实现了美好生活的愿望则是另一个复杂的话题。21 世纪 90 年代以来中东欧国家的福利改革和福利建设无论如何也是一个值得认真关注和研究的课题，在政治经济转型之后，这些国家的公众享有了什么样的社会福利及生活水平是一个切实考察转型国家社会现状的重要方面。本书是 2012 年获批成立的国家社会科学基金青年项目"东欧前社会主义国家福利建设的现状与前景"的最终成果，作为此项目的主持人，从事福利制度的研究或者从社会政策的视角来研究中东欧国家，我基本上只能算作一个初学者，为此我诚惶诚恐。尽管我在这方面的理论积累不足，但仍然尽全力完成了此课题。其实，对中东欧国家转型后的福利制度改革产生兴趣，源于我对西欧福利国家困境的观察。在西欧国家，福利国家向何处去是一个历久弥新的话题，其进退两难的困境始终是学者老生常谈的社会议题。尤其在 2008 年金融危机之后，西欧福利国家遭遇了多重打击，经济衰退，失业加重，福利财政赤字日益严重，老龄化社会更使之雪上加霜。但无论如何，东欧的移民并没有停止自己西进的步伐。在此历史背景下，令人深思的是，20 世纪 90 年代之后，社会转型和欧盟东扩对中东欧国家的社会政策产生了何种影响？中东欧国家应该以西欧的社会福利标准来构建自己的福利政策，从而满足社会公众对福利和西欧社会美好生活的追求，还是应避免陷入西欧式福利国家的陷阱而采取选择新的福利模式呢？如果要采取新的模式，新的模式又是否可以摆脱社会主义时期的诸多福利难题呢？公众是否会对此满意？又是什么样的模式和制度又可以称为"新模式"呢？本书基本上是以养老制度和医疗制度的改革为研究对象，对福利制度的其他方面，如教育、住房等领域，因自身能力和篇幅限制，并没有展开研究，因为养老和医疗是任何社会福利制度的主体和最重要的方面。本书在研究每个国家具体福利转型制度设计和政策的基础上，对于以上疑问和问题也尽力思考和归纳。从外部影响看，一些国家的福利制度设计明显受到西欧国家的影响，如捷克福利制度深受德国福利制度的影响，捷克的福利水平也是中东欧国家中最高的之一；再有，大多数国家设计福利制度时深受国际组织的影响，如多国的养老制度深受世界银行推荐模式的影响，这导致了福利转型的一些趋同方面。从国内因素看，政党政治和国内政治力量对比也影响着制度设计和政策，如在2008年金融危机之后匈牙利和波兰等国引入第二支柱养老金，将其作为对第一支柱养老制度进行改革的政策。从一些国家的改革看，国家能力不仅限制了社会福利改革发展，也限制了经济发展，波黑即是一个典型的案例。总体上看，中东欧国家建立了新的福利制度，这一新的福利制度以分权、市场化和社会管理为特点，与转型前福利制度的高度集权和中央管控、国家兜底等特征有着显著区别。但不论从福利水平还是具体制度，中东欧国家仍与西欧国家相去较远。在西欧，社会公众时时以抗议示威的方式反对国家削减福利，尤其以法国抗议程度最甚，在中东欧国家，也不乏爆发抗议示威以反对政府的福利政策。除了个别国家外，中东欧国家的福利水平仍然在欧洲国家中处于较低的水平。在老欧盟成员国，西欧式的美好生活尚能持续多久，也正处于各种变量的影响和演变之中，中东欧国家福利转型才仅仅二十余年，其效果和演变发展仍须观察和评估。总之，中东欧国家的福利制度改革呈现出既趋同又多元的特点。趋同的原因在于转型背景相同、国际体系的影响因素相似等，多元是由国内政治发展状况、政党政治的差异、国民经济基础不同等因素导致。从宏观的方面看，中东欧国家在政治发展、政党政治和外交政策等方面也体现出又趋同又多元的特点。因此，既宏观全面又具体地考察中东欧各个国家转型之后政治社会的发展状况是研究中东欧国家的应有之义。

　　在本研究成果即将出版之际，作为课题主持人，我在此对课题组成员由衷地表示感谢，西安外国语大学波兰研究中心主任姬文刚教授、北京大学国际关系学院项佐涛副教授、中国社会科学院俄罗斯东欧中亚研究所中东欧研究室徐刚副研究员都为本项目贡献了卓越的阶段性成果，没有他们，我也不可能完成整个研究工作。我也深深地感谢山西大学政治与公共管理学院和山西大学国际关系学院对我研究工作的资助，各位领导、同事的支持和鼓励永远是我前进的动力。

2020 年 11 月

郭翠萍

图书在版编目(CIP)数据

中东欧国家福利制度转型研究 / 郭翠萍著. -- 北京：
社会科学文献出版社, 2021.1
（中东欧转型研究丛书）
ISBN 978-7-5201-7328-5

Ⅰ.①中… Ⅱ.①郭… Ⅲ.①福利制度-研究-东欧
、中欧 Ⅳ.①D751.07

中国版本图书馆 CIP 数据核字(2020)第 180471 号

中东欧转型研究丛书
中东欧国家福利制度转型研究

著　　者 / 郭翠萍

出 版 人 / 王利民
责任编辑 / 王小艳
文稿编辑 / 张苏琴

出　　版 / 社会科学文献出版社·当代世界出版分社 (010) 59367004
　　　　　　地址：北京市北三环中路甲 29 号院华龙大厦　邮编：100029
　　　　　　网址：www.ssap.com.cn
发　　行 / 市场营销中心 (010) 59367081　59367083
印　　装 / 三河市龙林印务有限公司

规　　格 / 开　本：787mm × 1092mm　1/16
　　　　　　印　张：13　字　数：191 千字
版　　次 / 2021 年 1 月第 1 版　2021 年 1 月第 1 次印刷
书　　号 / ISBN 978-7-5201-7328-5
定　　价 / 78.00 元